BestMasters

Mit „BestMasters“ zeichnet Springer die besten Masterarbeiten aus, die an renommierten Hochschulen in Deutschland, Österreich und der Schweiz entstanden sind. Die mit Höchstnote ausgezeichneten Arbeiten wurden durch Gutachter zur Veröffentlichung empfohlen und behandeln aktuelle Themen aus unterschiedlichen Fachgebieten der Naturwissenschaften, Psychologie, Technik und Wirtschaftswissenschaften. Die Reihe wendet sich an Praktiker und Wissenschaftler gleichermaßen und soll insbesondere auch Nachwuchswissenschaftlern Orientierung geben.

Springer awards "BestMasters" to the best master's theses which have been completed at renowned Universities in Germany, Austria, and Switzerland. The studies received highest marks and were recommended for publication by supervisors. They address current issues from various fields of research in natural sciences, psychology, technology, and economics. The series addresses practitioners as well as scientists and, in particular, offers guidance for early stage researchers.

Weitere Bände in der Reihe http://www.springer.com/series/13198

Esther Himmen

# Topsharing

## Eine Studie zum Interesse an Jobsharing auf Führungsebene

Mit einem Geleitwort von Alfred Lukasczyk

Springer Gabler

Esther Himmen
Köln, Deutschland

ISSN 2625-3577 ISSN 2625-3615 (electronic)
BestMasters
ISBN 978-3-658-24412-5 ISBN 978-3-658-24413-2 (eBook)
https://doi.org/10.1007/978-3-658-24413-2

Die Deutsche Nationalbibliothek verzeichnet diese Publikation in der Deutschen Nationalbibliografie; detaillierte bibliografische Daten sind im Internet über http://dnb.d-nb.de abrufbar.

Springer Gabler


Springer Gabler ist ein Imprint der eingetragenen Gesellschaft Springer Fachmedien Wiesbaden GmbH und ist ein Teil von Springer Nature
Die Anschrift der Gesellschaft ist: Abraham-Lincoln-Str. 46, 65189 Wiesbaden, Germany

## Geleitwort

Stichworte wie Diversity, Fach- und Führungskräftemangel und Wertewandel mutieren bisweilen zu Reizworten in Wissenschaft und Praxis, da sie oftmals nur unzulänglich reflektiert dargestellt werden. Gleichwohl fundieren diese Aspekte auf einer sowohl für die Gesellschaft als auch für die Wirtschaft elementaren Frage nach höherer Wirksamkeit arbeitsmarktpolitischer und personalpolitischer Instrumente und Methoden. Denn trotz intensiver Diskussionen und Bestrebungen spiegelt das gegenwärtige Ausmaß geteilter Führungspositionen weder die demografischen Basiswerte noch die Wertvorstellungen jüngerer Absolventen. Obgleich derzeit ein leicht positiver Trend hinsichtlich einer geteilten, zum Teil gar gendergerechteren Besetzung von Führungspositionen zu beobachten ist, so erfordert dieses Thema weiterhin eine intensive Auseinandersetzung in Gesellschaft und insbesondere in Unternehmen.

Genau an dieser Stelle setzt Frau Himmen mit Ihrer Masterarbeit an, indem sie wissenschaftlich fundiert den Wirkungszusammenhängen von Persönlichkeitsmerkmalen und Topsharingbereitschaft auf den Grund geht.

Basierend auf einer umfassenden theoretischen Erschließung der Ein- sowie Ausflussgrößen von Topsharing wie Motivation, Gesundheit oder Leistungsfähigkeit führt Frau Himmen eine wissenschaftlich in allen Belangen belastbare quantitative Erhebung durch, die in dieser Form erstmalig ein belastbares Datenmaterial zur Praxis von Topsharing in deutschen Unternehmen liefert. Ihre Online-Umfrage umfasste 146 Führungskräfte im Alter von 21 bis 63 Jahren befragt. Es zeigt sich, dass Topsharing sowohl für Frauen als auch für Männer von großem Interesse ist. Der zugunsten der Frauen festgestellte, signifikante Geschlechterunterschied im Interessemaß ist dabei wider Erwarten sehr gering. Abschließend werden als Quintessenz dieser Untersuchung Handlungsimpulse aufgezeigt, die für Unternehmens- und in besonderem Maße für Personalverantwortliche wertvolle Anregungen enthalten.

Die Arbeit von Frau Himmen verdient meiner Meinung nach eine intensive Diskussion in Wissenschaft und Praxis. Insofern wünsche ich den Lesern viel Inspiration bei der Lektüre und Frau Himmen konstruktive

Reaktionen auf Ihre Arbeit, damit Topsharing die volle Wirkung entfalten kann und damit einen spürbaren Beitrag zum Führungskräftemangel leisten kann.

Alfred Lukasczyk
Dozent an der FOM Hochschule für Oekonomie & Management

# Vorwort

Innovative Führungsansätze begeistern und interessieren mich als erfahrene Managerin und Organisationsentwicklerin sehr. Während meines berufsbegleitenden Masterstudiums der Wirtschaftspsychologie an der FOM Köln konnte ich hierzu tiefer einsteigen, so dass ich mich entschied, in meiner Abschlussarbeit zu dem Shared Leadership Ansatz Topsharing zu forschen. Es vereint ein modernes Führungsverständnis mit einem auf das Individuum ausgerichteten Arbeitsmodell und bietet Organisationen eine neue Flexibilität, sich aktuellen Veränderungsbedarfen zu stellen. Nicht mehr der heroische Leader ist hier gefragt, sondern viel mehr braucht es zwei Persönlichkeiten, die über hohe soziale Kompetenzen verfügen. Und gerade diese Eigenschaften benötigen Führungskräfte dringend, um auch zukünftig Mitarbeitende zu gewinnen, sie zu fördern und dauerhaft zu binden. So gibt es bereits einige Führungstandems, die vorleben, dass dies in der Praxis funktioniert (u. a. bei Bosch AG, Idealo Internet GmbH oder Tandemploy GmbH). Ist Topsharing daher eventuell für viele Führungskräfte interessant? Falls ja, warum und unter welchen Bedingungen? Und inwiefern wird das Interesse dabei von der Persönlichkeit beeinflusst? Sowohl als Wissenschaftlerin, als auch aus meiner beruflichen Erfahrung heraus interessierten mich diese Fragen sehr. Und da es diesbezüglich in Deutschland noch keine wissenschaftliche quantitative Erhebung gab, habe ich hierzu erste Antworten gesucht und gefunden. Gleichzeitig ist Topsharing auch für mich persönlich spannend. In meiner aktuellen Lebenssituation ist es mir wichtig, inhaltlich meinen beruflichen Erfahrungen und Qualifikationen entsprechend zu arbeiten und zugleich genügend Freiräume für mich und meine Familie zu behalten. Dabei begeistert mich an Topsharing neben dem sozialkompetenzorientierten und Diversity fördernden Charakter vor allem der Mehrwert, den dieser Ansatz im Vergleich zu anderen Führungsmodellen für Unternehmen und Führungskräfte bietet. Mit dieser Veröffentlichung will ich dazu beitragen, Topsharing bekannter zu machen. Denn nur wenn das gelingt, werden Barrieren in den Köpfen gegenüber solch flexiblen Arbeitsmodellen auch in Bezug auf Führung abgebaut. Und weitere, dringend benötigte Rollenvorbilder können entstehen.

Mein Masterstudium und diese Arbeit wären jedoch ohne die tatkräftige Unterstützung vieler nicht möglich gewesen, wofür ich mich bei allen ganz herzlich bedanke. Dabei gilt ein riesengroßer Dank insbesondere meinem Mann Dankmar für seine praktische alltägliche Unterstützung, vor allem während der Masterarbeitsphase. Auch danke ich meinen Kindern Emelie und Jaron, dass sie mich als öfter gestresste Mama ausgehalten und mir so manches Mal mit einer Tüte Süßes vom Kiosk oder einfach mit ermutigenden Worten ihre Unterstützung gezeigt haben. Darüber hinaus gilt ein herzliches Dankeschön meinen Schwestern, meinem Vater, seiner Frau sowie meinen Schwiegereltern für jede Aufmunterung und manche Hilfeleistung im Familienmanagement. Auch danke ich Martina und meiner Tandem-Partnerin Katharina dafür, dass ich mit ihnen immer wieder Fragen besprechen durfte, an denen ich gerade hing. Der Austausch der verschiedenen Perspektiven hat mir immer wieder sehr geholfen. Ich danke Elke für ihre große Hilfe u. a. beim Korrekturlesen und ein weiterer herzlicher Dank gilt Sigrid und Axel, die mir während der heißen Phase der Masterarbeit in ihrem Haus zwei Wochen Asyl gewährten. Ich danke Birgit, Tim und Marcus von Lebenswert Stadtkirche Köln e. V., die mir in meiner Rolle als Leiterin des Leuchtturmprojekts Blücher-Spielplatz.de absolute Flexibilität zugestanden haben, wodurch ich viel Freiraum für mein Studium gewann. In ganz besonderem Maße bedanke ich mich auch bei Prof. Dr. Stephan Bulheller, der mir einen Zugang zur Online-Version des Persönlichkeitstests 5DDP ermöglichte. Darüber hinaus danke ich ganz herzlich Esther und Franziska von der HR Pioneers GmbH für ihre Unterstützung bei der Verbreitung der Umfrage. Auch möchte ich meinem Dozenten und Gutachter Dipl. Betriebswirt Alfred Lukasczyk ganz besonders für die gelungene Betreuung meiner Masterarbeit danken. Und nicht zuletzt danke ich den Pretestern sowie allen Teilnehmerinnen und Teilnehmern meiner Online-Umfrage, denn durch sie sind die Erkenntnisse dieser Arbeit erst möglich geworden.

Esther Himmen
Köln, 29.09.2018

# Inhaltsverzeichnis

## Abstract

Da Topsharing hohe soziale Kompetenzen der Job-Partner voraussetzt, geht diese Studie unter anderem der Frage nach, ob das Topsharing-Interesse von Führungskräften seitens ihrer Persönlichkeit in einer bestimmten, zu erwartenden Ausprägung beeinflusst wird. Mittels einer Online-Umfrage wurde zunächst das Interesse an Topsharing von 73 weiblichen und 73 männlichen Führungskräften (Alter: 21 - 63 Jahre) erhoben. Neben der Abfrage theoretisch fundierter Gründe und Bedingungen wurde hier eine an den FSI (Schiefele, Krapp, Wild & Winteler, 1993) sowie an Grotlüschen (2010) angelehnte Interesseskala mit 10 Items entwickelt, die sich als reliabel bestätigt (Cronbachs Alpha = .91).

Im Topsharing-Interesse wird ein signifikanter Geschlechterunterschied zugunsten der Frauen nachgewiesen ($p = .001$; $\alpha = 5$ %), der jedoch aufgrund der geringen Unterschiedsdifferenz bei beidseitigem Interesse nur einen schwachen bis mittleren Effekt ($r = .29$) hat. Ein kinderabhängiger Unterschied kann statistisch nicht als signifikant bestätigt werden ($p > .05$; Effektstärke $r = .11$). Für den vom Geschlecht kontrollierten, quadratischen Einfluss auf das Interesse seitens der Big Five Dimensionen Extraversion, Emotionalität, Verträglichkeit und Gewissenhaftigkeit ist ebenfalls kein statistisch signifikanter Nachweis möglich (Korrigiertes R-Quadrat = .138; Prädiktoren: $p > .05$; Kontrollvariable: $p < .001$; bei $\alpha = 5$ %). Der schwache, lineare Zusammenhang (rho = .105) zwischen dem Faktor Offenheit und dem Topsharing-Interesse ist dabei nicht signifikant ($p = .25$; $\alpha = 5$ %).

Der möglicherweise vorrangige Einfluss situationaler Faktoren könnte dabei einen potentiellen Einfluss der Persönlichkeit überlagern. Diese nicht repräsentative Studie bietet damit ein deutliches Stimmungsbild pro Topsharing, so dass Arbeitgeber dieses Modell flächendeckend anbieten sollten, um Führungskräfte zu entlasten und sie an sich zu binden. Topsharing hat somit das Potential, nicht nur den Frauenanteil auf Führungsebene zu erhöhen, sondern auch insgesamt dem drohenden Führungskräftemangel wirksam zu begegnen.

# Tabellenverzeichnis

# Abbildungsverzeichnis

# Symbolverzeichnis

| | |
|---|---|
| $\alpha$ | Signifikanzniveau |

# Formelverzeichnis

## Abkürzungsverzeichnis

| | |
|---|---|
| Abb. | Abbildung |
| Abs. | Absatz |
| AK | Altersklassen |
| Aufl. | Auflage |
| AIST-R | Allgemeiner Interessen-Strukturtest |
| AV | Abhängige Variable |
| B | Bedingung |
| Bd. | Band Nr. |
| BIP | Bochumer Inventar zur berufsbezogenen Persönlichkeitsbeschreibung |
| BIT | Berufs-Interessen-Test |
| BFI-10 | Big-Five-Inventory-10 |
| BMFSFJ | Bundesministerium für Familie, Senioren, Frauen und Jugend |
| CI | Konfidenzintervall |
| d | Cohen's d als Effektstärkemaß |
| DA | Durchführungsakzeptanz |
| df | Freiheitsgrad |
| DIT | Differentieller Interessenstest |
| 5DDP | 5 Dimensionen der Persönlichkeit |
| DS | Datensatz Nr. |
| EV | emotionale Valenz |
| 6F | 6 Faktoren |
| F1, F2, F3 | Fragestellung 1, Fragestellung 2, Fragestellung 3 |
| F | F-Wert |
| FK | Führungskraft |
| Form S | Kurzversion |
| Fr. | Frauen |
| FRT | Figure Reasoning Tests |
| FSI | Fragebogen zum Studieninteresse |
| Ges | Gesamt |
| gek. | abgekürzt |
| GIS | die Generelle Interessensskala |

| | |
|---|---|
| h | Stunden |
| H | Hypothese |
| Hrsg. | Herausgeber |
| I | Interesse |
| IC | intrinsischer Charakter |
| ISK | Inventar sozialer Kompetenzen |
| IQB | Interquartilbereich |
| J | Jahre |
| LV | Leitungsverantwortung |
| M | Median |
| MA | Mitarbeitender/Mitarbeitende |
| Max | Maximum |
| min | Minuten |
| Min | Minimum |
| mind. | mindestens |
| MW | arithmetischer Mittelwert |
| N bzw. n | Stichprobengröße |
| NEO-PI-R | NEO Persönlichkeitsinventar nach Costa und McCrae (revidierte Fassung) |
| NRW | Nordrhein-Westfalen |
| p | Signifikanzwert (siehe auch Sig) |
| P. | Partner (hier: private Beziehung) |
| pG | persönlicher (dispositionaler) Grund |
| PV | Personalverantwortung |
| PW | Passwort |
| r | Effektstärke des Mann-Whitney-U Signifikanzwertes |
| *r* | Korrelationskoeffizient |
| $r_{tt}$ | Spearman-Brown Korrelationskoeffizient (Split-Half) |
| rho | Spearman Korrelationskoeffizient |
| S. | Seite |
| s | Sekunden |
| sd | Standardabweichung |
| Sig | Signifikanzwert (wie p) |
| sG | situationaler Grund |
| SK | Soziale Kompetenzen |

| | |
|---|---|
| SPSS | Statistikprogramm von IBM |
| Stdf. | Standardfehler |
| T | T-Wert |
| TN | Teilnehmer/in |
| TS | Topsharing |
| TS-FB | Topsharing-Fragebogen |
| TzBfG | Teilzeit- und Befristungsgesetz |
| UV/ UVs | unabhängige Variable/n |
| VAR | Varianz |
| WSI | Wirtschafts- und Sozialwissenschaftliches Institut |
| WV | persönlich wertbezogene Valenz |

# 1 Einleitung

## 1.1 Problemstellung

Wie die Europäische Kommission (2016) berichtet, gibt es hinsichtlich des Bildungsstands in Deutschland kaum Geschlechterunterschiede. Dabei scheinen Frauen entgegen häufiger Annahmen ähnlich machtorientiert (Kanning, 2016) und karrieremotiviert zu sein wie Männer (DeMartino, Barbato & Jacques, 2006; King, 2008; Steffens & Ebert, 2016). Auch fehlt es ihnen nicht an Führungskompetenz (Szebel-Habig, 2016) und dennoch sind nur 29 % der Führungskräfte in Deutschland Frauen (Günther, Körner & Marder-Puch, 2015).

In die Familienarbeit investieren deutsche Frauen meist mehr Zeit als ihre Partner (Bergmann & Gassler, 2016), so dass sie dafür häufig berufliche Abstriche in Kauf nehmen (Günther, Körner & Marder-Puch, 2015). Aufgrund eines bestehenden Wunsches vieler Frauen, sich dennoch beruflich weiter zu entwickeln, versuchen viele, Arbeit und Familie durch Teilzeitarbeit miteinander zu vereinbaren (Günther, Körner & Marder-Puch, 2015). Doch auch immer mehr Väter haben den Wunsch nach Arbeitsmodellen, durch die für beide Eltern Familie und Karriere möglich wird (BMFSFJ, 2016; Zerle & Krok, 2008). Dabei ist der mit Teilzeit verbundene Karriereknick (Günther, Körner & Marder-Puch, 2015) aus der europaweit unterdurchschnittlichen Teilzeitquote von 6 % bei deutschen Führungskräften sehr deutlich (Europäische Kommission, 2016). Im Vergleich arbeiten fast vier Mal so viele Schweizer (23 %) als Teilzeitführungskräfte (Europäische Kommission, 2016). Für Letztere scheint Topsharing (TS), also Jobsharing auf Führungsebene, eine wichtige Rolle zu spielen (Amstutz & Jochem, 2014).

Unternehmen, die ihren Mitarbeitenden Work-Life-Balance-Maßnahmen wie z. B. TS anbieten, weisen laut Ruppert (2016) einen durchschnittlich signifikant ($\alpha = 1$ %) höheren Frauenanteil auf allen Managementstufen auf als Unternehmen, die dies nicht tun. TS wird hierbei als einziges Gender Diversity Management Instrument damit assoziiert, dass Unternehmen, die TS ermöglichen, über alle Hierarchieebenen hinweg einen signifikant ($\alpha < 1$ %) höheren Frauenanteil im Ma-


E. Himmen, *Topsharing*, BestMasters,
https://doi.org/10.1007/978-3-658-24413-2_1

nagement in Bezug auf Einstellungen aufweisen als bei Unternehmen, bei denen es dieses Angebot nicht gibt. Sowohl auf die Innovationskraft eines Unternehmens (Dezsö & Ross, 2012; Díaz-García, González-Moreno & Jose Sáez-Martínez, 2013) als auch auf betriebswirtschaftliche Erfolgskennzahlen (Noland, Moran & Kotschwar, 2016) scheint Gender Diversity im Management zudem einen steigernden Effekt zu haben.

Dabei wirken sich flexible Arbeitsmodelle wie TS für Mitarbeitende förderlich auf die wahrgenommene Balance zwischen Arbeits- und Privatleben aus (Karlshaus, 2016). Durch den gleichzeitig positiven Effekt auf ihre Gesundheit, Motivation und Produktivität (Hipp & Stuth, 2013; Szebel-Habig, 2016) kann ihre Bindung an den Arbeitgeber erhöht werden (Karlshaus, 2016). Im Hinblick auf den Renteneintritt der Babyboomer ab 2020 könnte mittels TS und der Einbindung hochqualifizierter Frauen dem drohenden Fach- und Führungskräftemangel wirksam entgegengewirkt werden (Nagel-Jachmann, 2016; Schirmer, 2016). Dabei spielt die Vereinbarkeit von Familie und Beruf bei der Arbeitgeberwahl für viele Frauen und Männer eine wichtige Rolle (Geisel, 2014). Neben einem aus Unternehmenssicht wirksamen Employer Branding Instrument (Karlshaus, 2016) könnte daher TS, das ausgeprägte Sozialkompetenzen voraussetzt (Kuark & Wyss, 2016), für hochqualifizierte Frauen und Männer von hohem Interesse sein (Bessing & Mahler Walther, 2011).

## 1.2 Zielsetzung der Arbeit

In Deutschland ist bisher keine wissenschaftliche, quantitative Studie darüber bekannt, ob TS ein aus der Sicht von Führungskräften interessantes Modell darstellt und inwiefern die Persönlichkeit das TS-Interesse beeinflusst. Neben einem theoretisch fundierten Beitrag zum Thema ist daher Ziel dieser Studie, einen der Literatur entsprechenden, erwarteten Einfluss der Persönlichkeit auf das TS-Interesse zu überprüfen. Dies setzt im ersten Schritt voraus, sowohl interessebeeinflussende Beweggründe und Bedingungen als auch das TS-Interesse selbst von Führungskräften zu erfassen. Insgesamt wird ein Stimmungsbild zu der Thematik erhoben, wobei die Erkenntnisse für Unternehmen von hoher, praktischer Relevanz sind.

## 1.3 Aufbau der Arbeit

Als Basis dieser Arbeit werden die theoretischen Grundlagen im Kapitel zwei beleuchtet, die relevante Begrifflichkeiten (Kapitel 2.1), wichtige Konzepte und Theorien (Kapitel 2.2), den aktuellen, themenbezogenen Forschungsstand (Kapitel 2.3) sowie abgeleitete Fragestellungen und Hypothesen (Kapitel 2.4) umfassen. Im dritten Kapitel liegt der Fokus auf den Methoden. Hier werden das methodische Vorgehen (Kapitel 3.1), die genutzten Erhebungsinstrumente (Kapitel 3.2) sowie die erhobenen Variablen (Kapitel 3.3) näher beschrieben. Im Kapitel vier erfolgt die Darstellung der Ergebnisse, die mit einem Überblick zur Erhebung (Kapitel 4.1) beginnt, die Ergebnisdaten beschreibt (Kapitel 4.2), die Berechnung des Interessemaßes erklärt (Kapitel 4.3) sowie die statistische Überprüfung der Hypothesen (Kapitel 4.4) beinhaltet, bevor weitere Zusammenhänge (Kapitel 4.5) betrachtet werden. Das fünfte Kapitel umfasst die Diskussion der Ergebnisse, aus deren Interpretation (Kapitel 5.1) praktische Implikationen und Handlungsempfehlungen (Kapitel 5.2) abgeleitet werden, bevor eine Reflexion und das Aufzeigen von Limitationen bzgl. des Verfahrens, der Methodik sowie der Interpretation folgen (Kapitel 5.3). Das Kapitel sechs rundet diese Arbeit mit einer zusammenfassenden Schlussbetrachtung ab, wobei auch Felder für weiteren Forschungsbedarf aufgezeigt werden.

# 2 Theoretische Grundlagen

Beginnend mit der Erläuterung wichtiger Begriffe, werden in diesem Kapitel verschiedene Persönlichkeitskonzepte, die Interessetheorie als auch austausch- und kollaborationstheoretische Ansätze vorgestellt, die für das Interesse an TS wichtige Erklärungen liefern. Basierend auf der sich anschließenden Darstellung des diesbezüglichen Forschungsstands werden die hier relevanten Forschungsfragen und Hypothesen abgeleitet.

## 2.1 Begrifflichkeiten

Für diese Arbeit sind die Begriffe Persönlichkeit, Führungskraft, Interesse, TS und Teilzeit von Bedeutung. Dabei fehlt in der Literatur eine einheitliche Definition zu Persönlichkeit (Pervin, Cervone & John, 2005; Schulz, 2015). Einigkeit scheint darüber zu bestehen, dass es sich hier um individuelle Merkmale von Menschen handelt, die relativ situationsübergreifend und zeitlich stabil sind (Kauffeld, 2005; Klimesch, 2009).

Der Begriff Führungskraft enthält das Wort Führung, wofür die Literatur eine Vielzahl an Definitionsversuchen bietet (Stogdill, 1974; Werther, 2013). So gilt Führung trotz jahrzehntelanger Forschung immer noch als unscharf definiertes Konstrukt (Werther, 2013; Yukl, 2012). Als Gemeinsamkeit diverser Definitionen zeigt sich, dass Führung als ein komplexer, sozial konstruierter und dynamischer Prozess der sozialen Einflussnahme auf andere Personen im Hinblick auf die Erreichung der Unternehmensziele verstanden wird (Bolden, 2011; Brodbeck, 2008; Werther, 2013; Yukl, 2012). Basierend auf diesem Verständnis, soll hier in Anlehnung an Franz und Voss-Dahm (2011) sowie Ruppert (2016) ein weit gefasster Führungskräftebegriff gelten. Als Führungskräfte werden hier Angestellte sowie Selbstständige bezeichnet, die umfassende Führungs-, sonstige Leitungsfunktionen oder andere hochqualifizierte Tätigkeiten ausüben. Führungskräfte können demnach fachliche oder projektbezogene Leitungsverantwortung (LV) und/oder Personalverantwortung (PV) tragen (Hyll, 2014; Lang, 2013). In dieser Studie schließt der Führungskräftebegriff explizit sowohl diejenigen mit ein, die eine Leitungsposition bereits ausüben, als auch diejenigen, die eine solche Position anstreben.


E. Himmen, *Topsharing*, BestMasters,
https://doi.org/10.1007/978-3-658-24413-2_2

Das erweiterte Begriffsverständnis hängt mit dem Potential zusammen, das im TS-Modell gesehen wird. Im Kapitel 3.1.1 wird in der Beschreibung der relevanten Zielgruppe hierzu näher eingegangen.

Unter dem Begriff Interesse werden Präferenzen für bestimmte Objekte, Tätigkeiten und Themenbereiche verstanden, die aus der Perspektive der Psychologie insbesondere durch eine explizite Gegenstandsspezifität charakterisiert werden (Jürgens, 2014; Krapp, 1998). Dabei scheint Interesse eine einzigartige, spezifische und motivationale Variable darzustellen (Hidi, 2006; Schiefele, 2009). Dennoch grenzt Schiefele (2009, S. 197) die Begriffe Interesse und Motivation voneinander ab und betont, dass im Unterschied zu Motiven, Bedürfnissen und anderen motivationalen Konstrukten „... interest is always related to a specific object, activity, or subject area". Interesse wird hier daher als Präferenz definiert, die sowohl durch soziale und gegenständliche Umfeldbedingungen als auch durch stabile persönliche Präferenzen geprägt wird (Jürgens, 2014; Knogler, Harackiewicz, Gegenfurtner & Lewalter, 2015). Die daraus resultierende begriffliche Unterscheidung zwischen situationalem und dispositionalem Interesse wird im Kapitel 2.2.2 näher erläutert.

Der Begriff TS stammt von Kuark (2003) und wird als Synonym für formale Doppelspitzen (Schreyögg, 2005), Co-Leitung (Ellwart, Russell & Blanke, 2016) und Jobsharing auf Führungsebene (Ley, 1993) verwendet. TS gilt dabei als offizielle Variante von „Shared Leadership" (Werther, 2016, S. 184), so dass sich bei diesem Leitungsprinzip in der Regel zwei Personen freiwillig (Baillod, 2002a) eine Vollzeit-Führungsposition teilen (Ellwart et al., 2016). Sie tragen bzgl. ihrer Machtposition gleichberechtigt (Schreyögg, 2005) und häufig auch gemeinsam Führungsverantwortung (Kuark & Wyss, 2016). Diese üben sie meist in Teilzeit aus (Ellwart et al., 2016), wobei die zeitliche Aufteilung nach Absprache mit dem Arbeitgeber 100 % überschreiten kann. Dabei wird eine gewisse, sich überschneidende Präsenzzeit zur Abstimmung empfohlen (Ellwart et al., 2016). Beide Partner sind dabei für einen reibungslosen Abstimmungs- und Kommunikationsablauf zuständig. Das Jobsharingmodell stammt ursprünglich aus den USA, wo es seit den 1960er Jahren bereits in die Praxis umgesetzt und in Bezug auf das Maß der gemeinsamen Verantwortung in diversen Formen praktiziert wird

(Baillod, 2002a; Schüren, 1983). Unterschieden wird hierbei insbesondere zwischen Job-Splitting und Job-Pairing (Baillod, 2002a; Karlshaus, 2016; Ley, 1993). Beim Job-Splitting nehmen die Partner, die hierbei nur für die eigenen Bereiche verantwortlich sind (Baillod, 2002a), ihre Aufgaben unabhängig voneinander wahr (Mogler, 2013). Dabei besteht kaum Kooperationsbedarf, so dass dies der klassischen Teilzeitführung sehr ähnelt (Karlshaus, 2016). Im Job-Pairing tragen jedoch beide Partner gemeinsam die volle Verantwortung, so dass laut Baillod (2002a) dieses Modell dem Idealtyp von Jobsharing entspricht. In der Praxis sind bzgl. der beiden Pole viele Mischformen üblich (Baillod, 2002a). Im Rahmen dieser Arbeit wird Jobsharing jedoch vorrangig als Job-Pairing oder als Mischform verstanden.

Der Begriff Teilzeit ist im § 2 Abs. 1 des Teilzeit- und Befristungsgesetzes (TzBfG) beschrieben. Demnach gelten Personen dann als teilzeitbeschäftigt, wenn ihre durchschnittliche Wochenarbeitszeit kürzer ist als die tarifliche oder firmenübliche Arbeitszeit pro Woche. Laut Mogler (2013) liegt das für Teilzeitführungskräfte typische Arbeitszeitbudget bei etwa 80 %. Die durchschnittliche, tarifliche Wochenarbeitszeit liegt in Deutschland bei 34 bis 40 Stunden (WSI, 2014). So wird hier in Anlehnung an Mogler (2013) eine Wochenarbeitszeit von bis zu 32 Stunden als Teilzeitarbeit definiert.

## 2.2 Konzepte und Theorien

### 2.2.1 Persönlichkeitskonzepte

Da für TS hohe persönliche und soziale Kompetenzen erforderlich sind (Kuark & Wyss, 2016; Stamatiadis, 2002), stellt sich die Frage, welche Persönlichkeitskonzepte hier zugrunde gelegt werden können und inwiefern die daraus ergebenden Persönlichkeitsmerkmale das Interesse an TS beeinflussen. Wie die Tabelle 1 beispielhaft zeigt, bietet die Literatur rund um das Thema Persönlichkeit zahlreiche Studien und wissenschaftliche Beiträge. So existieren diverse theoretische Ansätze, um Persönlichkeitsmerkmale zu bestimmen (Raab, Unger & Unger, 2016). Aus der Vielzahl an Persönlichkeitskonzepten werden hier in Anlehnung an Dörr

(2008) Persönlichkeitseigenschaften, sogenannte „Traits“ (Dörr, 2008, S. 42), als auch Motive in den Blick genommen, da diese beide laut McClelland (1985) zum Kern einer Persönlichkeit gehören. Aufgrund des hohen Sozialkompetenzbedarfs für TS (Kuark & Wyss, 2016; Stamatiadis, 2002) wird außerdem auch ein Sozialkompetenzmodell beschrieben, das Lang (2009) in Anlehnung an Frey und Balzer (2005) entwirft.

Tabelle 1
*Auszug aus der wissenschaftlichen Literatur zum Thema Persönlichkeit*

| **Zusammenhang** | **Studien/ wissenschaftliche Beiträge** |
|---|---|
| berufliche Leistung und Berufserfolg | Barrick & Mount, 1991; Mount, Barrick & Stewart, 1998; Salgado, 1997; Tett, Jackson & Rothstein, 1991 |
| Führung, Führungserfolg und Führungseffektivität | Barrick & Mount, 1991, 1993; Derue, Nahrgang, Wellman & Humphrey, 2011; Dörr, 2008; Felfe, 2014; Judge, Piccolo & Kosalka, 2009; von Rosenstiel, Regnet & Domsch, 2014; Silverthorne, 2001 |
| Sozialkompetenz | Lang, 2009; Ten Berge, Maaike & Raad, 2002 |

*Anmerkung.* Quelle: Eigene Darstellung.

Während manche Forscher Motive als Subkategorie den Traits zuordnen (Goldberg, 1994; McCrae, 1994), werden Traits und Motive in der Persönlichkeitsforschung häufig getrennt voneinander betrachtet (Dörr, 2008; Winter, John, Stewart, Klohnen & Duncan, 1998). Traits beschreiben in erster Linie das *wie* und Motive das *warum* (Dörr, 2008). Da Traits es ermöglichen, menschliches Verhalten in Persönlichkeitsattributen zusammenzufassen (Dörr, 2008; McAdams, 1994), gibt es diverse, faktorenanalytische Ansätze (z. B. Allport, 1966; Cattell, 1957; Eysenck, 1992), um Persönlichkeitseigenschaften zu systematisieren (Dörr, 2008; Raab et al., 2016). So wird davon ausgegangen, „... dass sich Wesenszüge eines Menschen in seinem Erleben und Verhalten zeigen und diese zugleich aus dem Verhalten erschlossen werden können“ (Hobmair, 2013, S. 360). In der Faktorenanalyse erfolgt eine Reduktion einer Vielzahl von Eigenschaften auf eine kleine Anzahl von Dimensionen (Faktoren), so dass eine sinnvolle Klassifizierung der Merkmale möglich wird

(Meffert, Burmann & Kirchgeorg, 2014). So leitete bspw. (Eysenck, 1970; Eysenck, 1990) aus seinen Forschungen zwei Grunddimensionen ab: Extraversion und Neurotizismus. Durch die Studien von Costa und McCrae (1985) wurden diese durch drei grundlegende Faktoren ergänzt: Offenheit für Erfahrungen, Verträglichkeit und Gewissenhaftigkeit.

Die so entstandenen, relativ robusten und weitgehend voneinander unabhängigen fünf Dimensionen der Persönlichkeit (Hossiep, Paschen & Mühlhaus, 2000; Lang, 2009) bilden die Basis des Fünf-Faktoren-Modells, auch *Big Five* genannt (Lang, 2009; Loehlin, McCrae, Costa & John, 1998). Dieses Konzept wurde in einer Vielzahl an Studien untersucht (z. B. Judge, Bono, Ilies & Gerhardt, 2002; Salgado, 1997; Tett et al., 1991) und selbst in unterschiedlichen Kulturräumen bestätigt (Raab et al., 2016). Dabei sind die Big Five jeweils bipolar strukturiert (Gerrig, 2015). Jede Dimension setzt sich aus verschiedenen Unterfacetten zusammen, die je nach Messinstrument unterschiedlich benannt werden (Dörr, 2008; Lang, 2009; Ostendorf & Angleitner, 2004). Grundsätzlich können die Big Five nach Lang (2009) wie folgt beschrieben werden:

Die schon durch (Eysenck, 1970; Eysenck, 1990) bekannte Dimension *Extraversion* zeigt in erster Linie die Quantität und Intensität der Beziehungen zwischen dem Individuum und seiner Umwelt. Menschen mit einer hohen Ausprägung tendieren dazu, mit Vertrauen und Enthusiasmus Kontakt zu anderen zu suchen. Sie beschreiben sich als gesellig, freundlich, gesprächig und aktiv, wirken durchsetzungsfähig und sind häufig optimistisch. Menschen mit einer niedrigen Ausprägung in diesem Bereich sind gerne allein und grundsätzlich eher zurückhaltend, bedachtsam und ruhig. Beim Faktor *Neurotizismus* geht es darum „... wie stark positive und negative Emotionen erlebt werden. [Er] ... beschreibt die Neigung, die Realität als ... bedrohlich und schwierig wahrzunehmen oder zu konstruieren und negative Emotionen … zu empfinden“ (Lang, 2009, S. 40). Neurotizismus drückt damit aus, inwiefern eine Person emotional stabil oder instabil ist (Raab et al., 2016), so dass diese Dimension auch „emotionale Stabilität“ (Dörr, 2008, S. 47) bzw. „Emotionalität“ (Ibrahimovic & Bulheller, 2008, S. 41) genannt wird. Unterfacetten sind bspw. Reizbarkeit, Ängstlichkeit, Depression, Befangenheit, Impulsivität sowie Verletzlichkeit. Menschen mit einer niedrigen Neurotizismusausprägung beschreiben sich selbst als „... ausgeglichen, robust, emotional stabil und nicht leicht aus der Fassung zu bringen" (Lang, 2009, S. 40). Eine hohe Ausprägung bedeutet, „... dass eine Person generell empfindlicher, leichter aus dem Gleichgewicht zu bringen ist und in Stresssituationen eher verärgert, traurig, verlegen, ängstlich, beschämt, erschüttert oder besorgt reagiert" (Lang, 2009, S. 40). *Offenheit für Erfahrungen* beschreibt eine Präferenz für Neues und Andersartiges (McCrae, 1994) und subsummiert dabei „... Verhaltensweisen ... [, die] sich in einem weiten Interessensbereich und einem Verlangen nach neuen und ungewöhnlichen Erfahrungen [widerspiegeln]" (Lang, 2009, S. 40). Bei der Dimension *Verträglichkeit* geht es um die Beschreibung der Art und Qualität von Beziehungen, so dass sie, wie auch Extraversion, eine starke interpersonelle Komponente aufweist (Lang, 2009). Freundlichkeit, Hilfsbereitschaft, Empathie, Gutmütigkeit und Wohlwollen gegenüber anderen sind Kennzeichen einer hohen Ausprägung dieser Dimension. Personen mit einer niedrigen Ausprägung dieses Faktors beschreiben sich selbst eher als egozentrisch sowie misstrauisch und verhalten sich dabei eher wettbewerbsorientiert und wenig kooperativ (Lang, 2009). Die Dimension *Gewissenhaftigkeit* ist gekennzeichnet durch Beständigkeit im Verhalten, Impulskontrolle, Erfolgs- und Aufgabenorientierung sowie Organisation und Gründlichkeit. Sehr gewissenhafte Personen beschreiben sich selbst auch als zielstrebig, entschlossen sowie willensstark und sind pflichtbewusst und ordentlich. Als typische Unterfacetten gelten hierbei Kompetenz, Pflichtbewusstsein, Leistungsstreben, Besonnenheit, Selbstdisziplin und Ordnungsliebe (Lang, 2009).

Im Unterschied zu Traits haben Motive einen intentionalen Charakter (Dörr, 2008). Sie stellen relativ stabile individuelle Präferenzen dar, um bestimmte, emotionale Erfahrungen zu erleben (Brodbeck, Frese & Javidan, 2002; Dörr, 2008; McClelland, 1985). Motive gelten als unbewusste oder bewusste Wünsche und Absichten, um bestimmte Bedürfnisse zu befriedigen (Dörr, 2008). Sie dienen zur Verhaltensorientierung, zur Wahl passender Verhaltensweisen und zur Mobilisierung von Handlungsenergie (Brunstein, Maier & Schultheiß, 1999). Dabei hat schon Murray (1938) erkannt, dass Motive je nach Situation auch sehr unterschiedliche Verhaltensweisen auslösen können (Dörr, 2008).

McClelland (1985) unterscheidet dabei zwischen *expliziten* und damit eher bewussten sowie *impliziten*, also vorwiegend unbewussten Motiven. Beide werden als zwei unterschiedliche, voneinander unabhängige Motivsysteme der Persönlichkeit beschrieben (Dörr, 2008; McClelland, Koestner & Weinberger, 1989), können aber auch miteinander interagieren, übereinstimmen oder sich widersprechen (Brunstein, 2003; Kehr, 2004). Darüber hinaus wird inhaltlich betrachtet zwischen drei zentralen Motiven unterschieden, die auch die „big three“ (Dörr, 2008, S. 59) genannt werden. Sie können jeweils als implizites, aber auch als explizites Motiv vorliegen (McClelland, 1985; Winkler, Dörr & Klebl, 2017): das Leistungsmotiv, das Machtmotiv und das Anschlussmotiv.

Beim *Leistungsmotiv* geht es darum, einen Standard der Exzellenz zu erzielen (McClelland, 1985; Winkler et al., 2017). Indem schwierige Aufgaben erfolgreich bewältigt werden, entsteht Stolz und intrinsische Befriedigung (Brodbeck et al., 2002; Dörr, 2008). So haben stark leistungsmotivierte Menschen einen hohen Güteanspruch an sich selbst und ziehen mehr Anreiz aus leistungsbezogenem Feedback als aus sozialen Rückmeldungen (Dörr, 2008). Das *Machtmotiv* ist dadurch gekennzeichnet, dass Menschen mit einer hohen Ausprägung in diesem Bereich sich wünschen, ihr Umfeld zu beeinflussen, „... soziale Prozesse aktiv zu gestalten und Situationen in einer verantwortlichen Rolle zu steuern“ (Winkler et al., 2017, S. 62). Dabei zeigt sich das Machtmotiv in zwei unterschiedlichen Weisen (McClelland, 1978). Während die einen ihr Machtmotiv in Form von Hilfsbereitschaft, Unterstützung und Übernahme sozialer Verantwortung ausleben, nutzen die anderen dies für Machthandlungen, um auf Kosten anderer und durch Machtmissbrauch ihre Ziele zu erreichen (Winkler et al., 2017). Unterschieden wird daher zwischen dem sozialisierten und damit sozial verträglichen Machtmotiv und dem personalisierten und damit auf Dominanz ausgerichteten Machtmotiv (Dörr, 2008; McClelland, 1978, 1985). Für die Unterscheidung dieser Motivarten spielt die Aktivitätshemmung, die als Selbstkontrolle definiert wird (McClelland & Boyatzis, 1982), eine zentrale Rolle (Dörr, 2008). Das *Anschlussmotiv*, auch „Bindungsmotiv“ (Winkler et al., 2017, S. 62) genannt, zeigt sich darin, dass Menschen mit einer hohen Ausprägung dieses Motivs besonderen Wert darauf legen, positive emotionale Beziehungen zu anderen Menschen zu entwickeln und zu pflegen. Dies bewirkt zum einen ein integrierendes, wertschätzendes und helfendes Verhalten, kann zum anderen aber auch eine gewisse Konfliktscheu und Entscheidungsschwäche mit sich bringen (Winkler et al., 2017).

Des Weiteren erscheint wegen des hohen Abstimmungsbedarfs zwischen den TS-Partnern (Karlshaus, 2016) auch die theoretische Betrachtung der hierfür notwendigen Sozialkompetenz sinnvoll. Diese kann als Fähigkeit verstanden werden, „... selbstständig oder in Kooperation mit anderen eine bestimmte Aufgabe verantwortungsvoll zu lösen" (Lang, 2009, S. 108). Das Sozialkompetenzkonzept nach Frey und Balzer (2005) basiert auf sechs Dimensionen: Selbstständigkeit, Kooperationsfähigkeit, soziale Verantwortung, Konfliktfähigkeit, Kommunikationsfähigkeit, Führungsfähigkeit und situationsgerechtes Auftreten.

Diese können in Anlehnung an Lang (2009) wie folgt beschrieben werden: Mit *Selbstständigkeit* ist die Fähigkeit gemeint, in sozialen Situationen die Initiative ergreifen, sich selbst Ziele stecken und Methoden wählen und anwenden zu können, um diese zu erreichen. *Kooperationsfähigkeit* beschreibt die Fähigkeit, mit anderen Menschen gut zusammenarbeiten zu können. Dabei wird das Arbeitsverhalten mit mindestens einer anderen Person zur Erreichung eines gemeinsamen Ziels bewusst aufeinander abgestimmt. *Soziale Verantwortung* beschreibt die Fähigkeit eines Menschen, „... eigenständig und unter Berücksichtigung der antizipierten Auswirkungen auf sich selbst, auf andere und auf eine Sache bewusst zu handeln und die Konsequenzen des Handelns zu tragen" (Lang, 2009, S. 108). Unter der Dimension *Konfliktfähigkeit* wird die Fähigkeit verstanden, sich mit anderen Personen auseinandersetzen zu können und dabei eine Problemlösung zu erzielen. Eine angemessene Reaktion auf Kritik gehört genauso dazu, wie auch Kritik konstruktiv äußern zu können. Unter *Kommunikationsfähigkeit* kann die Fähigkeit eines Menschen verstanden werden, einem Nachrichtenempfänger eine Sachinformation als Nachricht verständlich zu vermitteln, gewisse Kommunikationsregeln einzuhalten und Kommunikationsstörungen gut bewältigen zu können. *Führungsfähigkeit* beschreibt die Fähigkeit, richtungsweisend und steuernd auf das Verhalten anderer Menschen Einfluss zu nehmen, um ein Ziel zu erreichen. Hierzu gehören die Übertragung von

Verantwortung, das Motivieren hin zur Eigenverantwortung der Geführten und das Aufrechterhalten der Motivation.

### 2.2.2 Interessetheorie

Im Rahmen der Motivationsforschung spielt die Interesseforschung, aus der die sogenannte „Münchener Interessetheorie" (Grotlüschen, 2010, S. 153) hervorgegangen und bekannt geworden ist (z. B. Krapp, 1992; Prenzel, 1988; Schiefele et al., 1993), eine wichtige Rolle. Ging es zunächst vor allem um Interesse in der Schul- und Hochschulpädagogik sowie um Berufsinteressen (Schiefele et al., 1993), wird die Interesseforschung inzwischen auch für andere Bereiche angewendet (z. B. Funk, Mahony, Nakazawa & Hirakawa, 2001; Grotlüschen, 2010). Das aus der Münchener Interessetheorie entstandene, theoretische Modell basiert auf einer spezifischen Person-Gegenstands-Relation (Grotlüschen, 2010; Krapp, 2002). Zudem wurzelt sie auf der grundlegenden Idee von Lewin (1936), dass psychologische Erfahrungen immer sowohl von der Person selbst als auch von seiner externen Umwelt beeinflusst werden (Knogler et al., 2015). Daher wird zwischen zwei großen Interessekonzeptionen unterschieden: dem situationalen und dem individuellen Interesse (Grotlüschen, 2010; Jürgens, 2014; Schiefele, 2009), das auch als dispositionales Interesse bezeichnet wird (Krapp, 1998; Schiefele, 2009). So gilt das individuelle Interesse als ein weitestgehend stabiles Merkmal, das auch als Veranlagung oder Neigung einer Person beschrieben wird (Jürgens, 2014; Krapp, 1998; Schiefele, 2009). In Bezug auf das situationale Interesse scheint es Einigkeit darüber zu geben, dass dieses von Umfeldbedingungen einer Person geprägt wird (Grotlüschen, 2010; Knogler et al., 2015; Krapp, 1998; Schiefele, 2009). Von manchen Forschern wird dabei das situationale Interesse als ein kurzzeitiger Zustand in einer spezifischen Situation verstanden (Jürgens, 2014; Schiefele, 2009). Andere betonen den Prozesscharakter des situationalen Interesses (Grotlüschen, 2010; Grotlüschen & Krämer, 2009) und den Aspekt, dass situationales Interesse nicht nur kurzzeitiger Natur sein kann, sondern auch durch zeitlich andauernde Umstände aufrecht erhalten werden kann (Hidi & Renninger, 2006). Je nachdem also ob in einer Situation (kurzzeitig oder andauernd) das Interesse stärker von äußeren Stimuli oder von individuellen Faktoren beeinflusst wird, ist dann von situationalem oder dispositionalem Interesse die Rede (Hidi & Renninger, 2006; Knogler et al., 2015; Krapp, 2002).

Beide Arten des Interesses können sich bspw. auf Gegenstände, Objekte, thematische Bereiche oder bestimmte Tätigkeiten beziehen (Jürgens, 2014). Die Anteile an dispositionalem und situationalem Interesse können durchaus wechseln (Krapp, 1992). Dabei kann aus aufkommendem situationalen Interesse sowohl ein zeitlich andauerndes situationales Interesse (Hidi & Renninger, 2006) als auch ein stabiles individuelles Interesse entstehen (Jürgens, 2014; Krapp, 1992). Dennoch scheint situationales Interesse grundsätzlich auch immer ein gewisses Maß an latentem individuellen Interesse vorauszusetzen (Knogler et al., 2015; Krapp, 2002; Schiefele, 2009).

In Bezug auf die Entstehung von Interesse scheint der Forschung trotz verschiedener Ansätze (z. B. Grotlüschen, 2010; Hidi & Renninger, 2006) noch immer ein tiefgreifendes Verständnis zu fehlen (Knogler et al., 2015; Renninger & Su, 2012). Laut Schiefele, Winteler und Krapp (1988) ist Interesse jedoch grundsätzlich von einer hohen Wertschätzung gegenüber dem Interessegegenstand geprägt, was eine hohe wertbezogene Valenz bedeutet. Darüber hinaus betonen sie eine mit dem Interesse verbundene, positive emotionale Haltung (emotionale Valenz) sowie den intrinsischen Charakter von Interesse und damit eine gewisse Selbstintentionalität ohne äußere Zwänge. Grotlüschen (2010) sowie Grotlüschen und Krämer (2009) bestätigen in ihrer Erneuerung der Interessetheorie im Großen und Ganzen ebenfalls diese Kennzeichen von Interesse, stellen jedoch den rein intrinsischen Charakter in Frage. So scheint Interesse zum Teil selbstbestimmt, jedoch nicht ausschließlich aus einem autarken Inneren zu entstehen (Grotlüschen & Krämer, 2009), „... sondern immer aus der Berührung mit der Umgebung ... [heraus] ... [Das Individuum] wiederum legt größten Wert darauf, sich als selbstbestimmt zu begreifen, sonst würde es das aufgetauchte Gebiet [wie hier z. B. TS] nicht als interessant werten" (Grotlüschen, 2010, S. 36). Somit benötigen sowohl das Aufkommen als auch das Erhalten von individuellem Interesse in der Regel eine Art externer Unterstützung durch Vorbilder und Beispiele (Csikszentmihalyi, Rathunde & Whalen, 1997; Heath & Roach, 1999; Hidi & Renninger, 2006; Krapp & Lewalter, 2001). Daher scheinen mindestens eine erste Berührung und meistens auch weitere Kontakte zwischen handelnder Person und Interesse-Thema notwendig zu sein (Grotlüschen & Krämer, 2009).

### 2.2.3 Austausch- und kollaborationstheoretische Personalmanagementkonzepte

Während die zuvor beschriebenen Ansätze zu Persönlichkeit und Interesse hier die Basis bilden, sollen zur Erklärung des spezifischen Interesses an TS zwei austauschtheoretische (Stock-Homburg, 2010) sowie zwei kollaborationstheoretische (Myers, 2003; Ratzmann, 2015; Turner & Reynolds, 2008) Personalmanagementkonzepte betrachtet werden. Zur ersten Kategorie zählen die soziale Austauschtheorie und die Anreiz-Beitrags-Theorie. Auf diese Ansätze wird hier deshalb zurückgegriffen, weil sie wertvolle Erklärungsansätze in Bezug auf die Frage bieten, warum Personen in ein bestimmtes Arbeitsverhältnis eintreten und motiviert sind, in diesem zu bleiben (Lippold, 2015; Stock-Homburg, 2010).

Laut Lippold (2015) wurzelt die *soziale Austauschtheorie* auf Erkenntnissen von Homans (1958), Blau (1964) sowie Thibaut und Kelley (1967). Trotz ihres Namens stellt sie aus seiner Sicht keine eigenständige in sich abgeschlossene Theorie dar, sondern bietet den Rahmen für verschiedene austauschbezogene Ansätze (Lippold, 2015). Als Gemeinsamkeit dieser Konzepte besteht die Grundannahme, dass Menschen soziale Beziehungen nur unter der Bedingung eingehen und pflegen, wenn daraus für sie ein persönlicher Nutzen resultiert (Lippold, 2015). Nutzenmaximierung und eine gleichzeitige Kostenminimierung gelten daher als wesentliche Merkmale (Rathenow, 2011). Mit der sozialen Austauschtheorie lassen sich Faktoren erklären, durch die Mitarbeiterzufriedenheit und -bindung maßgeblich beeinflusst werden (Lippold, 2015; Stock-Homburg, 2010; Wiswede, 2012). So gehen Mitarbeitende verschiedene Austauschbeziehungen wie z. B. mit dem Arbeitgeber, mit Vorgesetzten sowie mit Kollegen (Dorozalla, 2013) wie bspw. TS-Partnern ein. Die Beziehungen werden dabei als „wechselseitiger Austausch von Belohnungen ... [interpretiert], zu denen materielle Güter ebenso zählen wie Leistungen nichtmaterieller Art und Gefühlsäußerungen (Sympathie, Wertschätzung, Prestige)“ (Lippold, 2015, S. 10-11). Die Differenz von Kosten und Nutzen wird durch die Personen selbst mit bestimmten Referenzniveaus verglichen. Diese basieren auf Erwartungen und Alternativen (Stock-Homburg, 2010), so dass das daraus resultierende Ergebnis maßgeblich die Zufriedenheit und Bindung einer Person an ihre (potentiellen) Austauschpartner beeinflusst (Stock-Homburg, 2010; Wiswede, 2012). Zentrales Ziel des Personalmanagements ist es daher, eine hohe Zufriedenheit von Führungskräften und Mitarbeitenden in Bezug auf ihre (potentiellen) Austauschbeziehungen zu erreichen, um sie nachhaltig an das Unternehmen als Arbeitgeber zu binden (Stock-Homburg, 2010). „Beides ist gemäß der Sozialen Austauschtheorie allerdings nur dann gegeben, wenn das Ergebnis der Austauschbeziehung oberhalb des Erwartungsniveaus und des Niveaus verfügbarer Alternativen liegt“ (Stock-Homburg, 2010, S. 63). Dass die soziale Austauschtheorie dabei in zwischenmenschlichen Beziehungen weitestgehend Rationalität voraussetzt und damit Kosten-Nutzen-Überlegungen als alleinige Entscheidungsbasis zugrunde legt, kann hierbei durchaus kritisch betrachtet werden (Stock-Homburg, 2010).

Als ein ähnlicher austauschtheoretischer Ansatz geht die *Anreiz-Beitrags-Theorie* zurück auf Barnard (1938) und wurde hauptsächlich von March und Simon (1958) weiterentwickelt. Auch hier geht es um die Frage, unter welchen Bedingungen Personen bereit sind, ein bestimmtes Arbeitsverhältnis einzugehen und was sie motiviert, die vereinbarten Leistungen zu erbringen (Lippold, 2015). Entscheidungen bzgl. Eintritt, Verbleib und Austritt resultieren ebenfalls aus einer Bewertung der eigenen Austauschbeziehung (Lippold, 2015; March & Simon, 1958). Dabei wird ein Vergleich der zu erbringenden oder bereits erbrachten Leistungen (Beiträge) mit den erwarteten oder bereits erhaltenen Gegenleistungen (Anreize) vorgenommen (Lippold, 2015). Anreize und Beiträge können dabei jeweils monetärer oder nicht-monetärer Natur sein (Simon, 2013; Stock-Homburg, 2010). Die Anreiz-Beitrags-Theorie basiert auf der Annahme, dass die Austauschpartner eine Balance in der Austauschbeziehung anstreben (Lippold, 2015). Werden die Anreize, die bspw. einer/einem potentiellen Mitarbeitenden angeboten werden, von diesem als mindestens gleich groß wie die von ihm zu erbringenden Beiträge wahrgenommen, liegt ein solches Gleichgewicht vor (Lippold, 2015). Ist dies nicht der Fall, können Mitarbeitende dadurch motiviert werden, sich Beschäftigungsalternativen zu suchen (Lippold, 2015). So repräsentieren Anreize auch hier eine Form der Vergütung für die durch die Mitarbeitenden zu erbringenden oder erbrachten Leistungsbeiträge (Stock-Homburg, 2010). Dabei wird die Bewertung der Austauschbeziehung seitens der (potentiellen) Beschäftigten durch die Bindung einer Person an das Unternehmen, auch „Commitment“ (Stock-Homburg, 2010, S. 58) genannt, und den Opportunitätskosten beeinflusst (March & Simon, 1958; Stock-Homburg, 2010). Da die Bewertung der Austauschbeziehung auf individuellen Normen und Erwartungen basiert, nimmt die Anreiz-Beitrags-Theorie die individuelle Motivation der Beitragsleistenden genauer in den Blick (Menne, 2000; Stock-Homburg, 2010).

Kritisch wird jedoch in der Literatur darauf hingewiesen, dass dieser Ansatz davon ausgeht, dass Personen in der Lage sind, Anreize und Beiträge zu einer einzigen Größe zusammenzufassen, um ihre Entscheidungen darauf zu gründen (Stock-Homburg, 2010; Thielmann-Holzmayer, 2002). Stock-Homburg (2010, S. 60) betont, dass „... Situationen, in denen Mitarbeiter nicht ausschließlich auf Basis von Nutzenüberlegungen handeln können“ in diesem Ansatz nicht berücksichtigt werden und verweist beispielhaft auf Situationen, in denen Personen wegen privater Lebensumstände zeitlich oder räumlich nur wenig flexibel sind. Doch auch gerade weil TS das Bedürfnis nach mehr Flexibilität bei gleichzeitiger Karrieremöglichkeit adressiert (Kuark, 2003), könnte dieses Arbeitsmodell ein Anreiz bspw. für hochqualifizierte Eltern bieten, dem eine daraus resultierende, höhere Motivation (Karlshaus, 2016) als nicht-monetärer Beitrag gegenübersteht.

Da TS nur erfolgreich sein kann, wenn die Job-Partner sich gut miteinander abstimmen und somit auch gut zusammenarbeiten können (Daniels, 2011; Karlshaus, 2016; Kuark & Wyss, 2016), lassen sich auch aus theoretischen Kollaborationsansätzen Bedingungen ableiten, die das Interesse an TS möglicherweise beeinflussen. Dabei scheinen hier vor allem der Elaborationsansatz (Ratzmann, 2015) und die Theorie der sozialen Identität (Myers, 2003; Turner & Reynolds, 2008) gleichermaßen eine wichtige Rolle zu spielen.

Der Begriff *Elaboration* kann „... als das Ausmaß des Austausches von aufgabenrelevanten Informationen und Ansichten, der Diskussion und Integration von Ideen, Wissen und Erkenntnissen sowie dem Feedback von Ergebnissen definiert [werden]“ (Ratzmann, 2015, S. 181). Die Leistung von Teams, und damit auch von einem Führungsteam, hängt insofern mit der Elaboration zusammen, weil dadurch sowohl die Kreativität und Innovativität als auch die Entscheidungs- und Problemlösungskapazität in einem Team erhöht werden kann (Van Knippenberg, De Dreu & Homan, 2004). Dabei scheinen divers aufgestellte Teams bessere Leistungen hervorzubringen als homogene Teams, da erstere über mehr Wissen, Erfahrungen und ein breiteres Spektrum an sozialen Netzwerken verfügen (Palmer, 2006). Auch wurde festgestellt, dass sie häufiger als homogene Teams unterschiedliche Ansichten integrieren (Van Knippenberg et al., 2004; Palmer, 2006; Ratzmann, 2015). Bis zu einem Sättigungspunkt verfügt ein Team bei steigender Diversität über zunehmend mehr Ressourcen (Palmer, 2006; Ratzmann, 2015), was wichtig zu sein scheint, um gemeinsam kreative und innovative Lösungsansätze zu finden (Van Knippenberg et al., 2004). Für TS ist die Bewältigung des erhöhten Abstimmungsbedarfs sehr wichtig (Franken, 2016; Kuark & Wyss, 2016), so dass ein adäquater Austausch relevanter Informationen und Ansichten und damit eine ausgeprägte Elaboration entscheidend ist.

Gleichzeitig spielt auch die *Theorie der sozialen Identität* eine wichtige Rolle. Sie geht davon aus, dass es durch den kognitiven Prozess der Selbstkategorisierung Teammitgliedern möglich wird, eine gemeinsame soziale Identität und damit ein Wir-Gefühl zu entwickeln (Ratzmann, 2015; Thatcher, Jehn & Zanutto, 2003). Dies geschieht in erster Linie durch die Wahrnehmung von Ähnlichkeiten der einzelnen Teammitglieder und kann soziale Zugehörigkeit (Myers, 2003) und damit verbundene Gefühle, Erwartungen und Wertvorstellungen nach sich ziehen (Turner & Reynolds, 2008). So ordnen Personen sich und andere jeweils derselben Kategorie zu, wenn sie sich selbst und andere als ähnlich wahrnehmen (Ratzmann, 2015). Diese dadurch entstandene, gemeinsame soziale Identität bewirkt, dass Mitglieder eines Teams sich in ihrem Verhalten stärker an den gemeinsamen Normen und Werten orientieren, kooperativ zusammenarbeiten und die gemeinsame Identität stärken, um gemeinschaftlich die gemeinsamen Ziele zu erreichen (Haslam, Reicher & Platow, 2011; Ratzmann, 2015). Die Aspekte, die zur Selbstkategorisierung herangezogen werden, sind davon abhängig, anhand welcher Merkmale sich die Teammitglieder zu einer gemeinsamen Kategorie als eindeutig erkennbar zuordnen lassen (Haslam et al., 2011). Da Topsharer ein Führungsteam bilden, scheint die Entwicklung einer gemeinsamen sozialen Identität für eine gute Zusammenarbeit sehr wichtig zu sein.

Auf Basis der austausch- sowie kollaborationstheoretischen Ansätze ist zu erklären, warum das Ausmaß des Interesses für TS an individuelle Erwartungen geknüpft ist, die in der Bewertung dieses Arbeitsverhältnisses als Referenzmaßstab dienen. So lassen sich Bedingungen ableiten, die unter anderem seitens des Arbeitgebers und des (potentiellen) TS-Partners erfüllt sein müssen, damit hochqualifizierte Fach- und Führungskräfte bereit sind, ein TS-Arbeitsverhältnis einzugehen und dieses aufrechtzuerhalten. Basierend auf empirischen Erkenntnissen bietet hierzu das Kapitel 2.3.3 einen tieferen Einblick.

## 2.3 Aktueller Forschungsstand

### 2.3.1 Persönlichkeitsausprägung und Führung

Die für TS wichtigen Sozialkompetenzen wie bspw. Kooperations-, Konflikt- und Organisationsfähigkeit (Stamatiadis, 2002) scheinen laut einer repräsentativen Studie (Eilers, Möckel, Rump & Schabel, 2015) generell für Führungskräfte am wichtigsten zu sein (Franken, 2016). So priorisieren Entscheider diese Kompetenz bei Führungskräften weit vor deren Methoden- sowie Fachkompetenz (Eilers et al., 2015; Franken, 2016). Dies bestätigen auch von Rosenstiel, Regnet und Domsch (2014), wobei hierzu in der Praxis der größte Handlungsbedarf gesehen wird (Eilers et al., 2015).

Das Wissen über die Persönlichkeit von Mitarbeitenden kann dabei laut Lang (2009) erste Hinweise auf das Ausmaß ihrer Sozialkompetenz geben. Bereits aus einem Persönlichkeitsfragebogen lassen sich bspw.

erste Rückschlüsse auf die Kooperations-, Kommunikations- oder Konfliktfähigkeit einer Person ziehen (Lang, 2009). Wie bereits erläutert, wird in der Forschung häufig auf das Konzept des Fünf-Faktoren-Modells, den Big Five (Costa & McCrae, 1992), zurückgegriffen (Dörr, 2008). Hierzu wurden diverse Studien und Metaanalysen auch im Führungskontext durchgeführt (Barrick & Mount, 1991, 1993; Derue et al., 2011; Judge et al., 2009; Silverthorne, 2001). So gilt es als erwiesen, dass die Persönlichkeitseigenschaften einer Führungskraft den Führungserfolg maßgeblich beeinflussen (Stiehl & Bergner, 2014). Auch wenn der Erfolg nicht durch die Persönlichkeit allein bestimmt wird, sondern durch das Zusammenspiel von Persönlichkeit, Verhalten und situativen Bedingungen, spielen Traits hierbei eine wichtige Rolle (Stiehl & Bergner, 2014). So belegen Judge et al. (2002) in ihrer Metaanalyse von 73 Studien, dass die Big Five 23 % der Varianz von Führungserfolg erklären. Hierbei wurde von ihnen für die Dimension Extraversion der stärkste und für den Faktor Verträglichkeit der schwächste Zusammenhang zu Führungserfolg festgestellt.

Grundsätzlich hat die Persönlichkeitsforschung ergeben, dass eine geringe Verträglichkeitsausprägung in der Regel häufiger zu zwischenmenschlichen Konflikten und negativen sozialen Interaktionen im Alltag führt (Lang, 2009; Sheese, 2005), so dass Menschen mit einer niedrigen Ausprägung in diesem Bereich als weniger teamfähig und kooperativ gelten (Ibrahimovic & Bulheller, 2008). Ziele werden von ihnen häufig unnachgiebiger, rücksichtsloser und zum Teil auch aggressiver verfolgt als dies bei Personen mit einer ausgeprägten Verträglichkeit der Fall ist (Ibrahimovic & Bulheller, 2008). Dies wirkt sich für Führungskräfte und insbesondere für Topsharer ungünstig aus. Ein höheres Maß an Verträglichkeit ist daher nachgewiesenermaßen für die für den Führungserfolg (Eilers et al., 2015) erforderliche Kooperations- und Teamfähigkeit wichtig (Dörr, 2008; Mount et al., 1998; Silverthorne, 2001). Aufgrund des Abstimmungs- und Interaktionsbedarfs zwischen TS-Partnern scheint dies für TS von hoher Bedeutung zu sein. Darüber hinaus bringen Menschen mit einer hohen Verträglichkeitsausprägung anderen Menschen gegenüber ein starkes Vertrauen entgegen (Ibrahimovic & Bulheller, 2008), was vor allem für TS-Partner sehr wichtig ist (Daniels, 2011; Werther, 2016).

Aufgrund der Neigung zu einer extrem ausgeprägten Harmoniebedürftigkeit (Ibrahimovic & Bulheller, 2008) hemmt eine zu hohe Verträglichkeit die Durchsetzungsfähigkeit, was sich negativ auf den Führungserfolg (Lang, 2009) und die für TS notwendige Konfliktfähigkeit auswirkt.

Auch ein gewisses Maß an emotionaler Stabilität ist wichtig für Empathie, Gelassenheit und Konfliktfähigkeit (Lang, 2009). Führt doch eine zu niedrige Ausprägung hierbei zu einer höheren Konfliktscheu, die nicht nur für Führungskräfte allgemein (Regnet, 2016; von Rosenstiel et al., 2014) sondern auch besonders im TS negative Auswirkungen hat (Stamatiadis, 2002). Emotional extrem stabile Menschen scheinen dabei häufig zu einer höheren Ichbezogenheit zu neigen und sehen sich oft in Leistungskonkurrenz mit anderen Personen (Ibrahimovic & Bulheller, 2008). Dies hätte ebenfalls für das TS-Tandem negative Folgen (Daniels, 2011). Auch ein mittleres bis höheres Maß an Extraversion korreliert moderat positiv mit Führungserfolg sowie Team- und Kooperationsfähigkeit (Lang, 2009; Mount et al., 1998), welche für TS unbedingt notwendig sind (Baillod, 2002b). Eine zu ausgeprägt extravertierte Führungskraft könnte jedoch weder genügend auf ihre Mitarbeitenden noch auf einen möglichen TS-Partner eingehen und gleichzeitig zu oberflächlich werden (Von Au, 2017; Winkler et al., 2017).

Hinsichtlich Gewissenhaftigkeit scheint sich ebenfalls eine mittlere bis erhöhte Ausprägung positiv auf Arbeits- und Führungsleistung auszuwirken (Judge et al., 2002; Minbashian, Wood & Beckmann, 2010). Menschen mit einer niedrigen Ausprägung hierin werden eher als unzuverlässig und weniger pflichtbewusst wahrgenommen (Ibrahimovic & Bulheller, 2008), was für Führungskräfte allgemein und für die Teamarbeit speziell im TS schwierig wäre. Personen mit einer hohen Gewissenhaftigkeitsausprägung beschreiben sich selbst in der Regel als ziel- sowie leistungsorientiert und haben oft einen hohen Anspruch an sich selbst (Ibrahimovic & Bulheller, 2008). Bei einer zu hohen Gewissenhaftigkeitsausprägung geht jedoch die für TS erforderliche Flexibilität (Baillod, 2002b; Daniels, 2011) verloren (Minbashian et al., 2010), so dass mehr Gewissenhaftigkeit nicht immer besser ist (Carter, Dalal, Boyce, O'Connell, Kung & Delgado, 2014). In Bezug auf Offenheit scheinen Menschen mit einer niedrigen Ausprägung häufiger traditionelle Ansichten und Einstellungen zu haben und sind weniger experimentierfreudig (Ibrahimovic & Bulheller, 2008). Da sie sich auch im Berufsleben seltener für neue Ideen begeistern, wirkt sich dies negativ auf ihre Innovationsfähigkeit aus (Ibrahimovic & Bulheller, 2008). Menschen mit einer höheren Offenheitsausprägung sind flexibler und eher bereit, neue Dinge auszuprobieren (Ibrahimovic & Bulheller, 2008), was sowohl für Führung allgemein und speziell für das als relativ neu wahrgenommene TS-Modell wichtig wäre. Auch tauschen sie sich in der Regel gerne mit anderen aus, was einer Grundvoraussetzung für TS-Partner entspricht (Werther, 2016). Eine zu hohe Offenheitsausprägung impliziert jedoch das Risiko, die für Führungskräfte wichtige Ideenumsetzung aus dem Blick zu verlieren (Ibrahimovic & Bulheller, 2008). Grundsätzlich gilt somit für die Big Five, dass die Führungsleistung bis zu einem bestimmten Ausprägungsgrad zu- und ab einer gewissen Ausprägung wieder abnimmt (Von Au, 2017; Judge et al., 2009).

Lang (2009) stellt zudem einen signifikanten Zusammenhang ($\alpha$ = 1 %) zwischen den Big Five und den von Frey und Balzer (2005) postulierten Dimensionen der sozialen Kompetenz fest. Vor allem die Big Five-Dimension Verträglichkeit scheint einen bedeutsamen, positiven Einfluss auf die Kooperationsfähigkeit, Konfliktfähigkeit, Kommunikationsfähigkeit, soziale Verantwortung und auf Führungsfähigkeit zu haben. Diese Eigenschaften sind für Jobsharing allgemein (Kuark & Wyss, 2016), für Führungskräfte (Eberhardt & Majkovic, 2015) und damit insbesondere für TS-Partner wichtig.

Da Motive zum Kern einer Persönlichkeit gehören (McClelland, 1985), könnte darüber hinaus für das Interesse an TS auch die individuelle Ausprägung der Basismotive Macht-, Anschluss- und Leistungsmotiv (Dörr, 2008) eine Rolle spielen. Führung und Führungserfolg scheinen dabei häufig mit einem ausgeprägten Machtmotiv zusammenzuhängen. So wird für Führungskräfte die Kombination aus einem ausgeprägten, aber sozialisierten Machtmotiv bei vergleichsweise niedrigem Anschlussmotiv (McClelland, 1978) und mittelstarkem Leistungsmotiv (Yukl, 2012) für vorteilhaft angesehen (Dörr, 2008). In Bezug auf TS und dem damit hohen Sozialkompetenzbedarfs (Kuark & Wyss, 2016; Stamatiadis, 2002) wäre somit in der Erfassung der Persönlichkeitsausprägung eine

Unterscheidung zwischen einem sozialisierten und personalisierten Machtmotiv zwingend erforderlich.

### 2.3.2 Teilzeitführung, Topsharing und das Interesse daran

Die wissenschaftliche Literatur zu Führen in Teilzeit ist wie die Tabelle 2 beispielhaft zeigt, vielfältig. Die zentrale Fragestellung scheint zu sein, ob und wie Teilzeitführung möglich ist (Baillod, 2002b; Grawert & Dellekönig, 1995; Karlshaus, 2016). In der klassischen Teilzeitführung, in der eine Führungsposition mit einer einzelnen Teilzeitführungskraft besetzt wird, stößt die Führungsperson häufig auf innerbetriebliche Widerstände (Huesmann & Gärtner, 2015; Vedder & Vedder, 2008). Zahlreiche Beispiele zeigen jedoch, dass auch für Führungskräfte Teilzeitmodelle umsetzbar sind, sofern sie spezifisch angepasst sind (Fritz, Leu, Nussbaum, Rohner, Rudin & Trautvetter, 2000; Karlshaus, 2016).

In der Praxis finden sich Modelle wie vollzeitnahe Teilzeitführung, TS sowie Kadermodelle, bei denen die kostenintensive Führungskraft ihre Arbeitszeit reduziert und eine günstigere Assistenzkraft eingestellt wird (Karlshaus, 2016). Wie Bischoff (2010) zeigt, scheint trotz teilweise bestehendem Wunsch nach Teilzeit eine ablehnende Haltung gegenüber Teilzeitführung bei vielen Führungskräften selbst zu bestehen. Hierbei wurde jedoch nach Führen in Teilzeit und nicht nach TS gefragt, was einige Nachteile von klassischer Teilzeitführung wie bspw. die zeitlich begrenzte Ansprechbarkeit der Führungsposition aufhebt (Amstutz & Jochem, 2014; Krone-Germann & de Chambrier, 2015). Die Ablehnung basiert vorrangig auf einer nicht vorstellbaren Machbarkeit der Arbeitszeitreduzierung (Bischoff, 2010). Häufig genannte Gründe liegen auch im traditionellen Führungsverständnis verankert. Dies ist in der Regel von starkem Präsenz-, Hierarchie- und Kontrolldenken geprägt, was bzgl. Teilzeit die Sorge vor gehemmten Karrierechancen hervorruft. Gleichzeitig belegt Bischoffs Studie (2010), dass für 41 % der Führungsfrauen und 21 % der Führungsmänner Teilzeitführung vorstellbar ist. Möglicherweise ist Teilzeitführung daher auch eine Frage des Arbeitsmodells. So wird TS als ein geeignetes Modell im Kontext von Gender- und Diversity-Management, flexiblen Arbeitszeitmodellen und einer familienfreundlichen Personalpolitik diskutiert (BMFSFJ, 2016; Ruppert, 2016; Szebel-Habig, 2016).

Tabelle 2
*Beispiele wissenschaftlicher Literatur mit einem Beitrag zu Teilzeitführung*

| **Themengebiet** | **Studien und Literaturbeiträge** |
|---|---|
| Nutzung von flexiblen Arbeitsmodellen wie Teilzeitführung | Gärtner, Garten & Huesmann, 2016; Hipp & Stuth, 2013 |
| Alltagstheorien und Barrieren für qualifizierte Teilzeit | Straumann, Hirt & Müller, 1996 |
| Auswirkungen von Teilzeitführung auf den Karriereerfolg | Hall, Lee, Kossek & Heras, 2012 |
| Herausforderungen und Chancen von Führen in Teilzeit | Karlshaus, 2016 |
| Ist Teilzeitführung seitens der Führungskräfte selbst gewünscht? | Amstutz & Jochem, 2014; Bischoff, 2010; Karlshaus, 2016; Vedder & Vedder, 2008 |
| Machbarkeit und Gestaltung von Teilzeitführung | Baillod, 2002b; Bischoff, 2010; Grawert & Dellekönig, 1995; Karlshaus, 2016; Kratzer & Neidl, 2011 |
| TS | Amstutz & Jochem, 2014; Baillod, 2002b; Brocklebank & Whitehouse, 2003; Denis, Langley & Sergi, 2012; Dimitri, 2014; Domsch, Kleininger, Ladwig & Strasse, 1994; Eberhardt & Majkovic, 2015; Ellwart et al., 2016; Frei, Lipp & Wyss, 2013; Kuark, 2003; Kuark & Wyss, 2016; Ruppert, 2016 |

*Anmerkung.* Quelle: Eigene Darstellung.

Trotz zahlreicher, quantitativer Studien zu Teilzeit und Teilzeitführung, existieren bzgl. TS in Deutschland vorwiegend qualitative Erhebungen (Denis et al., 2012; Domsch et al., 1994; Ellwart et al., 2016; Frei et al., 2013). Das Konzept stößt dabei auf großes Interesse und wird zum Teil auch praktisch umgesetzt (Ruppert, 2016), ist aber wenig theoretisch fundiert noch umfassend wissenschaftlich erforscht (Ellwart et al., 2016; Vine, Holmes, Marra, Pfeifer & Jackson, 2008). Die Frage nach der Teilbarkeit von Führungspositionen wird dabei kontrovers diskutiert (Domsch et al., 1994; Kuark & Wyss, 2016; Müller, 1990). Mit Bezug auf zahlreiche Praxisbeispiele wird jedoch überwiegend von positiven Erfahrungen berichtet (Amstutz & Jochem, 2014; Brocklebank & Whitehouse, 2003, Daniels, 2011; Dimitri, 2014; Domsch et al., 1994; Eberhardt & Majkovic, 2015; Ekrod, 2016; Ellwart et al., 2016; Kuark, 2003; Portmann & Stofer, 2001). Klassische Teilzeitführung, in der eine Führungskraft eine Führungsposition bspw. bei einem 50 oder 60 prozentigem Arbeitszeitbudget (Baillod, 2002b) allein ausfüllt, wird häufig kritisch betrachtet (Baillod, 2002b; Bischoff, 2010; Vedder & Vedder, 2008). TS scheint hingegen vom beruflichen Umfeld begrüßt zu werden (Baillod, 2002b).

Während auch Zweifel bzgl. der Realisierbarkeit von TS existieren (Zölch et al., 2002), belegen Amstutz und Jochem (2014) mit der ersten landesweiten, quantitativen Studie aus der Schweiz, dass Jobsharing auch auf Führungsebene möglich ist. Dabei nimmt der Anteil der Führungskräfte, die im TS arbeiten, in Relation zu den Teilzeitführungskräften insgesamt mit steigender Hierarchiestufe zu und bleibt selbst auf der obersten Stufe mit 8 % relativ hoch. Dies ist jedoch nicht nur in der Schweiz möglich, denn, wie Ruppert (2016) zeigt, können TS-Angebote auch in Deutschland durch die realisierbare Teilzeitführung einen signifikant ($\alpha < 1$ %) höheren Frauenanteil im Führungsbereich bewirken.

In Deutschland wurde das Interesse an TS seitens der Führungskräfte selbst bislang noch in keiner quantitativen Studie wissenschaftlich erhoben. Da außerdem die Verteilung der Teilzeitkräfte nicht in Bezug auf alle in Deutschland gelebten Führungsmodelle statistisch erfasst wird (Gärtner et al., 2016), ist der genaue TS-Anteil trotz zahlreicher Praxisbeispiele unbekannt (Ellwart et al., 2016; Karlshaus, 2016; Szebel-Habig, 2016). Auch kann aus der Tatsache, dass in Deutschland bislang nur etwa 6 % der Führungskräfte in Teilzeit arbeiten (Europäische Kommission, 2016), nicht der Rückschluss gezogen werden, dass das Interesse an TS ebenfalls in der gleichen Größenordnung vorläge. Dieses Arbeitsmodell scheint zum einen noch nicht flächendeckend bekannt zu sein (Ellwart et al., 2016) und zum anderen weisen Amstutz und Jochem (2014) darauf hin, dass bspw. in der Schweiz in vielen Firmen offensichtlich ein Informationsdefizit bei den Mitarbeitenden in Bezug auf ihre Jobsharingmöglichkeiten vorliegt. Dies könnte auch bei deutschen Firmen der Fall sein. Dabei stellt Kelso (2012) fest, dass in der Schweiz 60 % der befragten Frauen und 33 % der Männer Interesse an Jobsharing hätten, wenn sie die Gelegenheit dazu bekämen. So bietet TS auch die Chance, mehr Frauen als Führungskräfte zu gewinnen, die bislang noch keine Führungsposition ausüben, weil sie auf Teilzeit nicht verzichten wollen (Karlshaus, 2016). Auch zeigt die allgemeine Teilzeitquote von etwa 27 % (aller 20 bis 64 jährigen Erwerbstätigen im zweiten Quartal 2016), dass in Deutschland ein relativ starkes Interesse an Teilzeitarbeit besteht (Europäische Kommission, 2016).

Zur Erhebung des TS-Interesses können daher aus Studien (z. B. Amstutz & Jochem, 2014; Baillod, 2002b; Bischoff, 2010; Daniels, 2011; Kuark & Wyss, 2016) Aspekte abgeleitet werden, die eventuell auch das Interesse an TS beeinflussen. So kann in Anlehnung an die Interesseforschung (z. B. Hidi & Renninger, 2006; Jürgens, 2014; Krapp, 1992; Schiefele, 2009) das TS-Interesse ebenfalls untergliedert werden in dispositionales und situationales Interesse. Das dispositionale Interesse stellt demnach das individuelle und persönliche Interesse an diesem Arbeitsmodell dar, das in erster Linie durch die Person und das Modell selbst und nicht von der Umwelt hervorgerufen wird. Das situationale TS-Interesse hingegen kann ähnlich wie beim Lernen in Schule und Studium aufgrund spezifischer, externer Bedingungen entstehen (Prenzel, 1988; Schiefele, 2009) und aufrechterhalten werden (Hidi & Renninger, 2006). Diese externen Bedingungen werden hier als Lebens- und Arbeitsumstände von Fach- und Führungskräften verstanden, durch die sich situationales TS-Interesse entwickeln kann.

Aspekte, deren Folgen Interesse oder Desinteresse bzgl. TS hervorrufen und beeinflussen können, werden beispielhaft in Tabelle 3 aufgeführt und jeweils den Interessekonzeptionen zugeordnet. Diese Zuordnung ist dabei weder in jedem Fall eindeutig noch überschneidungsfrei, da dies auch von der individuellen Bewertung der jeweiligen Auswirkung abhängt. So können zu den dispositionalen Aspekten bspw. die Folgen gleicher oder auch unterschiedlicher Kompetenzen der TS-Partner zählen. Je nachdem, wie die eigenen Kompetenzen im Vergleich zu denen des (potentiellen) TS-Partners eingestuft und wie die spezifischen Auswirkungen bewertet werden, ergeben sich daraus Gründe für oder gegen TS. Bspw. gilt eine hohe und gleiche fachliche Qualifikation der Partner zum einen als hilfreich für die gegenseitige Stellvertretung (Baillod,

2002b). Andererseits könnten gleiche Kompetenzen auch als Konkurrenzrisiko empfunden werden, was wiederum für TS hinderlich wäre (Daniels, 2011). Welche Einschätzungen der Aspekte denkbar sind und wie sich diese in Bezug auf das TS-Interesse konkret auswirken können, wird jeweils beispielhaft aus der Tabelle 4 und der Tabelle 5 deutlich.

Tabelle 3

*Aspekte, die dispositionales und/oder situationales Interesse an TS beeinflussen können*

| | Aspekte | Disp. Interesse | Sit. Interesse |
|---|---|---|---|
| 1 | Gleiche Kompetenzen der TS-Partner[a, b] | X | |
| 2 | Unterschiedliche Kompetenzen und Erfahrungen der TS-Partner[c, d] | X | |
| 3 | Aufgaben untereinander nach Interessen aufteilen[e, f] | X | |
| 4 | Teilen der Führungsverantwortung[g] | X | |
| 5 | Karrierewunsch realisieren[b, h] | X | |
| 6 | Fällen von Entscheidungen[b, c, e] | X | X |
| 7 | Zeitlicher und inhaltlicher Abstimmungsaufwand/-bedarf[g, h] | X | X |
| 8 | Einteilung des zeitlichen Arbeitseinsatzes[e, i, j] (max. 32 Std./Woche) | X | X |
| 9 | Vertrauen zum TS-Partner[b, g] | X | X |
| 10 | An TS angepasstes (Teilzeit-) Gehalt[h, k, l] | | X |
| 11 | Zeitbedarf außerhalb der Arbeit z. B. für Familie[h, m, n] | | X |
| 12 | Teilbarkeit der Aufgabe(n)[a, e, k] | | X |
| 13 | Erwartungen vom beruflichen Umfeld (Kunden, MA, Kollegium, Vorgesetzte) an TS-Partner[b, h] | | X |
| 14 | Zwei Ansprechpartner für berufliches Umfeld[a, b, m, o, p] | | X |

*Anmerkungen.* Disp = Dispositionales. Sit = Situationales. MA = Mitarbeitende. Std. = Stunden. TS = Topsharing. Quelle: in Anlehnung an genannte Literatur.

[a](Baillod, 2002b). [b](Werther, 2016). [c](Kuark & Wyss, 2016). [d](Tepe, 2014). [e](Karlshaus, 2016). [f](Kuark, 2003). [g](Daniels, 2011). [h](Bischoff, 2010). [i](Gärtner et al., 2016). [j](Szebel-Habig, 2016). [k](Huesmann & Gärtner, 2015). [l](Scherz, 2016). [m](Krone-Germann & de Chambrier, 2015). [n](Steffens & Ebert, 2016). [o](Ellwart et al., 2016). [p](Amstutz & Jochem, 2014).

Tabelle 4
*Beispiele für mögliche Gründe für und gegen TS*

| Nr. | Aspekte | Einschätzung als interessefördernd: Grund pro TS | Einschätzung als interessemindernd: Grund gegen TS |
|---|---|---|---|
| 1 | Gleiche/ ähnliche Kompetenzen | Gegenseitige Vertretungsmöglichkeit[a, b] | Konkurrenzrisiko[c]; Sich nicht oder nur schwer auf andere verlassen können |
| 2 | Unterschiedliche Kompetenzen/ Erfahrungen | Synergieeffekte durch gegenseitige Ergänzungsmöglichkeit[a, d]; wertvoller Erfahrungsschatz[e]; voneinander lernen[d, f] | Sich nicht oder nur schwer auf andere verlassen können; Konfliktpotential durch verschiedene Perspektiven[f]; Konkurrenzrisiko[c] |
| 3 | Aufgabeninhalte untereinander nach Interessen aufteilen | Aufgaben nach Interessen aufzuteilen kann sich zufriedenheits- und motivationsfördernd auswirken[g, h] | Konkurrenzrisiko um beliebte Aufgaben[c] |
| 4 | Teilen der Führungsverantwortung | Entlastung, Erfolge und Misserfolge teilen[c]; Bessere Entspannung nach der Arbeit[c] | Wahrgenommene Rückstufung im eigenen Status[i]; Belastung, sich voll auf den anderen Job-Partner verlassen zu müssen; Gleiche/schlechtere Erholung nach der Arbeit wie/als ohne TS |
| 5 | Karriere in Teilzeit | Karriere durch TS trotz Teilzeit möglich[b, j] | Erwarteter Karriereknick wegen Teilzeit[k] |
| 6 | Fällen von Entscheidungen | Gewinnbringende Erörterungsmöglichkeit unterschiedlicher Perspektiven (dispositional), Reflexionsmöglichkeit[b, e, l] | Risiko widersprüchlicher einzeln getroffener Entscheidungen durch TS-Partner, Richtungskämpfe, Reibungsverluste[g]; resultierendes Risiko, von MAn gegenseitig ausgespielt zu werden (situational)[a]; Konfliktpotential durch unterschiedliche Perspektiven (dispositional)[f] |
| 7 | Zeitlicher und inhaltlicher Abstimmungsaufwand/ -bedarf | gut realisierbar, weil hoher Kooperationswille (dispositional)[c] und/oder genügend Zeit für aufgabenbezogenen Abstimmungsbedarf (situational)[i] | zu hoch aufgrund von niedrigem Kooperationswillen (dispositional) und/oder zu hohem aufgabenbezogenen Abstimmungszeitbedarf (situational)[i] |

*Anmerkungen.* MAn = Mitarbeitenden. TS = Topsharing. Quelle: In Anlehnung an genannte Literatur.

[a](Baillod, 2002b). [b](Werther, 2016). [c](Daniels, 2011). [d](Tepe, 2014). [e](Kuark & Wyss, 2016). [f](Ellwart et al., 2016). [g](Karlshaus, 2016). [h](Kuark, 2003). [i](Bischoff, 2010). [j](Ruppert, 2016). [k](Szebel-Habig, 2016). [l] (Von Au, 2017).

Tabelle 5
*Weitere beispielhafte Gründe für und gegen TS*

| Nr. | Aspekte | Einschätzung als interessefördernd: pro TS | Einschätzung als interessemindernd: gegen TS |
|---|---|---|---|
| 8 | Einteilung des zeitlichen Arbeitseinsatzes (max. 32 Std./Woche) | selber festlegen können (dispositional); Folge: Entlastung durch Teilzeit[a]; bessere Work-Life-Balance[n]; Möglichkeit von kurzfristigem Aufstocken (situational) - so bessere Bewältigung von zeitweise höherem Arbeitsaufkommen[a, b] | Zu wenig Zeit für die Vielzahl der Aufgaben (situational)[c]; Durch TS keine bessere Bewältigung eines zeitweise höheren Arbeitsaufkommens (situational); Befürchtete Folge: Zeitdruck[i] |
| 9 | Vertrauen zum TS-Partner | Vertrauensbeziehung zwischen Job-Partnern persönlich vorstellbar (dispositional) und dadurch TS als möglich eingestuft[d, e] | Vertrauensbeziehung zwischen Job-Partnern nicht/ kaum persönlich vorstellbar (dispositional/ situational); Folge: Konkurrenz[d] |
| 10 | An TS angepasstes (Teilzeit-) Gehalt | Gehalt ausreichend hoch[f] | Gehaltseinbußen[c, l] |
| 11 | Zeitbedarf außerhalb der Arbeit z. B. für Familie | Höherer Zeitbedarf z. B. für Familie kann durch TS trotz Führungsposition realisiert werden[c, g, h]; Folge: höhere Work-Life-Balance[n] | Zeitbedarf wird auch ohne TS ausreichend realisiert[c] Folge: in diesem Punkt kein Vorteil durch TS |
| 12 | Teilbarkeit der Aufgabe | Teilbarkeit vorstellbar[a, j, k] | Teilbarkeit nicht vorstellbar[c], Reibungsverluste und Info-Defizit als erwartete Folge[a] |
| 13 | Implizite Rollenerwartungen durch berufliches Umfeld | als erfüllbar eingeschätzt[c, e] | als nicht erfüllbar eingeschätzt[c, e] |
| 14 | Zwei Ansprechpartner für berufliches Umfeld | Kann positiv sein, da Menschen mit der einen oder anderen FK besser zurecht kommen; immer ansprechbar (Unterschied zu klassischer TZ-FK)[g, j]; leichtere/ bessere Vertretungsmöglichkeit[e, k, m] | Risiko, als TS-Partner gegeneinander ausgespielt zu werden[k]; Berufliches Umfeld kann evtl. davon genervt sein[b] |

*Anmerkungen.* FK = Führungskraft. Std. = Stunden. TS = Topsharing. TZ = Teilzeit. Quelle: In Anlehnung an genannte Literatur.

[a](Karlshaus, 2016). [b](Szebel-Habig, 2016). [c](Bischoff, 2010). [d](Daniels, 2011). [e](Werther, 2016). [f](Scherz, 2016). [g](Krone-Germann & de Chambrier, 2015). [h](Steffens & Ebert, 2016). [i](Huesmann & Gärtner, 2015). [j](Amstutz & Jochem, 2014). [k](Baillod, 2002b). [l](Zölch et al., 2002). [m](Ellwart et al., 2016). [n](Gärtner et al., 2016).

### 2.3.3 Austausch- und kollaborationstheoretische Erkenntnisse zu Top-sharing

Die aus der Literatur abgeleiteten, interessefördernden Gründe (Tabelle 4 und Tabelle 5) stellen laut der sozialen Austauschtheorie Nutzen und gemäß der Anreiz-Beitrags-Theorie Anreize dar (Lippold, 2015). Dem gegenüber stehen Kosten (Beiträge), die eine Person im TS leisten müsste. Diese entsprechen teilweise den in Tabelle 4 und Tabelle 5 aufgeführten Gründen gegen TS oder werden größtenteils aus diesen abgeleitet. Je nachdem, wie eine Person die dispositionalen und situationalen Gründe in Bezug auf TS für sich einstuft, überwiegen die positiven oder die negativen Aspekte. Bewertet bspw. ein potentieller TS-Kandidat die Karrieremöglichkeiten im TS-Modell persönlich als positiv, stellt genau dieser Aspekt ein Nutzen (Anreiz) für ihn dar. Als Kosten (Beitrag) könnten eine erhöhte Motivation und Produktivität (Karlshaus, 2016; Kuark, 2003), die ein TS-Partner dem Arbeitgeber als Belohnung anbietet (Stock-Homburg, 2010) oder auch der zu leistende Abstimmungsaufwand (Karlshaus, 2016) gegenüber stehen. Wird jedoch durch TS ein Karriereknick erwartet, zählt der Karriereaspekt zu den mit TS verbundenen Kosten (Beiträgen). Demgegenüber könnte bspw. eine erhöhte Work-Life-Balance durch mehr Zeit außerhalb der Arbeit (Gärtner et al., 2016) als Nutzen (Anreiz) stehen. So werden Kosten und Nutzen (bzw. Beiträge und Anreize) aspektübergreifend bewertet und das Ergebnis daraus bzgl. der jeweiligen Austauschbeziehung mit Erwartungen und Alternativmöglichkeiten als Referenzniveaus verglichen (Stock-Homburg, 2010).

Aus den beschriebenen Gründen lassen sich beispielhafte Anreize und Beiträge (Nutzen und Kosten) ableiten (Anhang A: Tabelle 39 und Tabelle 40), die den Austauschbeziehungen zuzuordnen sind. Aus diesen sind Erwartungen und Bedingungen erkennbar (fett dargestellt), die das TS-Interessemaßgeblich beeinflussen könnten. Austauschtheoretisch betrachtet müssten diese Erwartungen mindestens erfüllt werden (Becker, 2010), damit ein handlungsleitendes Interesse an einer TS-Austauschbeziehung bestehen kann. Hierzu zählen bspw. gleiche aber auch unterschiedliche Kompetenzen der TS-Partner, woraus eine gegenseitige Vertretungsmöglichkeit (Baillod, 2002b; Werther, 2016) und ein beidseitiger Austausch von Anreizen und Beiträgen resultieren. Die Bedingung gleicher Kompetenzen ist auch mit der Theorie der sozialen Identität zu erklären, da sie durch die soziale Selbstkategorisierung die Entwicklung eines Wir-Gefühls fördert (Ratzmann, 2015). Dies ist wichtig, damit Topsharer motiviert sind, sich gemeinschaftlich dafür einzusetzen, die gemeinsamen Ziele zu erreichen (Haslam et al., 2011).

Auch die Erwartung unterschiedlicher Kompetenzen (Baillod, 2002b; Tepe, 2014) ist sowohl austausch- als auch kollaborationstheoretisch zu deuten. Die gegenseitige Ergänzungsmöglichkeit stärkt zum einen die Austauschbeziehung. Zum anderen ist laut dem Elaborationsansatz eine gewisse Diversität in den Kompetenzen des Führungsteams für die Zusammenarbeit sowie für eine innovative Lösungsfindung und damit für die Teamleistung wichtig (Palmer, 2006; Ratzmann, 2015; Van Knippenberg et al., 2004).

Da divers aufgestellte Teams laut Palmer (2006) und Ratzmann (2015) aufgrund einer stärkeren Elaboration besser zusammenarbeiten als homogene Teams, scheint wegen des erhöhten Elaborationsbedarfs im TS (Franken, 2016; Kuark & Wyss, 2016) eine gewisse Unterschiedlichkeit in den Kompetenzen eine Bedingung darzustellen, um sich gegenseitig optimal zu unterstützen. Als austauschtheoretische Erwartungen zählen auch Sozialkompetenzen wie die Bereitschaft und Fähigkeit zur Kooperation, Konfliktbewältigung und Kommunikation (Stamatiadis, 2002) sowie zum Lernen, zur Reflexion und zum Geben von Feedback (Franken, 2016; Regnet, 2016). Die wichtigste Erwartung scheint dabei die Fähigkeit und Bereitschaft zu sein, dem anderen TS-Partner zu vertrauen, was als Grundvoraussetzung für shared leadership gilt (Daniels, 2011; Werther, 2016).

Aus der Literatur sind zudem weitere Bedingungen erkennbar, so dass die für das TS-Interesse relevanten Erwartungen insgesamt in Tabelle 6 zusammengefasst werden. Dass bspw. die Chemie zwischen den Job-Partnern stimmen sollte (Daniels, 2011), hängt eng mit der Erwartung zusammen, dass diese die gleichen oder ähnlichen Werte teilen (Daniels, 2011; Ellwart et al., 2016; Werther, 2016).

Tabelle 6

*Zusammenfassung möglicher Erwartungen an Austauschpartner in Bezug auf TS*

| Austauschpartner | Erwartungen/ Bedingungen an Austauschpartner | Art/ Theoretische Basis |
|---|---|---|
| TS-Partner | Beidseitiges Vertrauensverhältnis: Fähigkeit und Bereitschaft, dem TS-Partner zu vertrauen[a, b] | dispos./ Persönlichkeit; Austauschtheorie; |
| | Teilen gleicher/ ähnlicher Werte (die Chemie muss stimmen)[a, b, c] | dispos./ Persönlichkeit; Theorie der sozialen Identität |
| | Bereitschaft & Fähigkeit zu: Teamarbeit und Kooperation, Kommunikation, Konfliktbewältigung, Lernen, Reflexion und Feedback, gegenseitige Vertretung, Teilen von Erfolgen und Misserfolgen[a, c, d, e, f, g, p] | dispos./ Persönlichkeit; Austauschtheorie |
| | Bereitschaft & Fähigkeit zum Delegieren und Loslassen von Verantwortung[c, h, i] | dispos./ Persönlichkeit; Austauschtheorie |
| | Gleiche Kompetenzen[j, r] | dispos./ Persönlichkeit; Austauschtheorie; Theorie der sozialen Identität |
| | Unterschiedliche Kompetenzen[g, j, k] | dispos./ Persönlichkeit; Austauschtheorie; Elaborationstheorie |
| | Commitment dem Job-Partner gegenüber[f] | dispos./ Austauschtheorie |
| | Ähnliche Arbeitsweise[a, j] | dispos./ Austauschtheorie |
| Arbeitgeber/ Vorgesetzte | Anerkennung des TS-Modells als gleichwertiger Karriereschritt im Vergleich zu anderen Karrieremodellen (Commitment)[i, l] | situational/ Austauschtheorie |
| | Faires Gehalt[m, n, o] | situational/ Austauschtheorie |
| | Ressourcen für Abstimmungszwecke (z. B. Überlappungszeiten, Hard- und Software)[n, q] | situational/ Austauschtheorie |
| | Organisationale Unterstützungsmaßnahmen (z. B. Begleitung in der TS-Einführungsphase, Coaching, Supervision)[n, q] | situational/ Austauschtheorie |
| Sonst. berufliches Umfeld | Theoretische und praktische Anerkennung und Unterstützung des TS-Modells von Kollegen, Führungsriege, MA z. B. Berücksichtigung von Anwesenheitszeiten in der Meetingkultur[n, q] | situational/ Austauschtheorie |

*Anmerkungen.* TS = Topsharing. Quelle: In Anlehnung an genannte Literatur.

[a](Daniels, 2011). [b](Werther, 2016). [c](Ellwart et al., 2016). [d](Franken, 2016). [e](Regnet, 2016). [f](Stamatiadis, 2002). [g](Tepe, 2014). [h](Baillod, 2002a), [i](Kuark & Wyss, 2016). [j](Baillod, 2002b). [k](Ratzmann, 2015). [l](Gärtner et al., 2016). [m](Bischoff, 2010). [n](Huesmann & Gärtner, 2015). [o](Scherz, 2016). [p](Von Au, 2017). [q](MacDermid et al., 2001). [r](Werther, 2016).

Dieser Aspekt, der noch höher bewertet wird als eine ähnliche Arbeitsweise (Baillod, 2002b; Daniels, 2011), scheint für ein erfolgreiches TS sehr wichtig zu sein und ist mit der Theorie der sozialen Identität zu begründen. Das Teilen ähnlicher Werte kann zu sozialer Zugehörigkeit führen (Myers, 2003) und bewirken, dass die Partner ihr Verhalten stärker an gemeinsamen Normen und Werten ausrichten (Haslam et al., 2011; Ratzmann, 2015). So scheinen auch gleiche Kompetenzen und ähnliche Werte wichtig zu sein, um als Führungsteam eine gemeinsame soziale Identität und damit ein Wir-Gefühl entwickeln zu können.

Des Weiteren wird der austauschtheoretisch begründbare Aspekt deutlich, dass TS sowohl vom Arbeitgeber generell als auch von den Vorgesetzten des TS-Tandems unbedingt als gleichwertiges Karrieremodell anerkannt wird (Gärtner et al., 2016; Kuark & Wyss, 2016). Dies schließt die volle Unterstützung der TS-Partner ein, was sich bspw. in Unterstützungsmaßnahmen (z. B. Coaching und Supervision) oder auch in der Meetingkultur wiederspiegelt. So sollten bspw. für wichtige Besprechungen Anwesenheitszeiten beider Partner (oder andere Möglichkeiten der Erreichbarkeit) genutzt werden (Gärtner et al., 2016; MacDermid, Dean Lee, Buck & Williams, 2001). Durch ein solches Commitment der Vorgesetzten kann zum einen Versuchen, die beiden Partner gegenseitig auszuspielen, wirksam begegnet werden (Baillod, 2002b). Aufgrund der in der sozialen Austauschtheorie zugrunde gelegten Reziprozitätsnorm (Gouldner, 1960) wirkt sich zum anderen ein entgegenkommendes Verhalten der Vorgesetzten direkt auf das Verhalten von Mitarbeitenden aus (Dorozalla, 2013). So „...entwickeln Mitarbeiter allgemeine Vorstellungen darüber, ob und wie das Unternehmen ihren Einsatz [wie bspw. die Bewältigung des erhöhten Abstimmungsaufwands im TS] würdigt" (Dorozalla, 2013, S. 72). Sie machen sich ein Bild davon, wie sie von ihren Vorgesetzten unterstützt werden und ob ihnen in Stresssituationen geholfen wird (Dorozalla, 2013; Eisenberger, Stinglhamer, Vandenberghe, Sucharski & Rhoades, 2002). Die Vorstellung davon bestimmt die wahrgenommene, organisationale Unterstützung, die als Indikator für die Qualität der Austauschbeziehung zwischen Mitarbeitendem und Arbeitgeber dient (Cropanzano & Mitchell, 2005; Dorozalla, 2013). Je positiver die organisationale Unterstützung empfunden wird, desto stärker fühlt sich der Mitarbeitende dem Arbeitgeber verpflichtet, dieses wohlwollende Verhalten mit erhöhtem Engagement zu belohnen (Dorozalla, 2013).

Ähnlich wie es bei der Altersinklusion der Fall ist (Dorozalla, 2013), könnte ein TS-Angebot als wohlwollendes Verhalten des Arbeitgebers interpretiert werden. Dies hat einen positiven Einfluss auf die Wahrnehmung der organisationalen Unterstützung einer Teilzeitkraft. Da der Grad an gelebter Altersinklusion in Unternehmen signifikant ($\alpha < 1\ \%$) zur Wahrnehmung organisationaler Unterstützung beiträgt (Dorozalla, 2013), ist dies auch bei TS denkbar. Je nachdem also wie intensiv und glaubhaft ein Unternehmen bereits TS als gleichwertiges Karrieremodell anbietet, vermittelt und dieses Modell bereits lebt, wird ein solches Angebot auch eher als organisationale Unterstützung wahrgenommen. Dies hätte wiederum zur Folge, dass die Mitarbeitenden, hier Topsharer, hochmotiviert sind, das wohlwollende Verhalten des Arbeitgebers mit einer erhöhten Motivation und Produktivität positiv zu erwidern (Dorozalla, 2013), was auch für Topsharer empirisch belegt ist (Karlshaus, 2016; Kuark, 2003). Beispielunternehmen wie die Robert Bosch GmbH oder die Beiersdorf AG zeigen, dass ein proaktiver Umgang mit Jobsharing auf allen Hierarchieebenen möglich ist (Beiersdorf AG, 2016; Gärtner et al., 2016; Robert Bosch GmbH, 2017). Diese Firmen bieten ihren Mitarbeitenden bspw. ein eigenes Softwaretool an, um sich Jobsharing-Partner im Unternehmen zu suchen. In vielen Firmen fehlen jedoch die Vorbilder und gelebten Rollenmodelle (Gärtner et al., 2016), die es braucht, um dauerhaftes Interesse an TS zu wecken (Grotlüschen, 2010).

## 2.4 Fragestellungen und Hypothesen

Um den Einfluss der Persönlichkeit von Führungskräften auf ihr Interesse an TS untersuchen zu können, geht es zunächst darum, das Ausmaß ihres Interesses sowie Gründe und Bedingungen hierfür zu erheben. Aufgrund der Notwendigkeit hoher sozialer Kompetenzen (Kuark & Wyss, 2016; Stamatiadis, 2002) stellt sich anschließend die Frage, ob die individuelle Persönlichkeit einen aus der Literatur her abzuleitenden, bestimmten Einfluss auf das Interessemaß hat. Für diese Arbeit gelten daher folgende Fragestellungen und Hypothesen, wobei Details zu den erhobenen Variablen in Kapitel 3.3 folgen und im Anhang B (Tabelle 41 und Tabelle 42) zusammengefasst dargestellt werden:

- *F1:* Wie stark interessieren sich diejenigen für TS, die eine Führungsposition ausüben oder anstreben?
- *F2:* Welche dispositionalen und situationalen Beweggründe und Bedingungen liegen für das Interesse oder Desinteresse vor?
- *F3:* Bestätigt sich ein aus der Literatur abgeleiteter Einfluss der individuellen Persönlichkeitsausprägung von Führungskräften auf ihr Interesse an TS?

In Bezug auf F1 und F2 wird eine Bestandsaufnahme durchgeführt und die Stichprobe zunächst deskriptiv betrachtet. Trotz aufweichender Rollenbilder von Frauen und Männern (Steffens & Ebert, 2016) besteht die Mehrheit aller Teilzeitkräfte in Deutschland aus Frauen (Europäische Kommission, 2016). Obwohl es viele Gründe für Teilzeit gibt (Hipp & Stuth, 2013), scheint für Teilzeitkräfte häufig die Vereinbarkeit von Familie und Beruf im Vordergrund zu stehen (Bischoff, 2010). Und da Frauen in Deutschland nach wie vor mehr Zeit in die Familie investieren als Männer (Bergmann & Gassler, 2016), ist davon auszugehen, dass es einen Unterschied im TS-Interesse zwischen Frauen und Männern gibt. Dennoch sind auch immer mehr Väter an partnerschaftlichen Modellen interessiert (Bessing & Mahler Walther, 2011; Doppler & Lauterburg, 2014). So ist ebenso damit zu rechnen, dass Personen, in deren Haushalt mindestens ein Kind lebt, ein anderes Maß an Interesse bzgl. TS haben, als Personen, bei denen dies nicht der Fall ist. Aus F1 und F2 resultieren daher die folgenden zwei ungerichteten Hypothesen $H_1$ und $H_2$ sowie ihre jeweiligen Nullhypothesen $H_{0.1}$ und $H_{0.2}$ ($\alpha = 5$ %):

- $H_1$: Zwischen Frauen und Männern gibt es einen signifikanten Unterschied im Interessemaß an TS. $H_{0.1}$: Zwischen Frauen und Männern gibt es keinen signifikanten Unterschied im Interessemaß an TS.

- *$H_2$*: Es gibt einen signifikanten Unterschied im Interessemaß für TS zwischen Führungskräften mit mindestens einem Kind im Haushalt und Führungskräften, bei denen kein Kind im Haushalt lebt. *$H_{0.2}$*: Es gibt keinen signifikanten Unterschied im Interesse an TS zwischen Führungskräften mit mindestens einem Kind im Haushalt und Führungskräften, bei denen kein Kind im Haushalt lebt.

Die Hypothese $H_3$, die aus F3 resultiert, beruht auf den im Kapitel 2.3.1 beschriebenen Erkenntnissen bzgl. des Zusammenhangs zwischen den Big-Five und beruflicher Leistung, sozialer Kompetenz sowie Führungsleistung, -erfolg und -effektivität. Für die Dimensionen Extraversion, Emotionalität, Verträglichkeit und Gewissenhaftigkeit wird wie bei Führungsleistung erwartet (Von Au, 2017; Judge et al., 2009), dass das TS-Interesse bis zu einem gewissen Punkt bei sich erhöhender Faktorausprägung steigt und ab einem bestimmten Punkt wieder abnimmt. In diesen Dimensionen wird daher ein nicht-linearer, quadratischer Einfluss auf das TS-Interesse erwartet. Für den Big Five Faktor Offenheit kann aufgrund der mit steigender Ausprägung wachsenden Neugierde auf Neues (Schlabes, 2016; Zhao, Seibert & Lumpkin, 2010) und der Wahrnehmung von TS als innovatives Arbeitsmodell (Ellwart et al., 2016) mit einem linearen Zusammenhang gerechnet werden. So ergeben sich eine auf zwei Unterhypothesen ($H_{3.1}$ und $H_{3.2}$) beruhende Hypothese $H_3$ und ihre Nullhypothese $H_{0.3}$ ($\alpha = 5$ %):

- *$H_3$*: Die Ausprägungen der Big Five haben einen den Unterhypothesen ($H_{3.1}$ und $H_{3.2}$) entsprechenden signifikanten Einfluss auf das Interesse an TS. *$H_{0.3}$*: Die Ausprägungen der Big Five haben keinen den Unterhypothesen ($H_{3.1}$ und $H_{3.2}$) entsprechenden signifikanten Einfluss auf das Interesse an TS.

- *$H_{3.1}$*: Die Ausprägungen der Big-Five-Dimensionen Extraversion, Emotionalität, Verträglichkeit und Gewissenhaftigkeit haben einen signifikanten quadratischen Einfluss auf das Interesse an TS. *$H_{0.3.1}$*: Die Ausprägungen der Big-Five-Dimensionen Extraversion,

Emotionalität, Verträglichkeit und Gewissenhaftigkeit haben keinen signifikanten quadratischen Einfluss auf das Interesse an TS.

- $H_{3.2}$: Die Big Five Dimension Offenheit hat einen signifikanten linearen Einfluss auf das Interesse an TS. $H_{0.3.2}$: Die Big Five Dimension Offenheit hat keinen signifikanten linearen Einfluss auf das Interesse an TS.

# 3 Methoden

Im Folgenden werden das methodische Vorgehen und die Auswahl der Erhebungsinstrumente näher erläutert sowie die erhobenen Variablen detailliert beschrieben und begründet.

## 3.1 Methodisches Vorgehen

### 3.1.1 Relevante Zielgruppe

Die zu befragende Grundgesamtheit besteht aus Personen, die in einer hochqualifizierten Fach- oder Führungsposition tätig sind oder eine solche anstreben. Konkret bedeutet dies in Anlehnung an Hyll (2014) eine aktuelle oder angestrebte Ausübung von fachlicher und projektbezogener LV oder PV. Die Erweiterung des Führungskräftebegriffs auf das Anstreben einer solchen Position basiert auf dem empirisch belegten TS-Potential. So könnte das Modell möglicherweise einen wichtigen Beitrag zu einem höheren Frauenanteil im Führungsbereich, und zwar über alle Hierarchiestufen hinweg, leisten (Ruppert, 2016). Personen, die LV oder PV anstreben, aber für sich möglicherweise in klassischen (Teilzeit-) Führungsmodellen keine Option sehen, könnten daher großes Interesse an TS haben, um Teilzeit und Karriere zu verbinden (Ruppert, 2016; Werther, 2016). Aus Unternehmenssicht stellt TS daher möglicherweise einen wichtigen Aspokt in der Rekrutierungsstrategie von Fach- und Führungskräften dar, so dass die Zielgruppe dieses Potential hier berücksichtigt. Aus Erhebungen wie bspw. der Europäischen Kommission (2017) wäre die Anzahl der aktuellen Führungskräfte quantifizierbar. Für Personen, die eine solche Position anstreben aber (noch) nicht ausüben, ist dies jedoch nicht möglich. Um eine repräsentative Erhebung zu generieren, müsste somit eine Stichprobe als Panel erzeugt werden, die den Merkmalen der Grundgesamtheit entspricht (Häder & Häder, 2014; Mayer, 2009). Dies scheint hier jedoch nicht im ausreichenden Maße realisierbar zu sein. Daher geht es darum, ein Stimmungsbild zu den beschriebenen Fragestellungen zu erheben und nicht um eine repräsentative Studie im eigentlichen Sinne.


E. Himmen, *Topsharing*, BestMasters,
https://doi.org/10.1007/978-3-658-24413-2_3

Dennoch wurde versucht, eine in wichtigen Merkmalen der Grundgesamtheit ähnliche, relevante Zielgruppe zu befragen. Im Folgenden wird dabei die relevante Zielgruppe mit dem Begriff der Stichprobe gleichgesetzt. So verfügen bspw. etwa zwei Drittel der Führungskräfte über einen akademischen Bildungsabschluss (Franz & Voss-Dahm, 2011; Holst, Busch-Heizmann & Wieber, 2015). Besonders jüngere Führungskräfte weisen höhere Abschlüsse als die ältere Führungsgeneration auf (Franz & Voss-Dahm, 2011). Da unter den von Franz und Voss-Dahm (2011) befragten Führungskräften die Personen, die eine solche Position erst anstreben, nicht enthalten sind, kann der Anteil der Akademiker in der Grundgesamtheit dieser Studie hierzu durchaus abweichen. Dennoch sollte die Stichprobe überwiegend Akademiker enthalten, Nicht-Akademiker aber in Anlehnung an Franz und Voss-Dahm (2011) bis zu einem Anteil von 35 % nicht ausschließen.

Darüber hinaus scheint das Anstreben einer Führungsposition besonders im jungen Berufsalter relevant zu sein (Bischoff, 2010). So ist zum einen eine gute Altersverteilung in der Stichprobe wichtig. Zum anderen wird Teilzeiterwerbstätigkeit maßgeblich vom Vorhandensein von Kindern beeinflusst (Hipp & Stuth, 2013). Familienbedingt scheinen sich zudem Geschlechterunterschiede unter Führungskräften ab einem Alter von 30 (Hammermann, Schmidt & Stettes, 2015) bzw. 34 Jahren (Holst et al., 2015) zu bilden. So ist der Frauenanteil in Führungspositionen laut Holst et al. (2015) in der jüngsten Altersgruppe bis 34 Jahre am höchsten. Der Anteil an Frauen, die eine berufliche Karriere anstreben, ist laut einer Studie des Instituts der deutschen Wirtschaft Köln dennoch etwa genauso hoch wie der tatsächliche Männeranteil in Führungspositionen (Hammermann et al., 2015). Im Jahr 2013 waren Frauen auf Führungsebene durchschnittlich 42 und ihre männlichen Kollegen 44 Jahre alt (Holst et al., 2015). Da TS also gerade in der mittleren Altersgruppe (31 bis 50 Jährige) für mehr Geschlechtergerechtigkeit und Chancengleichheit auf Führungsebene sorgen könnte, sollte die Stichprobe diese Altersgruppe abdecken. Weil TS aber auch für die Zeit vor der Pensionierung von Interesse sein kann (Baillod, 2002b), wurde für die Stichprobe ein breites Altersspektrum angestrebt. Dennoch liegt der Fokus auf Personen im Alter zwischen 20 und 49 Jahren. Wie der Elternanteil unter den von Holst et al. (2015) befragten Führungskräften sollte die Stichprobe mindestens 29 % an Frauen und 37 % an Männern beinhalten, die mit mindestens einem Kind in einem Haushalt leben. So wurde in Anlehnung an Tabachnick und Fidell (2014) eine Mindeststichprobengröße von 109 nutzbaren Datensätzen angestrebt, was mit den statistischen Prüfverfahren (insbesondere zur Überprüfung der $H_{3.1}$) zusammenhängt, die im Kapitel 4.4 näher beschrieben werden.

### 3.1.2 Forschungsprozess, Erhebungsdesign und –verfahren

Die im Rahmen dieser Arbeit durchgeführte Studie wurde als quantitative Querschnittserhebung (Mochmann, 2014) in einem Ex-post-facto-Design (Reinecke, 2014; Stein, 2014) durchgeführt. Dies ist hier sinnvoll, weil zu einem bestimmten Zeitpunkt die Verteilung eines Merkmals als abhängige Variable (AV), hier das Interesse an TS, bei einer Stichprobe analysiert werden kann (Mochmann, 2014). Sowohl soziodemografische (Hoffmeyer-Zlotnik, Jürgen H. P. & Warner, 2014) als auch psychometrische Merkmale der Befragten wurden neben den inhaltlich interessierenden Fragen in der Stichprobe erfasst. So lässt sich zum Erhebungszeitpunkt das Interesse an TS auch in Abhängigkeit von unabhängigen Variablen (UV), wie bspw. Geschlecht, Alter, Bildung, Familienstand, Persönlichkeitsausprägung oder das Vorhandensein von Kindern, erforschen (Mochmann, 2014).

Aus Zeiteffizienzgründen wurde wegen der Möglichkeit, mehr potentielle Teilnehmer (TN) gleichzeitig zu motivieren und dabei eine heterogenere Stichprobenzusammensetzung (z. B. in Bezug auf ein möglichst breites Altersspektrum) zu erzielen, ein Online-Verfahren gewählt (Thielsch & Weltzin, 2012). Die notwendige Verfügbarkeit eines Internetzugangs kann für die Zielgruppe in Anlehnung an Wagner und Hering (2014) größtenteils als gegeben angenommen werden. Die zweigeteilte Umfrage basiert zum einen auf einem Fragebogen, der vorrangig zur Erfassung des Interesses an TS sowie der damit zusammenhängenden Gründe und Bedingungen dient. Im zweiten Teil wird die Persönlichkeitsausprägung der TN erhoben. Während im Kapitel 3.1.3 die Auswahl der Erhebungsinstrumente begründet wird, folgt im Kapitel 3.2 eine Beschreibung der Fragebögen selbst. Diese mussten so verknüpft sein, dass eine eindeutige Zuordnung der Persönlichkeitsausprägung zu den Interessedaten des ersten Fragebogens sichergestellt wird. Insgesamt wurde die Befragung so konzipiert, dass die durchschnittliche Bearbeitungsdauer für beide Teile zusammen vorab auf ca. 20 bis 25 Minuten geschätzt wurde.

Für die TN-Rekrutierung wurden private und berufliche Kontakte der Autorin sowie soziale Medien (Xing, Facebook) genutzt, so dass es sich hierbei zum Teil um eine aktive, willkürliche sowie bewusste und damit nicht zufällige Auswahl handelt (Häder & Häder, 2014; Pötschke, 2009; Zerback, Schoen, Jackob & Schlereth, 2009). Dazu wurden potentielle TN von der Autorin ausgewählt und per E-Mail zur Teilnahme eingeladen. Des Weiteren nahmen auch Personen teil, die über andere Wege von der Studie erfuhren, so dass teilweise auch eine Selbstselektion vorliegt (Zerback et al., 2009). Dies ist hier jedoch unproblematisch, da auf allen Rekrutierungswegen (persönlich, E-Mail, Empfehlung oder online) von vorne herein für Klarheit über die Zugangsvoraussetzungen gesorgt wurde (Zerback et al., 2009). Um dies auch für die Empfehlung durch TN oder für sonstige Interessierte sicherstellen zu können, wurde ein Informationsdokument (Anhang C: Abbildung [Abb.] 1) zwecks weiterer Verbreitung erstellt. Zur Rekrutierungsunterstützung hat die Personalmanagementberatungsfirma HR Pioneers GmbH (2017) sowohl einen Blogartikel (Anhang C: Abb. 2 und Abb. 3) als auch einen Artikel in ihrem E-Mail-Newsletter (Anhang C: Abb. 4) zu dieser Umfrage veröffentlicht. Der Blogartikel wurde dabei in verschiedenen Xing- und Facebook-Gruppen (z. B. Anhang C: Abb. 5) als auch bspw. in einem Facebook-Post der Tandemploy GmbH (2017) geteilt. Dies hat die Verbreitung der Studie sehr unterstützt.

Alle interessierten TN bekamen in Anlehnung an Wagner und Hering (2014) im Vorhinein eine automatisch generierte Einladungs-E-Mail von der Autorin (Anhang C: Abb. 6). Diese enthielt neben Benutzername und individuellem Zugangspasswort noch einmal alle wichtigen Informationen zu dem Forschungsvorhaben (Anhang C: Abb. 7). Das informative Schreiben vorab, die persönliche Anrede (Maurer & Jandura, 2009) als auch die individuelle Entscheidung, ob die potentiellen TN eine Duz- oder

Siez-Version erhielten, diente zur Erhöhung der Ausschöpfungsquote. Interessierte, bereits eingeladene Personen, die noch nicht teilgenommen hatten, wurden wie empfohlen (Maurer & Jandura, 2009; Wagner & Hering, 2014) innerhalb von zwei Wochen ein bis zwei Mal an die Umfrage erinnert (Beispiel siehe Anhang C: Abb. 8). Hierbei wurden sowohl die fehlende TN-Anzahl als auch der zeitliche Aspekt konkretisiert (Schiemenz, 2015). Auf diese Weise konnte die Wichtigkeit des eigenen Beitrags für die Interessenten spürbar und die Ausschöpfungsquote erhöht werden. Als persönlicher, nichtmaterieller Anreiz (Reuband, 2014) und praktischer Nutzen erhielten die TN in Anlehnung an Benit und Soellner (2012) falls gewünscht innerhalb von zwei Wochen per E-Mail eine individuelle Ergebnisrückmeldung zu ihrem Persönlichkeitstest (beispielhafte E-Mail im Anhang C: Abb. 9).

Da es sich zunächst um eine personalisierte Umfrage handelt (Wagner & Hering, 2014), die für die Auswertung anonymisiert wurde, spielt der Datenschutz eine besonders wichtige Rolle. Der Laptop, der als Arbeitsmittel der Testleiterin dient, sowie die genutzten Umfrage-Software-Tools sind nur über ein ihr bekanntes Passwort zugänglich. Aus den individuellen Persönlichkeitsauswertungen, die sie per E-Mail erhielt, sind keine Namen zu erkennen. Ebenso erfolgte eine Zuordnung von Umfrageergebnisdaten zu personenbezogenen Daten wie bspw. der E-Mail-Adresse über ein Matching-Code nur mit Zustimmung der TN. Dies betrifft auch die Zuordnung der beiden Umfrageteile zueinander. Als Verbindungscode war hier zunächst dasselbe Passwort vorgesehen. Dies wurde jedoch aus datenschutzrechtlichen Gründen im ersten Drittel der Feldphase durch die Angabe eines separaten Matching-Codes, der auch im zweiten Teil abgefragt wird, ersetzt. Eine nähere Erklärung hierzu bietet das Kapitel 5.3.1 Verfahrens- und Methodenreflexion sowie -limitationen.

### 3.1.3 Auswahl der Erhebungsinstrumente

Neben soziodemographischen Daten erfasst der erste Teil der Umfrage das Ausmaß des Interesses an TS sowie die Gründe und beeinflussenden Bedingungen. Wie Tabelle 7 beispielhaft zeigt, geht es in bisherigen interesseerhebenden Fragebögen vor allem um Studien- oder Berufswahlinteressen als auch um allgemeine Interessen. Zur Erhebung des Interesses bzgl. bestimmter Arbeitsmodelle ist ein solcher Fragebogen im deutschsprachigen Raum nicht bekannt. Daher wurde in Anlehnung an Schiefele et al. (1993) sowie Kelso (2012) und unter Berücksichtigung von Erkenntnissen von Grotlüschen (2010) ein eigener Fragebogen (TS-FB) entwickelt.

Tabelle 7
*Beispiele deutschsprachiger Interessefragebögen*

| **Themenbereich** | **Fragebogen/ Test** | **Quelle** |
|---|---|---|
| Studien-interesse | Der Fragebogen zum Studieninteresse (FSI) | Schiefele et al., 1993 |
| Berufs-/ Berufswahl-interesse | Berufs-Interessen-Test II (BIT II) | Irle & Allehoff, 1988 |
| Allgemeine und berufliche Interessen | Differentieller Interessenstest (DIT) | Todt, 1967 |
| | Die Generelle Interessenskala (GIS) | Brickenkamp, 1990 |
| | Allgemeiner Interessen-Strukturtest (AIST-R) | Bergmann & Eder, 2005 |

*Anmerkung.* Quelle: Eigene Darstellung.

Im zweiten Fragebogen geht es um die Persönlichkeitsausprägung, die für die soziale Kompetenz eine wichtige Rolle spielt. Hier stellt sich die Frage, ob die zu wählende Methode auf Motiven oder auf Traits (Dörr, 2008) basieren sollte. Für ersteres wäre eine Unterscheidung zwischen einem personalisierten und sozialisierten Machtmotiv zwingend erforderlich (Winkler et al., 2017), da für TS vor allem ein sozialisiertes Machtmotiv wichtig wäre. Dafür reicht es nicht aus, mit einem Fragebogen die Basismotive (Felfe, Elprana, Gatzka & Stiehl, 2012) zu messen. Die entscheidende Aktivitätshemmung (Dörr, 2008; McClelland, 1978) wird hieraus nicht deutlich. Und da es sich bei dem sozialisierten Machtmotiv eher um ein implizites Motiv handelt (Dörr, 2008; McClelland, 1978), wäre für die Erhebung ein projektives Verfahren nötig (Dörr, 2008). Die Auswertung solcher Verfahren ist jedoch sehr aufwändig und „[d]amit dies[e] zuverlässig gelingt, müssen Auswerter geschult werden, bis ihre Analyse mit der von Experten zu mindestens 85 % übereinstimmt" (Krug & Bannier, 2013, S. 124). Diese Schulungsvoraussetzung kann im zeitlichen Rahmen dieser Arbeit seitens der Autorin nicht erfüllt werden. Darüber hinaus spricht neben dem hohen Auswertungsaufwand auch die mangelnde Reliabilität solcher Verfahren wie bspw. des thematischen Apperzeptionstests (Scheffer & Kuhl, 2010; Tuerlinckx, Boeck & Lens, 2002) hier gegen eine Erhebung auf Basis von Motiven. Darüber hinaus spricht neben dem hohen Auswertungsaufwand auch die mangelnde Reliabilität solcher Verfahren wie bspw. des thematischen Apperzeptionstests (Scheffer & Kuhl, 2010; Tuerlinckx, Boeck & Lens, 2002) hier gegen eine Erhebung auf Basis von Motiven.

Da Traits als weitgehend explizit gelten, können sie relativ leicht durch Selbsteinschätzung per Fragebogen gemessen werden (Dörr, 2008). Hierfür stehen Fragebögen zur Messung der Sozialkompetenz oder in Anlehnung an Costa und McCrae (1992) sowie Lang (2009) der Big Five Persönlichkeitsdimensionen zur Auswahl. Da hierzu ein Übersetzungsprozess zu aufwändig erschien, wurde auf einen bereits in deutscher Sprache vorliegenden Test Wert gelegt. Die Tabelle 8 zeigt daher sowohl Beispiele für Fragebögen zur Sozialkompetenzmessung als auch eine Auswahl deutscher Tests zu den Big-Five-Dimensionen.

Zur Testauswahl wurde als Vergleichskriterium neben der durchschnittlichen Bearbeitungszeit als wichtiger Faktor für Online-Umfragen (Wagner & Hering, 2014) von den Testgütekriterien Objektivität, Reliabilität und Validität (Krebs & Menold, 2014) das Kriterium der Reliabilität ausgewählt. Psychometrische Testverfahren schienen hierin am eindeutigsten und leichtesten miteinander zu vergleichen zu sein. So stellte sich der Test Fünf Dimensionen der Persönlichkeit (5DDP) von Ibrahimovic und Bulheller (2008) als das bestgeeignete Verfahren heraus. Hierfür gilt auch die inhaltliche, konvergente und divergente Validität als bestätigt. Ebenso liegen Standard-Nine- und T-Werte (N = 2.023) als Normmaßstäbe vor (Ibrahimovic & Bulheller, 2008).

Tabelle 8
*Beispiele deutschsprachiger Fragebögen zur Sozialkompetenz- und Persönlichkeitsmessung*

| **Testverfahren** | **Quelle** | **Reliabilität der Skalen** | **Durchschnittliche Bearbeitungszeit** |
|---|---|---|---|
| **Beispielhafte Fragebögen zur Messung der Sozialkompetenz:** | | | |
| ISK (Langform) | Kanning, 2009 | .69 - .90 Konsistenzkoeffizient) | 20 min |
| ISK (Kurzform) | Kanning, 2009 | .69 - .75 (Konsistenzkoeffizient) | 10 min |
| ISK-360° | Kanning, 2014 | .70 - .79 (Konsistenzkoeffizient) | 10 min |
| MALAMUT Test SK | Malamut Team Catalyst GmbH, 2012 | .72 - .84 (Achsenreliabilität) | 10 min |
| **Beispielhafte (Big Five) Persönlichkeitstests:** | | | |
| 5DDP | Ibrahimovic & Bulheller, 2008 | .92 - .94 (Cronbachs Alpha) | 10 – 15 min |
| NEO-PI-R (Form S) | Ostendorf & Angleitner, 2004 | .87 - .92 (Cronbachs Alpha) | 35 – 45 min |
| BIP | Hossiep & Paschen, 2003 | .74 - .91 (Cronbachs Alpha) | ca. 45 min |
| BIP-6F | Hossiep, Krüger & Weiß, 2012 | .74 - .85 (Cronbachs Alpha) | 10 – 15 min |
| BFI-10 | (Rammstedt & John, 2007) | .58 - .84 (Retest-Reliabilität) | 1 – 2 min |

*Anmerkungen.* BIP = Bochumer Inventar zur berufsbezogenen Persönlichkeitsbeschreibung. BIP-6F = Bochumer Inventar zur berufsbezogenen Persönlichkeitsbeschreibung - 6 Faktoren. BFI-10 = Big-Five-Inventory-10. 5DDP = 5 Dimensionen der Persönlichkeit. ISK = Inventar sozialer Kompetenzen. ISK-360° = Inventar zur Messung sozialer Kompetenzen in Selbst- und Fremdbild. min = Minuten. NEO-PI-R (Form S) = Kurzform des NEO Persönlichkeitsinventars nach Costa und McCrae (revidierte Fassung). SK = soziale Kompetenzen. Quelle: In Anlehnung an in der Tabelle genannte Literatur.

## 3.2 Erhebungsinstrumente

### 3.2.1 Fragebogen zur Erhebung des Interesses an Topsharing

Zur Erhebung des TS-Interesses wurde mit Hilfe des Online Umfragetools Unipark EFS Survey der Questback GmbH (Unipark-Lizenz Test & Student) ein eigener Fragebogen entwickelt (siehe Anhang D). Der Aufbau des Fragebogens ist dabei in 11 Abschnitte untergliedert (siehe Anhang E: Tabelle 43). Bei der Konzeption der Einleitung wurden im Abschnitt 1 die literaturbasierten Anforderungen einer Fragebogeneinleitung berücksichtigt (Anhang E: Tabelle 44) und praktisch umgesetzt (Döring & Bortz, 2016; Klöckner & Friedrichs, 2014; Raab-Steiner & Benesch, 2015). Bei der Formulierung der allgemeinen Fragestellung und im Info-Schreiben vorab wurde der Begriff TS bewusst nicht erwähnt. Es wurde auf ein flexibles Arbeitsmodell hingewiesen, das an entsprechender Stelle in der Umfrage näher vorgestellt werden würde. Da sich TN nach der Beantwortung der ersten drei bis vier Fragen oft gebunden fühlen, den Fragebogen komplett auszufüllen (Hollenberg, 2016; Petersen, 2014), sollten dadurch auch die Personen erreicht bzw. deren Motivation aufrechterhalten werden (Raab-Steiner & Benesch, 2015), die kein Interesse an Teilzeit haben, aber flexiblen Arbeitsmodellen offen gegenüber stehen. Auch erfolgt ein Hinweis darauf, dass alle personenbezogenen Bezeichnungen sich sowohl auf Frauen als auch auf Männer beziehen. Der besseren Lesbarkeit wegen wird jedoch auf eine Nennung beider Bezeichnungen verzichtet, was im Rahmen dieser gesamten Arbeit gilt.

Da sich zum Einstieg einfach zu beantwortende Faktfragen eignen (Klöckner & Friedrichs, 2014), wird im zweiten Abschnitt zunächst nach berufsbezogenen Daten gefragt. Der Aspekt der aktuellen oder angestrebten LV/PV stellt hierbei für die Umfrage ein Ausschlusskriterium dar. Für den Fall, dass ein TN weder bereits LV/PV trägt noch anstrebt, wurde deshalb hier ein automatischer Filter integriert, der mit einer entsprechenden Erklärung an das Ende des Fragebogens geführt hätte.

Im Abschnitt drei wird schließlich das TS-Modell mit den bereits in Kapitel 2.1 beschriebenen Charakteristika vorgestellt. Dies dient zur Sicherstellung eines einheitlichen Verständnisses des Erhebungsgegenstandes (Stein, 2014). Es wird darauf hingewiesen, dass kein Zurück-Button zur Verfügung steht, was laut Stadtmüller (2016) verhindert, dass TN, die in den Folgefragen genannten Informationen nutzen, um ihre gegebenen Antworten zu korrigieren. Dies ist relevant, weil die Beantwortung zum einen möglichst intuitiv erfolgen soll (Raab-Steiner & Benesch, 2015). Zum anderen wurden auch Plausibilitätscheckfragen zur Erhöhung der Datenqualität integriert (Wagner & Hering, 2014), deren Nutzbarkeit durch eine Zurück-Funktion eingeschränkt wäre. Gleichzeitig dient dieser Schritt als Überleitung zum TS-Hauptfrageblock (Hollenberg, 2016; Klöckner & Friedrichs, 2014). Dabei wurde für solche Übergangsseiten der Ansprachetext mit einem Foto der Autorin kombiniert, um eine Beziehung zu den Befragten aufzubauen, zu erhalten und dadurch ihre Bindung zu erhöhen. Im Anschluss folgt hier die Frage nach dem Vorhandensein von Rollenvorbildern, was für die Interessebildung bzgl. TS wichtig erscheint (Gärtner et al., 2016; Grotlüschen & Krämer, 2009; Hidi & Renninger, 2006).

Grotlüschen (2010) kritisiert, dass im FSI die tatsächlichen Gründe, warum sich jemand für etwas interessiert, nicht Gegenstand der Befragung sind. Daher werden in Abschnitt vier die dispositionalen und in Abschnitt fünf die situationalen Gründe für oder gegen Teilzeitführung und TS aufgegriffen. Die Befragten werden gebeten, ihren Zustimmungsgrad zu TS betreffenden Aussagen, die aus der Literatur abgeleitet wurden, auf einer mehrstufigen Skala anzugeben. Für die Schritte vier bis sechs wurde dabei auf dieselbe fünfstufige, unipolare Likertskala zurückgegriffen (Franzen, 2014; Raab-Steiner & Benesch, 2015). Dadurch soll eine für die statistische Auswertung und Interpretation notwendige Äquidistanz und somit streng genommen ein Ordinalskalenniveau erreicht werden, das hier jedoch als Intervallskalenniveau interpretiert und behandelt wird (Döring & Bortz, 2016; Franzen, 2014; Häder, 2015; Hollenberg, 2016). Das Beibehalten derselben Skalierung erleichtert sowohl die Beantwortung als auch die Auswertung (Raab-Steiner & Benesch, 2015). Ratingskalen mit einer mittleren Kategorie scheinen im Unterschied zu geraden Skalen eine höhere Reliabilität mit sich zu bringen (Franzen, 2014; O'Muircheartaigh, Krosnick & Helic, 2000) und das Reaktanzrisiko zu reduzieren, das die „Forced Choice" (Raab-Steiner & Benesch, 2015, S.

58) einer geraden Skala verstärkt. Mit der Wahl einer fünfstufigen Skala wird daher der Empfehlung von sieben plus/minus zwei Stufen als optimale Anzahl an Antwortkategorien gefolgt (Döring & Bortz, 2016; Franken, 2016; Franzen, 2014; Kieruj & Moors, 2010).

Da empirische Studien zeigen, dass eine verbale Differenzierung der Antwortkategorien eine bessere Reliabilität zur Folge hat als eine rein numerische Beschriftung (z. B. Krosnick, 1999; Tourangeau, Couper & Conrad, 2007), wird hier eine unipolare, verbale Formatierung der Kategorien genutzt und wie empfohlen (Franzen, 2014; Raab-Steiner & Benesch, 2015) mit einer positiv-numerischen Beschriftung ergänzt (Franzen, 2014). Da die Skalenrichtung von der Lesekonvention bestimmt werden sollte (Hollenberg, 2016), nimmt die Intensität des Zustimmungsgrades in den Antwortkategorien von links nach rechts zu (Porst, 2014a). So lauten in Anlehnung an Franzen (2014) die Antwortkategorien wie folgt: stimme überhaupt nicht zu (1); stimme eher nicht zu (2); stimme teilweise zu, teilweise nicht (3); stimme eher zu (4); stimme sehr zu (5). Da trotz des Risikos der Tendenz zur Mitte (Kallus, 2010; Petersen, 2014) größtenteils davon abgeraten wird, eine separate *weiß-nicht*-Option anzubieten (Franzen, 2014; Hollenberg, 2016; Krosnick, 1999), wird hier darauf verzichtet. Aufgrund des angestrebten Bildungsniveaus und des Anreizes der Testauswertung war hier in Anlehnung an Döring und Bortz (2016) mit einem hohen Anteil motivierter TN und damit eher mit einer Vermeidung der Mittelkategorie zu rechnen, was die Messqualität erhöht (Raab Steiner & Benesch, 2015; Rost, 2004).

Der fünfte Abschnitt umfasst zusätzlich zu den situationalen Gründen auch Bedingungen für das TS-Interesse. Hier werden die TN darum gebeten, den Grad ihrer Zustimmung zu literaturbasierten Bedingungen auf der beschriebenen Skala einzuschätzen. Während zuvor geschlossene Fragen mit fest vorgegebenen Items gestellt wurden, entspricht die Variable Bedingungen einer halboffenen Fragestellung, da zusätzlich die Frage nach sonstigen Bedingungen als optionales Freitextfeld gestellt wird (Mayer, 2013, Porst, 2014a). Mögliche Bedingungen wurden zwar aus der Literatur sorgfältig abgeleitet, konnten aber nicht unbedingt abschließend definiert werden (Züll & Menold, 2014).

Dieselbe Skala nutzend, wird im Abschnitt sechs das eigentliche Interessemaß bzgl. TS erhoben. Ähnlich wie Berufsinteressentests eine relative Präferenz von Personen bestimmten Tätigkeiten gegenüber erfassen (Schiefele et al., 1993), wird hier zunächst anhand von sechs Items die Einstellung zur Präferenz von TS erhoben. Anschließend erfolgt in Anlehnung an den FSI (Schiefele et al., 1993) sowie an Grotlüschen (2010) die Erfassung der Interessestärke mittels sieben Items, die verschiedenen Subskalen zugeordnet werden.

Der Abschnitt sieben wurde zur Priorisierung der Hauptgründe pro und contra TS konzipiert. Da hier im Nachhinein jedoch eine zu hohe Methodenlimitation vorliegen könnte, wird auf eine Beschreibung dieses Abschnittes (und später auch auf eine diesbezügliche Auswertung) verzichtet. Eine nähere Erläuterung erfolgt hierzu im Kapitel 5.3.1 Verfahrens- und Methodenreflexion sowie -limitationen.

Damit ist der Kern der Befragung zum TS-Interesse abgeschlossen und Abschnitt acht wird mit einer Übergangsseite eingeleitet. Hier wird darauf hingewiesen, dass nur noch ein paar Personendaten erfragt werden und somit der erste Teil fast geschafft sei. Dadurch wird „... suggeriert, dass die Demographie gar nicht mehr zum eigentlichen Fragebogen dazugehört“ (Klöckner & Friedrichs, 2014, S. 677). Auch wurden wieder möglichst leicht zu beantwortende Faktfragen, diesmal soziodemografische Standardfragen gestellt (Hollenberg, 2016; Klöckner & Friedrichs, 2014; Mayer, 2013; Scholl, 2003).

Da am Ende von Fragebögen die TN Gelegenheit für Kommentare erhalten sollten und dadurch ihnen gegenüber Wertschätzung ausgedrückt wird (Klöckner & Friedrichs, 2014), erfolgt dies in Abschnitt neun. Im 10ten Abschnitt wird gefragt, ob die TN eine Auswertung des 5DDP-Tests erhalten möchten und wenn ja, an welche E-Mail-Adresse diese geschickt werden soll. Darüber hinaus wurde während der Feldphase noch eine Abfrage eines Matching-Codes hinzugefügt, um Teil 1 und Teil 2 der Umfrage mit Zustimmung der TN eindeutig miteinander zu verknüpfen. Eine nähere Erklärung hierzu erfolgt im Kapitel 5.3.1 Verfahrens- und Methodenreflexion sowie -limitationen. Im 11ten und letzten Abschnitt des Fragebogens wird den Befragten für ihre Teilnahme gedankt (Klöckner & Friedrichs, 2014; Porst, 2014a) und es folgen Instruktionen für den anschließenden 5DDP-Test. Indem die TN auf den angegebenen Link klicken, werden sie zur Homepage der Bulheller GmbH - Human Factor Services weitergeleitet. Damit die gegebenen Hinweise auch nach dem Öffnen der 5DDP-Seite lesbar bleiben, öffnet sich diese in einem separaten Fenster.

Neben einer automatischen Filterführung und einer konsistenten Fortschrittsanzeige (Klöckner & Friedrichs, 2014) sind zudem Plausibilitäts- und Vollständigkeitschecks integriert, um die Beantwortung zu erleichtern und eine hohe Datenqualität sicherzustellen (Wagner & Hering, 2014). Auch bei der Wahl von Farben, Zeilenabstand und Textmenge wurde den Empfehlungen von Raab-Steiner und Benesch (2015) gefolgt und ein ansprechendes Layout gestaltet. Hinsichtlich des Formulierungsstils von Fragen und Items wurde auf Einheitlichkeit geachtet (Raab-Steiner & Benesch, 2015). Die in Themenblöcken zusammengefassten Fragen (Klöckner & Friedrichs, 2014; Porst, 2014a) sind je nach Anzahl der Antwortitems auf zwei Seiten verteilt (Wagner & Hering, 2014). Die 10 Gebote der Fragenformulierung von Porst (2014b) fanden ebenfalls Berücksichtigung. In Bezug auf die Abschnitte vier bis sechs sind manche Antwortitems positiv und andere negativ formuliert, wobei die einen eher Vorteile von TS und die anderen mögliche Nachteile beleuchten. Dies diente dazu, das Risiko von Antwortmustern zu reduzieren (Hollenberg, 2016) und gleichzeitig alle TN (sowohl potentielle Befürworter als auch Gegner) abzuholen. Letzteres ergab sich aus dem Pretest, der nach Döring und Bortz (2016) sowie Weichbold (2014) an einer kleinen Stichprobe, hier mit acht Personen in drei Runden, durchgeführt wurde. Dadurch konnte die Brauchbarkeit und Qualität des Fragebogens überprüft und dieser bspw. in Bezug auf die Reihenfolge und Formulierung von Fragen angepasst werden. Hierbei wurde in den ersten beiden Runden die Technik des lauten Denkens (Raab-Steiner & Benesch, 2015; Weichbold, 2014), die Nachfragetechnik als auch das Paraphrasieren angewandt (Weichbold, 2014). Die dritte Pretestrunde wurde wie unter Feldbedingungen durchgeführt, um einen Eindruck der Finalversion bspw. zur Bearbeitungsdauer (hier 12 bis 15 Minuten) zu erhalten (Weichbold, 2014). Die Pretest-Stichprobe war so zusammengesetzt, dass Mütter, Väter, Teil- und Vollzeitkräfte sowie Befürworter und Gegner von TS vertreten waren.

### 3.2.2 Fragebogen zur Erfassung der Persönlichkeitsausprägung

Der in dieser Studie genutzte Persönlichkeitstest 5DDP wurde von Ibrahimovic und Bulheller (2008) entwickelt und basiert auf einer Normstichprobe von insgesamt 2.023 Personen. Er erfasst in Anlehnung an das Big Five Modell von Costa und McCrae (1992) die fünf Superfaktoren der Persönlichkeit und kann gemäß den Angaben im Testmanual wie folgt beschrieben werden (Ibrahimovic & Bulheller, 2008): Für den breiten Altersbereich von 16 bis über 60 Jahren sehen die Autoren mögliche Anwendungsgebiete sowohl im Coaching, in der Personalberatung und -platzierung, in der Personal- und Potenzialentwicklung als auch in der Forschung. Die fünf Superfaktoren Extraversion, Emotionalität, Gewissenhaftigkeit, Verträglichkeit und Offenheit für Erfahrungen stellen die Variablen dar, die jeweils aus 25 Items mit einer Rohwertspanne von 0 bis 250 bestimmt werden. Im Unterschied zu anderen Persönlichkeitstests werden hier den Teilnehmern 125 selbst einzuschätzende Eigenschaften als Adjektive direkt vorgegeben und nicht in Form von Fragen in einen Kontext eingebettet. Um außerdem die Tendenz der sozialen Erwünschtheit zu reduzieren, werden dabei nur positiv ausgerichtete Formulierungen der Eigenschaften genutzt. Auch das Antwortformat der hier verwendeten metrischen Skala von 11 Prozentstufen unterscheidet sich von üblicherweise genutzten Ratingsystemen. Sie deckt in 10er-Schritten den Bereich von 0 bis 100 ab und ermöglicht eine besser vergleichbare und intuitive Beantwortung durch die TN. Grundsätzlich steht der Test sowohl als Papier-Bleistift- als auch als Online-Version zur Verfügung. Die verhältnismäßig kurze durchschnittliche Bearbeitungszeit von 10 bis 15 Minuten als auch die sehr guten Reliabilitätswerte in Bezug auf die innere Konsistenz aller 5DDP-Skalen (Anhang F: Tabelle 45) sind entscheidende Kennzeichen dieses Persönlichkeitstests. Auch die differenziellen Reliabilitätskoeffizienten für Geschlechter-, Bildungs- und Altersgruppen zeigen für alle 5DDP-Skalen durchgehend sehr gute Reliabilitätswerte (Cronbachs Alpha ≥ .852; Spearman-Brown ≥ .884). Die Durchführungsobjektivität soll dabei durch die schriftlich festgelegte Testanleitung sichergestellt werden. Darüber hinaus werden die Auswertungsobjektivität durch den vorgegebenen Bewertungsschlüssel und die Interpretationsobjektivität durch normierte Testwerte sowie vorgegebene Textmodule erreicht. Letzteres betrifft die Besonderheit, dass der Test eine internetgestützte Auswertung mit Profilerstellung und Interpretationshilfen zu den Eigenschaftsausprägungen bietet.

Die Gültigkeit des 5DDP wurde durch die überprüfte Unabhängigkeit der Eigenschaften auf Fremdskalen bestätigt. Darüber hinaus liegt auch eine Bestätigung der inneren kriterienbezogenen Validität durch Korrelationen zu anderen Testverfahren anhand von Validierungsstichproben vor. Letztere wurde sowohl mit konstruktkonvergenten Dimensionen wie bspw. die des NEO-PI-R nach Costa und McCrae (Ostendorf & Angleitner, 2004) als auch mit konstruktdivergenten Messinhalten wie die des Figure Reasoning Tests (FRT) (Booth & Horn, 2004) durchgeführt. Die hohen Werte der Korrelationskoeffizienten zwischen dem 5DDP und dem NEO-PI-R (*r* liegt zwischen .66 und .81) sowie die niedrigen Korrelationswerte zwischen dem 5DDP und dem FRT (*r* liegt zwischen .01 und .08) bestätigen beispielhaft die innere Validität dieses Tests.

Das Online-Verfahren (Startseite siehe Anhang F) wird über die Homepage der Bulheller GmbH - Human Factor Services (Bulheller GmbH, 2017) durchgeführt, für die die Autorin dieser Arbeit einen kostenfreien Zugang als Testleiterin erhielt. Das Verfahren ist dabei so konzipiert, dass Testleiter individuelle Passwörter für Interessierte TN über die Homepage anfordern und per E-Mail erhalten. Neben einem Benutzernamen müssen diese an potentielle TN vergeben werden, was hier aus dem Umfragesystem des ersten Fragebogens heraus in der offiziellen Einladungs-E-Mail erfolgte.

## 3.3 Variablen

### 3.3.1 Variablen und Items zur Erhebung des Interesses an Topsharing

Die im TS-FB erhobenen, themenbezogenen sowie die insgesamt erfragten, soziodemografischen Variablen sind mit ihren Items und Antwortkategorien im Anhang G (Tabelle 46, Tabelle 47, Tabelle 48 und Tabelle 49) zusammenfassend dargestellt. Die ersten im TS-FB erhobenen Variablen sind im Abschnitt zwei zu finden. Auch wenn die Befragung zu den soziodemografischen Daten größtenteils erst am Ende erfolgt (Hollenberg, 2016; Mayer, 2013), bieten sich zum Einstieg leicht zu beantwortende berufsbezogene Fragestellungen an. Ob sich jemand für TS und damit auch für Teilzeit interessiert, könnte eng mit der eigenen *Berufstätigkeit* sowie der jeweiligen *Vertragsart* zusammenhängen. Deshalb wird nicht nur danach gefragt, ob die TN aktuell berufstätig oder in Elternzeit sind, sondern auch ob sie als Voll- oder Teilzeitkraft arbeiten bzw. was sie bei aktueller Nicht-Berufstätigkeit davon bevorzugen. Da im Rahmen dieser Studie der Aspekt, dass jemand LV/PV ausübt bzw. anstrebt, ein Ausschlusskriterium darstellt, sind die Variablen *aktuelle LV/PV* und *angestrebte LV/PV* unumgänglich. Dabei werden nicht nur klassische Karrierewege, die häufig mit Mitarbeiterführung einhergehen (Hyll, 2014) berücksichtigt. Auch ist es denkbar, dass je nach Verantwortungsart Personen es sich besser oder schlechter vorstellen können, im TS zu arbeiten. Wie empfohlen (Hyll, 2014; Lang, 2013) wird deshalb mit einem Angebot der Mehrfachauswahl jeweils nach projektbezogener und fachlicher LV wie auch nach PV gefragt.

In Bezug auf die für die Interessebildung notwendige Variable *Rollenvorbilder_TS* (Grotlüschen & Krämer, 2009; Hidi & Renninger, 2006) erfolgt im Abschnitt drei die Abfrage ob die TN Personen kennen, die im TS arbeiten oder von solchen gehört haben. Anschließend geht es im vierten Abschnitt um die Variable *dispositionale Gründe*, die sich aus verschiedenen, aus der Literatur abgeleiteten Items (pG1 bis pG16) zusammensetzt. Hierzu zählen die eventuell reizvolle, gegenseitige Vertretungsmöglichkeit (pG1) aufgrund genügend gleicher Kompetenzen (Baillod, 2002b; Werther, 2016), das gleichzeitige und aufgrund ähnlicher Kompetenzen von TS abhaltende Konkurrenzrisiko (pG2, siehe Daniels, 2011) sowie die eventuell interessante, gegenseitige Ergänzungsmöglichkeit im TS (pG3, siehe Tepe, 2014). Auch die Vorstellung, sich auf den Job-Partner verlassen zu müssen (pG4), könnte, wie der Pretest ergab, genauso eine Rolle spielen wie der möglicherweise reizvolle Aspekt, dass TS-Partner ihre Aufgaben untereinander nach Interessen aufteilen können (pG5, siehe Karlshaus, 2016; Kuark, 2003). Die eventuell abhaltende Wirkung des Risikos, dass die Partner widersprüchliche Entscheidungen treffen könnten (pG6, siehe Karlshaus, 2016), stellt genauso ein dispositionales Item dar, wie die Möglichkeit, dass der Abstimmungsaufwand für die Befragten persönlich zu hoch erscheint (pG7, siehe Daniels, 2011). Inwiefern TS dadurch interessant ist, dass die Partner bei wichtigen Entscheidungen ihre unterschiedlichen Perspektiven erläutern können (Ellwart et al., 2016), ist ebenfalls als weiterer Grund für TS denkbar (pG8).

Der Aspekt des Abstimmungsaufwands wird hier gleichzeitig als Plausibilitätscheck genutzt, so dass auf der zweiten Seite der dispositionalen Gründe etwas anders formuliert noch einmal danach gefragt wird. Während zuvor das Item (pG7) hierzu lautet *Der Abstimmungsaufwand zwischen den JOB-Partnern erscheint mir persönlich zu hoch* wird nun um den Grad der Zustimmung zu folgender Aussage (pG9) gebeten: *Ich schätze den Abstimmungsaufwand zwischen den Partnern als gut realisierbar ein.* Erfolgt in beiden Items gleichermaßen eine Zustimmung oder Ablehnung, kann dies nicht als plausibel gelten. Ist dies nicht der Fall, kann bis zu diesem Abschnitt von einer konzentrierten Bearbeitung ohne Antwortmuster ausgegangen werden (Franken, 2016; Hollenberg, 2016).

Die persönliche Vorstellung, sich eine Führungsposition zu teilen und die Chance, durch TS den eigenen Karrierewunsch zu realisieren (Bischoff, 2010; Werther, 2016), stellen weitere Items der dispositionalen Gründe dar (pG10 und pG11). Auch wird danach gefragt, ob die TS-Partner die Möglichkeit, ihren zeitlichen Arbeitseinsatz gemeinsam festlegen können (Karlshaus, 2016), als reizvoll empfinden (pG12). Während die einen eventuell mit TS nach der Arbeit besser abschalten können (pG13, siehe Daniels, 2011), sehen andere für sich im TS vor allem die Chance (pG14), ein zeitweise höheres Arbeitsaufkommen durch ein kurzfristiges Aufstocken der Arbeitszeit besser bewältigen zu können (Karlshaus, 2016; Szebel-Habig, 2016). Da für TS-Partner Vertrauen essentiell wichtig ist (Daniels, 2011; Werther, 2016), geht es in einem weiteren Item (pG15) darum, ob für die TN eine von Vertrauen geprägte Beziehung zwischen den TS-Partnern vorstellbar sei. Das letzte dispositionale Item (pG16) betrifft den breiteren Erfahrungsschatz (Kuark & Wyss, 2016), was TS besonders reizvoll machen könnte.

Im Abschnitt fünf wird die Variable *situationale Gründe* erhoben (sG1 bis sG11). Dabei wird der situationale Aspekt hier eher in den externen Umständen und Einflüssen der Führungskräfte gesehen und weniger in der Momentaufnahme der Erhebungssituation. Auch wenn in Anlehnung an Knogler et al. (2015) das situationale Interesse ebenfalls davon beeinflusst wird, auf welche Weise bspw. das Arbeitsmodell TS in der Umfrage präsentiert wird oder welche Rolle TS bei dem eigenen Arbeitgeber spielt, werden hier vor allem die lebenssituationsspezifischen motivationalen Aspekte erhoben, die Einfluss auf das TS-Interesse haben könnten. Hierzu zählen neben familiären Aspekten, die als soziodemografische Daten am Ende des Fragebogens erhoben werden bspw. der Gedanke (sG1), ob TN sich vorstellen können, mit einem für TS angepassten (Teilzeit-) Gehalt gut leben zu können (Bischoff, 2010; Huesmann & Gärtner, 2015; Scherz, 2016). Auch die für TS mögliche nachteilige Einschätzung, dass die aktuelle oder angestrebte Leitungsposition sich schlecht auf zwei Personen aufteilen ließe (Kuark & Wyss, 2016; Zölch et al., 2002), wird hier als Item abgefragt. Durch einen automatischen Filter wird hierzu je nach Angabe zur aktuellen oder angestrebten LV entweder das Item bzgl. der aktuellen (sG3) oder das der angestrebten Leitungsposition (sG4) angezeigt. Inwiefern das Risiko, dass die TS-Partner von anderen gegenseitig ausgespielt werden könnten (Baillod, 2002b), die Befragten vom TS-Modell abhält, ist ebenfalls Inhalt der Umfrage (sG6). Darüber hinaus wird um die Angabe des Zustimmungsgrads dazu gebeten, ob das Risiko, dass das berufliche Umfeld durch zwei Ansprechpartner statt einem „genervt" (Szebel-Habig, 2016, S. 66) sein könnte, eine von TS abhaltende Wirkung hat (sG8). Da, wie die Literatur zeigt, häufig implizite Erwartungen an Führungskräfte eine wichtige Rolle in Bezug auf das Teilzeitinteresse von Führungskräften spielt (Werther, 2016), werden hier auch Items zur Erfüllbarkeit von Erwartungen seitens der Vorgesetzten, der Kollegen, der Mitarbeitenden und auch der Kunden in Kombination mit dem TS-Modell abgefragt (sG11, sG10, sG7 und sG5). Der häufig genannte Grund für Teilzeitarbeit, dadurch mehr Zeit außerhalb der Arbeit zur Verfügung zu haben (BMFSFJ, 2016; Gärtner et al., 2016; Hipp & Stuth, 2013), könnte auch für das TS-Interesse wesentlich sein (sG2). Wenn diesem Item eher oder voll zugestimmt wird, folgt eine gefilterte Abfrage, wofür die Zeit, die für Teilzeitkräfte außerhalb der Arbeit zur Verfügung steht oder für aktuelle Vollzeitkräfte durch Teilzeitarbeit entstehen würde, genutzt wird bzw. würde. Als Items stehen hier neben einem integrierten Freitextfeld für Sonstiges (Hollenberg, 2016) mehrere Aussagen zur Verfügung, so dass ein bis zwei Optionen als Priorisierung ausgewählt werden sollen, die den Befragten am wichtigsten erscheinen.

Darüber hinaus könnten die aus der Literatur abgeleiteten Bedingungen das TS-Interesse maßgeblich beeinflussen. Diese werden hier größtenteils den situationalen Aspekten und damit ebenfalls dem Abschnitt fünf zugeordnet, da sie vor allem von anderen Personen oder den vorherrschenden Gegebenheiten abhängen. Für die Variable *Bedingungen* wurde die folgende Frage und Frageform gewählt: *Inwiefern stimmen Sie den unten stehenden Ergänzungen des folgenden Satzes zu? Topsharing kommt für mich persönlich nur dann in Frage, ....* Die dazugehörenden Antwort-Items (B1 bis B7) führen die Bedingungen und Erwartungen auf, die erfüllt sein müssten, damit TS in Frage käme. Hierzu gibt es Items (B1 bis B5), die sich bspw. auf das für TS erfolgswirksame Commitment der Führungsriege (Gärtner et al., 2016; Kuark & Wyss, 2016), die Unterstützung der Kollegen und Mitarbeitenden (Bischoff, 2010; Gärtner et al., 2016), die Akzeptanz des Arbeitsmodells der Kunden sowie die Unterstützung seitens der Organisation (Bischoff, 2010) beziehen. Da das Teilen der Werte nicht nur wichtig für das Entstehen des Wir-Gefühls des Führungsteams zu sein scheint (Ratzmann, 2015), sondern dieser Aspekt auch als empirisch belegter kritischer Erfolgsfaktor für TS gilt (Daniels, 2011; Ellwart et al., 2016; Werther, 2016), wird hier ebenso danach gefragt (B6). Darüber hinaus könnte auch die Erwartung einer ähnlichen Arbeitsweise der Partner (Baillod, 2002b; Daniels, 2011) Einfluss auf das Interesse haben (B7).

Nachdem sich die TN durch die präsentierten Gründe pro und contra TS ein erstes Bild zu diesem Arbeitsmodell machen konnten, werden sie im Abschnitt sechs nach ihrem Interesse an TS gefragt. Die Variable *Interesseerhebung* setzt sich dabei aus verschiedenen Items (I1 bis I13) zusammen, die in der Tabelle 9 und der Tabelle 10 aufgeführt und zum Teil bestimmten Subskalen zugeordnet werden. Grundsätzlich geht es bei der Interesseerhebung darum, herauszufinden, wie sehr es sich die

Befragten persönlich vorstellen können, im TS zu arbeiten bzw. dies auch wünschen. Wie der Pretest mit zwei dem Modell kritisch gegenüberstehenden Personen zeigte, sollte das Item I1 (*TS ist grundsätzlich ein interessantes Arbeitsmodell)* vor allem genau solchen Teilnehmern vermitteln, dass sie durch ihr Desinteresse weder als unflexibel noch als nicht offen für Neues eingestuft werden. So wurde dieses Item nicht zur Interesseberechnung konzipiert, schien aber für die Durchführungsakzeptanz und zur Reduzierung des Risikos sozialer Erwünschtheit (Hlawatsch & Krickl, 2014) wichtig zu sein.

Tabelle 9
*Items zur Variable Interesseerhebung (1/2)*

<table>
<tr><th colspan="2">Items zur Erhebung des Interesses an TS</th></tr>
<tr><td colspan="2">I1_Allg_Interesse_AI:<br>TS ist grundsätzlich ein interessantes Arbeitsmodell.[a]</td></tr>
<tr><td rowspan="3">Soziale Valenz (SV)</td><td>I2_zur_Zeit_gerne_TS_SV:<br>Ich würde zurzeit gerne im TS arbeiten.</td></tr>
<tr><td>I3_interessant_ein_fuenf_Jahren_SV:<br>TS ist ein Arbeitsmodell, das für mich innerhalb der nächsten 1 bis 5 Jahre interessant werden könnte.</td></tr>
<tr><td>I4_interessant_mehr_als_fuenf_Jahren_SV:<br>TS ist ein Arbeitsmodell, das für mich in mehr als 5 Jahren interessant werden könnte.[b]</td></tr>
<tr><td colspan="2">Item I5_auch_wenn_AG_TS_anbietet_TS_kaum_vorstellbar_UI:<br>Auch wenn mein Arbeitgeber mir dieses Modell anbieten würde, ist TS für mich persönlich kaum vorstellbar.[c]</td></tr>
<tr><td colspan="2">Item I6_interessiere_mich_sehr_UI:<br>Ich interessiere mich persönlich sehr für das Arbeitsmodell TS.[b]</td></tr>
</table>

*Anmerkungen.* Quelle: Eigene Darstellung.

[a]Item fließt nicht in die individuelle Berechnung des Interessemaßes mit ein, dient aber zur Durchführungsakzeptanz. [b]Nachträglich entschieden, dass dieses Item nicht mit in die individuelle Interessemaß-Berechnung einfließt. Näheres hierzu im Kapitel 4.3. [c]Item wird bei der Auswertung umgepolt.

Tabelle 10

*Items zur Variable Interesseerhebung (2/2)*

| Subskala | Items zur Erhebung des Interesses an TS (mit korrespondierenden Items aus dem FSI) |
|---|---|
| Emotionale Valenz (EV) | *I7_positive_Stimmung_EV:* Wenn ich über TS nachdenke, wirkt sich dies positiv auf meine Stimmung aus.<br>(Item Nr. 12 aus dem FSI: „Die Beschäftigung mit bestimmten Stoffinhalten wirkt sich positiv auf meine Stimmung aus.“[a, b]) |
| | *I8_ueber_TS_reden_wenig_Spass_EV:* Über TS zu reden, macht mir wenig Spaß.[c]<br>(Item Nr. 18 aus dem FSI: „Über Inhalte meines Studiums zu reden, macht mir nur selten Spaß.“[a, b]) |
| | *I9_gerne_TS_Artkel_lesen_EV:* Wenn mir Artikel zum Thema TS begegnen (z. B. online oder in Zeitschriften), lese ich diese gerne.<br>(Item Nr. 6 aus dem FSI: „Wenn ich in einer Bibliothek oder einem Buchladen bin, schmökere ich gerne in Zeitschriften oder Büchern, die Themen aus meinem Studienfach ansprechen.“[a, b]) |
| Persönlich wertbezogene Valenz (WV) | *I10_pos_Einfluss_auf_Persoenlichkeit_WV:* Ich bin mir sicher, dass die Entwicklung meiner Persönlichkeit durch TS positiv beeinflusst werden würde.<br>(Item Nr. 4 aus dem FSI: „Ich bin mir sicher, daß das Fachstudium meine Persönlichkeit positiv beeinflusst.“[a]) |
| | *I11_TS_wenig_Selbstverwirklichung_WV:* Im TS zu arbeiten hat für mich eigentlich recht wenig mit Selbstverwirklichung zu tun.[c]<br>(Item Nr. 5 aus dem FSI: „Die Beschäftigung mit den Inhalten meines Studienfachs hat für mich eigentlich recht wenig mit Selbstverwirklichung zu tun“[a, b]) |
| | *I12_TS_gleichgueltig_WV:* Wenn ich ehrlich sein soll, ist mir TS eher gleichgültig.[c]<br>(Item Nr. 13 aus dem FSI: „Wenn ich ehrlich sein soll, ist mir mein Studienfach manchmal eher gleichgültig.“[a, b]) |
| Intrinsischer Charakter (IC) | *I13_TS_passt_zu_mir_IC:* Ich bin mir sicher, dass TS zu mir persönlich passt.<br>(Item Nr. 1 aus dem FSI: „Ich bin mir sicher, das Fach gewählt zu haben, welches meinen persönlichen Neigungen entspricht.“[a]) |

*Anmerkungen.* FSI = Fragebogen zum Studieninteresse. Quelle: In Anlehnung an genannte Literatur[a].

[a]Quelle: Schiefele et al., 1993, S. 351. [b]Diese Items sind auch in leicht veränderter Formulierung in der neun Items umfassenden Kurzfassung der FSI-Vorlage enthalten, die an den jeweiligen Gegenstandsbereich anzupassen ist. In Anlehnung an Schiefele et al. (1993). [c]Item wird bei Auswertung umgepolt.

Während das Item I6 das persönliche Interesse direkt beleuchten soll, wird das Item I5 in Anlehnung an Kelso (2012) erfragt (siehe Tabelle 9). Letzteres soll erfassen, inwiefern TS für die Befragten vorstellbar wäre, wenn der eigene Arbeitgeber dieses Modell anbieten würde. Die negative Formulierung beruht zum einen darauf, auch kritische TN abzuholen und zum anderen, einen zweiten Plausibilitätscheck zu ermöglichen (Wagner & Hering, 2014). Letzterer erfolgt im Vergleich zu den Items I2, I3 und I4 (siehe Tabelle 9), die nach der Empfehlung von Grotlüschen (2010) die Subskala *Soziale Valenz* (SV) bilden. Die SV bezieht sich auf einen zeitlichen Aspekt, der von kurz-, mittel- und langfristigen Lebensumständen der TN abhängig sein kann. Wenn mindestens einem dieser zeitlich bezogenen Interesse-Items (I2, I3 oder I4) und gleichzeitig auch dem negativ formulierten Item I5 voll oder eher zugestimmt wird, scheint die Beantwortung an dieser Stelle nicht plausibel zu sein. Das gleiche gilt für eine Ablehnung dieser Items. Bei Datensätzen ohne Plausibilitätswiderspruch wird davon ausgegangen, dass die Beantwortung bis zu diesem Item konzentriert und ohne Antwortmuster (Franken, 2016) erfolgte.

Die zweite interesseerhebende Umfrageseite wurde in Anlehnung an den FSI (Schiefele, 2009; Schiefele et al., 1993) und unter Berücksichtigung der Erkenntnisse von Grotlüschen (2010) entwickelt, um die Interessestärke noch besser zu erheben. Die hier abgefragten sieben Items (I7 bis I13) können den Subskalen *emotionale Valenz* (EV); *persönlich wertbezogene Valenz* (WV) und *intrinsischer Charakter* (IC) des Interesses zugeordnet werden. In Anlehnung an Grotlüschen (2010) liegt der Fokus jedoch jeweils auf der EV- und WV-Subskala. Die Items der EV gehen mit der Frage nach Gefühlen einher (I7, I8 und I9 siehe Tabelle 10), die bei vorliegendem Interesse in der Regel positiv sind (Schiefele, 2009). Die WV erfasst durch die dazugehörigen Items (I10, I11 und I12), inwiefern TS für die Befragten eine hohe persönliche Bedeutung hat (Jürgens, 2014). Die Subskala IC, die laut Grotlüschen (2010) nur eine untergeordnete Rolle spielt, erfasst mit dem dazugehörigen Item (I13), ob die Befragten davon ausgehen, dass TS zu ihnen ganz persönlich passt. Die Formulierung der Items orientiert sich an vergleichbaren Items aus dem FSI (siehe Tabelle 10), der in seiner Kurzfassung als Vorlage zur Erhebung spezifischen Interesses dient (Schiefele et al., 1993).

Dem Abschnitt sieben ist ein automatischer Filter vorgelagert, der vom Zustimmungs- bzw. Ablehnungsgrad bestimmter Interesse-Items abhängt. Diejenigen, die hierbei überwiegend Interesse äußern (also den Items eher oder voll zustimmen), werden gefragt, warum für sie persönlich TS vor allem von Interesse sei. Die dichotome Variable *interessant weil neu oder spannend* zielt darauf ab, ob sich TN für TS interessieren, weil sich diese ein solches Führungsmodell spannend vorstellen oder weil sie grundsätzlich alles Neue interessant finden. In Verbindung mit der 5DDP-Ausprägung der Dimension Offenheit könnte dieses Item eine Erklärung für das Interesse liefern. Ansonsten geht es im Abschnitt sieben vorrangig um eine Priorisierung der Hauptgründe, die das Interesse oder Desinteresse erklären. Aus Methodenlimitationsgründen wird jedoch im Nachhinein auf eine Beschreibung der Priorisierungsitems verzichtet und von einer Auswertung Abstand genommen (siehe Kapitel 5.3.1 Verfahrens- und Methodenreflexion sowie -limitationen).

Die Items des achten TS-FB-Abschnitts beinhalten eine Abfrage sonstiger soziodemografischer Daten, wozu bspw. die Variablen *Altersgruppe* und *Geschlecht* gehören. Diese sind deshalb wichtig, weil die berufliche Entwicklung unter anderem maßgeblich von Alter und Bildungsstand beeinflusst wird (Franz & Voss-Dahm, 2011). Letzteres wird zu Beginn des 5DDP abgefragt, so dass im TS-FB darauf verzichtet wurde, um einer Redundanzwahrnehmung vorzubeugen. Das Geschlecht scheint zudem in Kombination mit familiären Aspekten die wichtigste Determinante in Bezug auf Teilzeitarbeit zu sein (Hipp & Stuth, 2013). Und da soziale Rollen auf Karrieren und Teilzeiterwerbstätigkeit Einfluss ausüben und dabei Partnerschaft oder Kinder den scheinbar größten Einfluss nehmen (Hummelsheim, 2009; Steffens & Ebert, 2016), wird auch nach den Variablen *Familienstand* und *Kinder im Haushalt* gefragt.

Eine weitere Variable beruht auf dem Gedanken, dass durch das Online-Verfahren Personen aus unterschiedlichen Regionen Deutschlands teilnehmen könnten. Je nachdem wie sich die Stichprobe zusammensetzt, ist es denkbar, ex-post regionale Unterschiede festzustellen (Günther, Körner & Marder-Puch, 2015; Hipp & Stuth, 2013). Deshalb wird auch nach der Variable *Bundesland* des Wohnortes gefragt. Weil jedoch die *Berufstätigkeit des Partner*s sowie dessen Vertragsart in Bezug auf den eigenen Wunsch nach Teilzeit ebenfalls eine Rolle spielen könnten (Holst et al., 2015), wurde während der Feldphase diese Frage nachträglich ergänzt.

### 3.3.2 Variablen und Items zur Erfassung der Persönlichkeitsausprägung

Neben persönlichen Angaben in Bezug auf Alter, Geschlecht und Bildungsabschluss werden im 5DDP insgesamt 125 Persönlichkeitseigenschaften als Items abgefragt, die den bereits beschriebenen *fünf Superfaktoren* als Variablen zugeordnet werden.

Tabelle 11
*Superfaktoren, deren berufsbezogene Beschreibung und beispielhafte Eigenschaften (Items)*

| **Superfaktoren (Variablen)** | **Berufsbezogene Beschreibung** | **Beispiel-Items** |
|---|---|---|
| Extraversion | Aktivität und Kommunikation<br><br>(Kontaktfähigkeit, Kommunikationsfreudigkeit, Leistungsorientierung) | Item 11: aktiv<br>Item 33: selbstbewusst<br>Item 45: abenteuerlustig<br>Item 48: lebensfroh<br>Item 96: kommunikationsfähig |
| Emotionalität | Umgang mit Belastungen<br><br>(Optimismus, Gelassenheit, Umgang mit Kritik, Umgang mit Stress) | Item 7: selbstbeherrscht<br>Item 19: stressresistent<br>Item 28: Kritik vertragend<br>Item 99: optimistisch<br>Item 110: ausgeglichen |
| Gewissenhaftigkeit | Arbeitshaltung<br><br>(Sorgfalt, Verantwortlichkeit, Diszipliniertheit) | Item 2: tüchtig<br>Item 6: ausdauernd<br>Item 13: verantwortungsbewusst<br>Item 36: diszipliniert<br>Item 58: motiviert |
| Verträglichkeit | Umgang mit anderen Menschen<br><br>(Teamfähigkeit, Verträglichkeit, Hilfsbereitschaft) | Item 14: entgegenkommend<br>Item 51: umgänglich<br>Item 75: aufrichtig<br>Item 79: vertrauensvoll<br>Item 105: hilfsbereit |
| Offenheit | Offenheit und Interesse an Neuem<br><br>(Offenheit für Lernen, Diskussion, neue Aufgabeninhalte und Ideen) | Item 9: erfinderisch<br>Item 15: interessiert<br>Item 17: flexibel<br>Item 38: lernbereit<br>Item 64: neugierig |

*Anmerkungen.* Quelle: Ibrahimovic und Bulheller (2008, S. 7. 40-44) in Kombination mit dem 5DDP-Fragebogen.

Aus dem Testmanual und dem Fragebogen selbst (Ibrahimovic & Bulheller, 2008) kann diese Zuordnung vollständig nachvollzogen werden. Ebenfalls sind aus dem Manual „... die [ermittelten] Regressionskoeffizienten (Beta) der einzelnen Items einer Skala für die Vorhersage der Werte auf den Fremdskalen ..." (Ibrahimovic & Bulheller, 2008, S. 39) zu entnehmen. Die Tabelle 11 bietet deshalb nur einen beispielhaften Einblick, welche Eigenschaften und damit welche Items zu welcher Dimension bzw. welchem Superfaktor zählen. Darüber hinaus zeigt sie, wie die Messinhalte berufsbezogen im 5DDP beschrieben werden.

# 4 Ergebnisse

Das Ergebnis-Kapitel beginnt mit einem Überblick zur Studie. Anschließend folgt die Beschreibung der Stichprobe und der Ergebnisdaten in Bezug auf TS, bevor sich die Hypothesenprüfung anschließt und weitere mögliche Zusammenhänge vorgestellt werden.

## 4.1 Überblick zur Erhebung

Im Feldzeitraum Mai/Juni 2017 wurde diese Studie durchgeführt, zu deren Rahmendaten die Tabelle 12 einen ersten Überblick liefert.

Tabelle 12
*Überblick zur Studie*

| **Topsharing-Fragebogen (TS-FB)** | |
|---|---|
| Gesamtsample (Brutto) | 164 mit PW eingeladene Personen (100.00 %) |
| Nettobeteiligung am TS-FB | 148 TN |
| Beendet TS-FB | 146 TN |
| Abgebrochen TS-FB | 2 TN (1.22 %) |
| Ausschöpfungsquote TS-FB | 90.24 % |
| Beendigungsquote TS-FB | 89.02 % (vom Gesamtsample) |
| Bearbeitungszeit[a] | arithmetischer Mittelwert (MW): 0 h 15 min 47,92 s Median (M): 13,9 min; Minimum (Min): 6,6 min; Maximum (Max): 49,6 min; Spannweite: 43,0 min; Standardabweichung (sd): 7,12 min |
| **5DDP-Fragebogen (5DDP)** | |
| Nettobeteiligung 5DDP | 143 Personen (3 TN haben den 5DDP nicht begonnen) |
| Beendet 5DDP | 142 TN |
| Abgebrochen 5DDP | 1 TN |
| Beendigungsquote 5DDP | 99.3 % (von Nettobeteiligung 5DDP) |
| **Gesamt-Befragung** | |
| Abgebrochen Gesamt | 6 TN (3.66 %) |
| Beendigungsquote Gesamt | 86.59 % (vom Gesamtsample) |

*Anmerkungen.* 5DDP = 5 Dimensionen der Persönlichkeit. h = Stunden. min = Minuten. PW = Passwort. TN = Teilnehmer. s = Sekunden. TS-FB = Topsharing-Fragebogen. Quelle: SPSS Ausgabe TS-FB Teilnehmerdaten und 5DDP Basisdaten.

[a]$N_{gültig}$ = 143. $N_{fehlend}$ = 3, da 3 TN die Beantwortung des TS-FBs unterbrochen und zu einem späteren Zeitpunkt wieder aufgenommen haben. In diesen Fällen wurden keine Bearbeitungszeiten erfasst.


E. Himmen, *Topsharing*, BestMasters,
https://doi.org/10.1007/978-3-658-24413-2_4

Von 164 Personen, die Interesse geäußert und von der Autorin per E-Mail ein individuelles Passwort erhalten hatten, nahmen 148 an der Befragung teil. Dies entspricht einer Ausschöpfungsquote von 90.24 %, die sich exakt auf 50 % Frauen und 50 % Männer aufteilt. Beendet wurde der TS-FB dabei von jeweils 73 Frauen und 73 Männern (Anhang H: Tabelle 50). Insgesamt haben während der Feldphase drei Änderungen im TS-FB stattgefunden. Hierzu zählt die Pflichtfelderklärung des Items Geschlecht kurz nach dem Start der Umfrage. Bis zu diesem Zeitpunkt hatten sechs Personen im TS-FB hierzu keine Angabe gemacht. In vier Fällen konnte dies durch die Zuordnung zum 5DDP ergänzt werden. Bei zwei Datensätzen war eine Einordnung des Geschlechts jedoch nicht möglich, da die betroffenen TN den 5DDP nicht beantwortet hatten bzw. dem 5DDP nicht zuzuordnen waren. Letzteres hängt mit dem zu Beginn fehlenden, korrekten Matching-Code zusammen, was im Kapitel 5.3.1 näher erläutert wird. In dem Zuge wurde ein zweites zusätzliches Item hinzugefügt, das hier zur Angabe des individuellen Codes dient. Die Zuordnung der TS-FB-Daten zum 5DDP war damit letztlich in acht Fällen nicht möglich, so dass diese zur Überprüfung der $H_3$ nicht hinzugezogen werden können. Das dritte, nachträglich hinzugefügte Item betrifft die Berufstätigkeit des Partners. Bis auf zwei Datensätze, bei denen zu Beginn keine Angabe zum Geschlecht erfolgte und dies erst später zum Pflichtfeld erklärt wurde, sind alle fehlenden Werte durch Filterführung oder durch nachträgliche Ergänzung zu erklären, da alle Variablen Pflichtfelder sind. Insgesamt erfolgt die statistische Datenauswertung hier mit Hilfe von Microsoft® Excel® für Mac 2011 (Version 14.5.8) sowie der Software IBM® SPSS® Statistics (Version 24).

## 4.2 Beschreibung der Ergebnisdaten

### 4.2.1 Beschreibung der Stichprobe

Die TN sind im Durchschnitt etwa 40 Jahre alt, wobei die Frauen mit durchschnittlich 36,6 Jahren etwas jünger sind als die Männer mit 43,7 Jahren (Anhang H: Tabelle 51). Dabei ist die Altersgruppe der 31 bis 40 Jährigen am stärksten vertreten, gefolgt von den 41 bis 50 Jährigen (Anhang H: Abb. 10). Zwei 24 jährige Frauen und ein 21 jähriger Mann sind die jüngsten Befragten. Zu den Ältesten zählen eine 59 jährige Frau und zwei 63 jährige Männer (Anhang H: Tabelle 52 und Tabelle 53). Sowohl bei der Betrachtung von 10-Jahres- als auch von 5-Jahres-Schritten fällt auf, dass bei den unter 40-jährigen Führungskräften der Frauenanteil höher ist als der der Männer (Anhang H: Tabelle 54 und Tabelle 55). Dieses Verhältnis kippt jedoch ab einem Alter von 40 Jahren zugunsten der männlichen Führungskräfte (Anhang H: Tabelle 54).

Tabelle 13
*Bildungsabschlüsse nach Altersgruppen*

| Altersgruppen | Bildungsabschlüsse | | Häufigkeit | Prozent |
|---|---|---|---|---|
| 21 - 30 Jahre | Gültig | Abitur/ Fachabitur | 5 | 19.2 |
| | | Hochschulabschluss | 21 | 80.8 |
| | | Gesamt | 26 | 100.0 |
| 31 - 40 Jahre | Gültig | Abitur/ Fachabitur | 4 | 7.5 |
| | | Hochschulabschluss | 49 | 92.5 |
| | | Gesamt | 53 | 100.0 |
| 41 - 50 Jahre | Gültig | Realschulabschluss | 2 | 4.7 |
| | | Abitur/ Fachabitur | 7 | 16.3 |
| | | Hochschulabschluss | 34 | 79.1 |
| | | Gesamt | 43 | 100.0 |
| 51 - 60 Jahre | Gültig | Realschulabschluss | 3 | 16.7 |
| | | Abitur/ Fachabitur | 2 | 11.1 |
| | | Hochschulabschluss | 13 | 72.2 |
| | | Gesamt | 18 | 100.0 |
| 61 - 70 Jahre | Gültig | Hochschulabschluss | 2 | 100.0 |
| | | Gesamt | 2 | 100.0 |

*Anmerkungen.* $N_{gültig}$ = 142. $N_{fehlend}$ = 4, da 4 Personen den 5DDP nicht beendet haben.
Quelle: SPSS-Ausgabe 5DDP Basisdaten.

Dabei verfügen ca. 84 % der TN als höchsten Bildungsabschluss über einen Hochschulabschluss, etwa 13 % über Abitur oder Fachabitur und nur 3.5 % über einen Realschulabschluss (Anhang H: Tabelle 56). Weder die Option kein Abschluss noch die des Hauptschulabschlusses ist dabei ausgewählt worden. Dabei liegt der Frauenanteil bei den Hochschulabschlüssen mit fast 85 % geringfügig über dem Männeranteil mit ca. 83 % (Anhang H: Tabelle 56). Der höchste Anteil an Hochschulabschlüssen ist hierbei in der Gruppe der 31 bis 40 Jährigen zu finden, der niedrigste bei den 51 bis 60 Jährigen (Tabelle 13). Während in den Altersklassen ab 41 Jahren auch Personen mit Realschulabschlüssen vertreten sind, ist dies bei den 21 bis 40 jährigen befragten Führungskräften nicht der Fall.

Tabelle 14
*Angaben zur aktuellen Art der Berufstätigkeit der TN nach Geschlecht (Vollzeit/Teilzeit)*

| **Aktuelle Art der Berufstätigkeit** (Vollzeit oder Teilzeit) | | Geschlecht | | |
|---|---|---|---|---|
| | | **Frauen** | **Männer** | **Gesamt** |
| **Vollzeit bzw. vollzeitähnlich** (mehr als 32 h pro Woche) | **Anzahl** | **51** | **66** | **117** |
| | % innerhalb von Berufstätigkeitsart | 43.6 % | 56.4 % | **100.0 %** |
| | % innerhalb von Geschlecht | 75.0 % | 94.3 % | **84.8 %** |
| | % der Gesamtzahl | 37.0 % | 47.8 % | **84.8 %** |
| **Teilzeit** (maximal 32 Stunden pro Woche) | **Anzahl** | **17** | **4** | **21** |
| | % innerhalb von Berufstätigkeitsart | 81.0 % | 19.0 % | **100.0 %** |
| | % innerhalb von Geschlecht | 25.0 % | 5.7 % | **15.2 %** |
| | % der Gesamtzahl | 12.3 % | 2.9 % | **15.2 %** |
| **Gesamt** | **Anzahl** | **68** | **70** | **138** |
| | % innerhalb von Berufstätigkeitsart | 49.3 % | 50.7 % | 100.0 % |
| | % innerhalb von Geschlecht | 100.0 % | 100.0 % | 100.0 % |
| | % der Gesamtzahl | 49.3 % | 50.7 % | 100.0 % |

*Anmerkungen.* $N_{gültig}$ = 138. $N_{fehlend}$ = 8. Die fehlenden Werte resultieren aus zwei Datensätzen ohne Angabe zum Geschlecht und sechs Personen, die angaben, aktuell nicht berufstätig zu sein. Quelle: SPSS-Ausgabe TS-FB/5DDP.

Der überwiegende Teil der Befragten (ca. 90 %) gehört zu den aktiv Berufstätigen (Anhang H: Tabelle 57). In Elternzeit sind rund 6 % der TN und etwa 4 % der Befragten geben an, aktuell nicht berufstätig zu sein. Dabei arbeiten gut vier Fünftel in Vollzeit (oder vollzeitähnlich) und damit mehr als 32 Stunden pro Woche (Tabelle 14). In Teilzeit sind etwa 15 % der TN beschäftigt. Die fehlenden 4 % der Befragten sind diejenigen, die nicht berufstätig sind. Von diesen sechs Personen bevorzugen drei TN eine Vollzeit- bzw. vollzeitähnliche Stelle und drei eine Teilzeitstelle (Anhang H: Tabelle 58).

Wie aus der Auflistung der Führungskräfte mit aktueller LV oder PV aus der Tabelle 15 hervorgeht, üben fast zwei Drittel fachliche und über die Hälfte projektbezogene LV aus. Etwas weniger als die Hälfte geben an, aktuell PV zu tragen und gut ein Zehntel übt weder LV noch PV aus. Auch von den 21 nicht berufstätigen Teilnehmern bzw. denen, die zum Zeitpunkt der Umfrage keine Art von LV trugen, wird eine fachliche LV am stärksten angestrebt, gefolgt von projektbezogener LV und von PV (Anhang H: Tabelle 59). Da alle Befragten angaben, entweder eine Art der LV oder PV zu tragen (ca. 86 %) oder eine solche anzustreben (ca. 14 %), gehören auch alle TN in die relevante Zielgruppe. Dabei nehmen die Anteile der fachlichen LV und PV mit steigender Altersgruppe zu und die der projektbezogenen LV bei den über 40 Jährigen ab (Anhang H: Tabelle 60).

Tabelle 15
*Gruppierte Angaben zur aktuellen LV oder PV der TN*

| **Aktuelle Leitungs- / Personal-Verantwortung Gesamt**[a] | **Antworten** | | **Prozent** |
|---|---|---|---|
| | **N** | **Prozent** | **der Fälle** |
| aktuell projektbezogene LV | 79 | 32.1 | 56.4 |
| aktuell fachliche LV | 87 | 35.4 | 62.1 |
| aktuell PV | 65 | 26.4 | 46.4 |
| aktuell weder LV noch PV | 15 | 6.1 | 10.7 |
| Gesamt | 246 | 100.0 | 175.7 |

*Anmerkungen.* $N_{gültig}$ = 140, $N_{fehlend}$ = 6. Die fehlenden Werte stammen von Personen, die aktuell nicht berufstätig sind. LV = Leitungsverantwortung. PV = Personalverantwortung. Quelle: SPSS-Daten TS-FB/5DDP.

[a]Dichotomie-Gruppe des Mehrfachantwortensets tabellarisch dargestellt bei Wert 1.

Die meisten TN (ca. 88 %) geben an, in einer Partnerschaft zu leben (Anhang H: Tabelle 61). Etwas über die Hälfte der Befragten leben dabei ohne Kinder im Haushalt (Tabelle 16). Hierzu zählen rund 64 % der Frauen und 46 % der Männer. Der Frauenanteil (44 %) der Befragten, die mit nur einem Kind im Haushalt leben, ist hier niedriger als der der Männer mit ca. 57 % (Anhang H: Tabelle 62). Dieser Unterschied verschärft sich in dem aggregierten Item *zwei Kinder oder mehr*. Hier fallen ca. 38 % auf die Frauen und 62 % auf die Männer (Anhang H: Tabelle 63).

Tabelle 16

*Aggregierte Angaben zum Item mit oder ohne Kinder im Haushalt nach Geschlecht*

| **Mit Kind oder ohne** | | **Geschlecht** | | |
|---|---|---|---|---|
| | | **Frauen** | **Männer** | **Gesamt** |
| Mit mindestens 1 Kind im Haushalt | **Anzahl** | **26** | **39** | **65** |
| | % innerhalb von Mit Kind oder ohne | 40.0 % | 60.0 % | 100.0 % |
| | % innerhalb von Geschlecht | 36.1 % | 54.2 % | 45.1 % |
| | % der Gesamtzahl | 18.1 % | 27.1 % | **45.1 %** |
| ohne Kinder im Haushalt | **Anzahl** | **46** | **33** | **79** |
| | % innerhalb von Mit Kind oder ohne | 58.2 % | 41.8 % | 100.0 % |
| | % innerhalb von Geschlecht | 63.9 % | 45.8 % | 54.9 % |
| | % der Gesamtzahl | 31.9 % | 22.9 % | **54.9 %** |
| **Gesamt** | **Anzahl** | **72** | **72** | **144** |
| | % innerhalb von Mit Kind oder ohne | 50.0 % | 50.0 % | 100.0 % |
| | % innerhalb von Geschlecht | 100.0 % | 100.0 % | 100.0 % |
| | % der Gesamtzahl | 50.0 % | 50.0 % | 100.0 % |

*Anmerkungen.* $N_{keine\ Angabe}$ = 2, da keine Angabe zum Geschlecht. Diese teilen sich jeweils auf die Items *Mit mindestens 1 Kind im Haushalt* und *ohne Kind im Haushalt* auf, können den Geschlechtern jedoch nicht zugeordnet werden und bleiben deshalb hier unberücksichtigt. Quelle: SPSS-Daten TS-FB/5DDP.

Von den insgesamt 129 Personen, die angaben, in einer Partnerschaft zu leben, wurden 93 Personen nach der Berufstätigkeit des Partners gefragt, da dieses Item erst während der Feldphase nachträglich hinzugefügt wurde. Etwas weniger als zwei Drittel dieser Befragten gaben an, dass ihr Partner in Vollzeit arbeitet (Anhang H: Tabelle 64). Rund ein Viertel berichtet von einer Teilzeitbeschäftigung des Partners. Von den Teilnehmern, die eine Teilzeittätigkeit des Partners angeben, sind ca. 9 % Frauen und 91 % Männer. Damit geben insgesamt 5 % der hierzu befragten Frauen und 38 % der befragten Männer an, dass ihre Partner in Teilzeit arbeiten. Während zudem drei Viertel aller TN in Nordrhein-

Westfalen (NRW) leben, verteilen sich die anderen 27 % der Befragten auf neun weitere Bundesländer (Anhang H: Tabelle 65).

### 4.2.2 Beschreibung der Ergebnisdaten des Topsharing Fragebogens

Die Frage, ob die TN Personen kennen, die im TS arbeiten oder von TS-Beispielen gehört haben, wird insgesamt von fast zwei Drittel verneint (Anhang I: Tabelle 66). Während knapp die Hälfte der Frauen die Frage nach ihnen bekannten Praxisbeispielen bejaht, ist dies bei weniger als einem Drittel der Männer der Fall.

Die Auswertung der für den ersten Plausibilitätscheck in SPSS erstellten Variable *v_Plausicheck_G* (Tabelle 17) zeigt, dass in sieben Fällen sowohl der negativ- als auch der positiv formulierten Aussage bzgl. des Abstimmungsaufwandes jeweils eher zugestimmt wurde. Während dies nicht plausibel erscheint, liegen unplausible Ablehnungen nicht vor. Um qualitativ hochwertige Aussagen treffen zu können, wurden für die Beschreibung der folgenden Gründe und Bedingungen für TS diese sieben unplausiblen Datensätze herausgefiltert. Dies betrifft die Beantwortung durch vier Frauen und drei Männer.

Tabelle 17
*Plausibilitätscheck der Daten bzgl. der Gründe für TS*

| Item v_Plausicheck_G | | Häufigkeit | Prozent | Gültige Prozente | Kumulierte Prozente |
|---|---|---|---|---|---|
| Gültig | Zustimmung zu Gründen unplausibel | 7 | 4.8 | 4.8 | 4.8 |
| | Zustimmung/ Ablehnung bzgl. Gründe plausibel | 139 | 95.2 | 95.2 | 100.0 |
| | **Gesamt** | **146** | **100.0** | **100.0** | |

*Anmerkungen.* $N_{gültig}$ = 146. $N_{fehlend}$ = 0. Quelle: SPSS-Ausgabe TS-FB/5DDP basierend auf einer Excel-Berechnung.

Tabelle 18

*Deskriptive Statistik bzgl. der dispositionalen Gründe inklusive umcodierte Variablen (Gesamt)*

| Pos | Item (gek.) | Inhaltliche Aspekte der Items bzgl. der dispositionalen Gründe inkl. umcodierte Items (Gesamt) | Deskriptive Statistik | | | | | |
|---|---|---|---|---|---|---|---|---|
| | | | MW[a] | M[a] | sd | IQB[a] | Min[a] | Max[a] |
| 1 | pG3 | gegenseitige Ergänzung ist reizvoll | 4.32 | 5 | 0.933 | 1 | 1 | 5 |
| 2 | pG15 | vertrauensvolle Beziehung zum Job-Partner gut vorstellbar | 4.27 | 4 | 0.832 | 1 | 1 | 5 |
| 3 | pG13u | Mit TS nach der Arbeit nicht schlechter abschalten | 4.21 | 4 | 1.011 | 1 | 1 | 5 |
| 4 | pG5 | Aufgabenaufteilung nach Interessen ist reizvoll | 4.13 | 4 | 0.962 | 1 | 1 | 5 |
| 5 | pG16 | Breiterer Erfahrungsschatz reizvoll | 4.11 | 4 | 0.946 | 1 | 1 | 5 |
| 6 | pG1 | gegenseitige Vertretungsmöglichkeit reizvoll | 4.06 | 4 | 0.984 | 1 | 1 | 5 |
| 7 | pG8 | Reizvolle Erörterungsmöglichkeit von Perspektiven | 4.05 | 4 | 0.919 | 1 | 1 | 5 |
| 8 | pG14 | bessere Bewältigung von zeitweise höherem Arbeitsaufkommen | 3.87 | 4 | 0.797 | 1 | 1 | 5 |
| 9 | pG12u | den zeitlichen Arbeitseinsatz gemeinsam festzulegen ist reizvoll | 3.72 | 4 | 1.186 | 1 | 1 | 5 |
| 10 | pG2u | Konkurrenzrisiko hält nicht von TS ab | 3.66 | 4 | 1.025 | 1 | 1 | 5 |
| 11 | pG11 | Karriere trotz Teilzeit möglich | 3.62 | 4 | 1.206 | 1 | 1 | 5 |
| 12 | pG4u | auf Partner verlassen können ist vorstellbar | 3.47 | 4 | 1.024 | 1 | 1 | 5 |
| 13 | pG10u | Teilen der LV ist (gut) vorstellbar | 3.45 | 4 | 1.241 | 1 | 1 | 5 |
| 14 | pG9 | Abstimmungsaufwand gut realisierbar | 3.45 | 4 | 0.964 | 1 | 1 | 5 |
| 15 | pG7u | Abstimmungsaufwand nicht zu hoch | 3.26 | 3 | 1.086 | 1 | 1 | 5 |
| 16 | pG6u | Risiko widersprüchlicher Entscheidungen hält nicht von TS ab | 3.12 | 3 | 1.139 | 1 | 1 | 5 |

*Anmerkungen.* $N_{gültig}$ = 139, $N_{fehlend}$ = 0, Die Formulierung der Items dieser Gründe ist im TS-FB (Abschnitt 4) zu finden (siehe <Anhang D). Die farblich hinterlegten Zeilen stellen ursprünglich negativ formulierte Items dar, die umcodiert wurden. IQB = Interquartilbereich. M = Median. MW = arithmetischer Mittelwert. sd = Standardabweichung. Quelle: SPSS-Daten des TS-FB/5DDP, gefiltert nach plausiblen Gründedatensätzen, sortiert nach Median- und Mittelwerten.

[a]Wert orientiert sich an der verwendeten Likert-Skala: stimme überhaupt nicht zu (1), stimme eher nicht zu (2), stimme teilweise zu, teilweise nicht (3), stimme eher zu (4), stimme sehr zu (5).

Um die Zustimmungswerte der positiv und negativ formulierten Items der dispositionalen (Anhang I: Tabelle 67) und situationalen Gründe (Anhang I: Tabelle 69) vergleichen zu können, wurden die negativ formulierten Gründe umcodiert, so dass für TS positive Aussagen entstanden. Den daraus resultierenden dispositionalen Gründen pro TS wird dabei durchschnittlich insgesamt mehr zugestimmt als dass sie abgelehnt werden, was sich sowohl im Mittelwert als auch im Median zeigt (Tabelle 18).

Bis auf drei Items weisen hierbei alle dispositionalen Gründe in der Gesamtbetrachtung einen Median von 4 (stimme eher zu) auf. Mit einem Median von 5 (stimme sehr zu) steht die gegenseitige Ergänzungsmöglichkeit (pG3) in der Gesamtbetrachtung an höchster Stelle. Dem folgen der Aspekt der vorstellbaren, vertrauensvollen Beziehung zwischen den TS-Partnern (pG15) und die Ablehnung der ursprünglichen Aussage, im TS schlechter abschalten zu können (pG13u). Das letztere, umcodierte Item weist mit einer Standardabweichung von 1.011 eine minimal höhere Streuung auf, was sich im Interquartilbereich (IQB) jedoch nicht bestätigt. Auch die Aufgabenverteilung nach Interessen (pG5), der breitere Erfahrungsschatz der Job-Partner (pG16), die gegenseitige Vertretungsmöglichkeit (pG1) als auch die Vorstellung, gemeinsam mit dem Tandempartner bei wichtigen Entscheidungen unterschiedliche Perspektiven erläutern zu können (pG8), scheinen für mehr TN reizvolle Gründe für TS darzustellen, als dass die jeweiligen Aussagen abgelehnt werden. Sowohl der IQB (1) als auch die Standardabweichung (sd < 1) ist bei diesen Items relativ gering. Die niedrigste Streuung zeigt laut Standardabweichung (sd = .797) der Aspekt, dass durch TS ein zeitweise höheres Arbeitsaufkommen besser bewältigt werden könnte (pG14). Dieser Aussage stimmen die TN mit einem Median-Wert von 4 und einem Mittelwert von 3.87 eher zu. Die stärkste Streuung liegt in den Items vor, die aussagen, dass für die Befragten das Teilen der LV vorstellbar sei (pG10u) und sie im TS die Möglichkeit sehen, trotz Teilzeit ihren Karrierewunsch zu realisieren (pG11). Im IQB spiegelt sich diese Streuung dennoch nicht wider und beide Items weisen einen Median-Wert von 4 auf, was eher zugestimmt bedeutet.

In Bezug auf den Abstimmungsaufwand zeigt das ursprünglich positiv formulierte Item (pG9) einen höheren Medianwert (4) als das ursprünglich negativ formulierte Vergleichsitem (pG7, Median = 3). Hier ist somit eher von einer teilweisen Zustimmung des gut realisierbaren Abstimmungsaufwands auszugehen.

Auch das Risiko widersprüchlicher Entscheidungen scheint die TN nicht komplett von TS abzuhalten (pG6u). Wie der geschlechterbezogene Vergleich der Mittel- und Medianwerte zeigt (Anhang I: Tabelle 68), wird das Risiko in dem hier umcodierten Item (pG6u) von Männern (MW = 2.93) etwas negativer eingeschätzt als von Frauen (MW = 3.32). Während bei den Frauen der höchste Mittelwert bei 4.53 liegt, nimmt dieser bei den Männern den Wert 4.17 an. Bei vier Aspekten (pG3, pG5, pG15 und pG16) liegt der Median der Frauen jedoch bei 5, was bei den Männern nicht vorkommt. Zudem erreicht nur ein Item (pG7u) bei den Frauen den niedrigsten Medianwert von 3, alle anderen liegen darüber. Doch auch bei den Männern nimmt der Median in Bezug auf 11 von 16 Items einen Wert von 4 an. Somit wird diesen Inhalten auch von ihnen größtenteils eher zugestimmt. Wie die IQB-Werte zeigen, weisen die Antworten der Männer in mehr Aspekten eine breitere Streuung auf als dies bei den Frauen der Fall ist. Sowohl Frauen (Median jeweils 5) als auch Männer (Median jeweils 4) weisen darüber hinaus der gegenseitigen Ergänzungsmöglichkeit (pG3) und der vorstellbaren vertrauensvollen Beziehung zum TS-Partner (pG15) einen hohen Zustimmungsgrad zu. Ähnliches gilt auch in anderen Aspekten. Ein Unterschied zeigt sich jedoch bspw. in der Aussage, dass durch TS trotz Teilzeit der Karrierewunsch realisiert werden kann (pG11). Während Frauen dem größtenteils eher zustimmen (Median = 4), zeigen Männer hier mit einem Median von 3 eine teilweise Zustimmung. Auch scheint bspw. das Teilen der Führungsverantwortung (pG10u) für Frauen eher vorstellbar zu sein (Median = 4) und für Männer (Median = 3) nur teilweise.

Die im Anhang I in der Abb. 11 dargestellten transponierten Box-Plots geben darüber hinaus noch einen tieferen Einblick in die Verteilung der Zustimmungsergebnisse bzgl. der dispositionalen Gründe. Einige Items weisen dabei Ausreißer auf (hier niedrige Extremwerte), wie es bspw. in dem Aspekt der reizvollen Möglichkeit, den Arbeitseinsatz untereinander aufteilen zu können (pG12u), der Fall ist. Bei anderen Items wie bspw. bei der Karrieremöglichkeit trotz Teilzeit (pG11), sind diese in der Gesamtbetrachtung nicht vorhanden. Die Ausreißer beziehen sich dabei auf zum Teil unterschiedliche Datensätze und beeinflussen die Verteilung und damit auch die Schiefe-Werte (Tabelle 18). Unter Berücksichtigung der umcodierten Items weisen alle (dadurch positiv formulierten,) dispositionalen Gründe eine negative Schiefe auf und sind damit unterschiedlich stark links schief bzw. rechts steil. Da es sich bei den Ausreißern um zum Teil unterschiedliche Datensätze handelt, bleiben diese trotz ihres Verzerrungsrisikos (Schendera, 2007) bei der Betrachtung der Gründe und Bedingungen berücksichtigt. Die Frage nach der Verteilung der Daten beeinflusst jedoch die Aussagekraft des arithmetischen Mittelwerts und der Standardabweichung. Diese sind anfällig für Ausreißer und vor allem bei normal oder zumindest symmetrisch verteilten Daten gut interpretierbar (Schumacher, 2017). Die Schiefe-Werte (Tabelle 18) und die Box-Plots (Anhang I: Abb. 11) deuten für manche dispositionalen Items auf eine Nicht-Normalverteilung hin. Daher werden hier in Anlehnung an Schumacher (2017) zum Vergleich der Lagemaße vor allem der jeweilige Median und IQB herangezogen, da diese auch bei vorliegender Schiefe als gut interpretierbar gelten (Schumacher, 2017). Dennoch werden für eine einheitliche und gut zu vergleichende Berichterstattung zu den Gründen und Bedingungen sowohl Mittelwerte und Standardabweichung als auch Median und IQB angegeben.

Wie die Tabelle 19 zeigt, fällt hinsichtlich der situationalen Gründe auf, dass alle elf Items einen Median-Wert von 4 erreichen, was einem *eher zugestimmt* entspricht. Den stärksten, durchschnittlichen Zustimmungsgrad (MW = 3.95) erreicht dabei die umcodierte Aussage zur möglichen Teilbarkeit der angestrebten Leitungsaufgaben (sG4u). Dies betrifft insgesamt 19 TN, die zuvor angaben, aktuell keine LV/PV zu tragen oder nicht berufstätig zu sein. Auch wenn es sich im Median-Wert nicht widerspiegelt, erhält laut dem arithmetischen Mittelwert (3.24) die Aussage, dass die TN gut mit einem für TS angepassten (Teilzeit-) Gehalt leben können (sG1), den geringsten Zustimmungsgrad. Dennoch wird auch diesem Item größtenteils eher zugestimmt (Median = 4). Die Aussage, dass die TN gerne im TS arbeiten würden, um auch als Führungskraft mehr Zeit außerhalb der Arbeit zur Verfügung zu haben (sG2), weist die stärkste Streuung (IQB = 2 und sd = 1.267) auf. Ebenfalls stark gestreut, fallen die Antworten zum Gehaltsaspekt (sG1) und zu der Aussage aus, dass das Risiko eines eventuell genervten Umfelds die TN von TS abhält (sG8u). Im Vergleich der Schiefe-Werte fällt auch hier auf, dass unter Berücksichtigung der Umcodierung die Zustimmungswerte der situationalen Gründe unterschiedlich stark, rechts schief bzw. links steil verteilt sind. In Bezug auf die Geschlechtergruppen wird deutlich, dass in allen inhaltlichen Aspekten die Frauen einen Median-Wert von 4 aufweisen, während bei den Männern in den verschiedenen Items eine Spanne zwischen 3 und 5 vorliegt (Anhang I: Tabelle 70). Die Antworten der männlichen TN, die aktuell keine LV/PV tragen (5 Personen) oder nicht berufstätig sind (2 Personen) erreichen in Bezug auf die erwartete Teilbarkeit der angestrebten Leitungsaufgaben (sG4u) mit einem Median-Wert von 5 und einem Mittelwert von 4.57 hier die höchsten Werte der zentralen Tendenz, was einer hohen Zustimmung entspricht. Im Vergleich dazu zeigen die von diesem Item betroffenen zwölf Frauen einen etwas niedrigeren Zustimmungsgrad (Mittelwert = 3.58), was sich auch im Median-Wert von 4 leicht widerspiegelt (sG4u). Dennoch stimmen sie dieser Aussage ebenfalls größtenteils eher zu.

Die aus der Sicht der Frauen am stärksten zugestimmten Aussage betrifft den Aspekt (sG2), durch TS auch in einer Führungsposition mehr Zeit außerhalb der Arbeit zur Verfügung zu haben (Median = 4, Mittelwert = 3.94). Aber auch bei den Männern erreicht dieser Grund mit einem Median-Wert von 4 einen hohen Zustimmungsgrad. Weitere Unterschiede werden bspw. in den Aussagen zur Teilbarkeit der aktuellen Leitungsaufgaben (sG3u), der Erfüllbarkeit von Kunden- (sG5) und Mitarbeitererwartungen (sG7) sowie in der Frage nach der von TS abhaltenden Wirkung eines eventuell durch zwei Ansprechpartner genervten Umfelds (sG8u) deutlich. Ein nach dem Mittelwert zu beurteilender, geschlechterbezogener Unterschied betrifft die Gehaltsfrage (sG1). In der Gesamtbetrachtung weist dieser Punkt zudem einen der stärksten Streuungswerte (IQB = 2) auf (Tabelle 19). Dies wird vor allem bei den Männern deutlich, da genauso viele Männer dieser Aussage eher oder sehr zustimmen wie sie voll oder eher abgelehnt wird (jeweils 39 %; siehe Anhang I: Tabelle 71).

Tabelle 19
*Deskriptive Statistik bzgl. der situationalen Gründe (Gesamt)*

| Pos | Item (gek.) | Inhaltlicher Aspekt der dispositionalen Gründe | Deskriptive Statistik[a] | | | | | | |
|---|---|---|---|---|---|---|---|---|---|
| | | | MW | M | sd | IQB | Min-Max | Schiefe | Stdf. Schiefe |
| 1 | sG4u[b] | Angestrebte Leitungsaufgaben lassen sich gut aufteilen. | 3.95 | 4 | 0.911 | 1 | 2-5 | -0.873 | .524 |
| 2 | sG2 | Gerne im TS arbeiten. um mehr Zeit außerhalb der Arbeit zur Verfügung zu haben. | 3.65 | 4 | 1.267 | 2 | 1-5 | -0.777 | .206 |
| 3 | sG11 | Erwartungen von Vorgesetzten im TS erfüllbar | 3.65 | 4 | 0.954 | 1 | 1-5 | -0.710 | .206 |
| 4 | sG10 | Erwartungen von Kollegen auch im TS erfüllbar | 3.59 | 4 | 0.923 | 1 | 1-5 | -0.717 | .206 |
| 5 | sG5 | Erwartungen von Kunden auch im TS erfüllbar | 3.55 | 4 | 0.972 | 1 | 1-5 | -0.614 | .206 |
| 6 | sG6u | Ausspielrisiko hält nicht von TS ab | 3.52 | 4 | 1.059 | 1 | 1-5 | -0.642 | .206 |
| 7 | sG3u[c] | Aktuelle Leitungsaufgaben lassen sich gut aufteilen | 3.52 | 4 | 1.174 | 1 | 1-5 | -0.722 | .221 |
| 8 | sG7 | Erwartungen der MA im TS erfüllbar | 3.46 | 4 | 1.023 | 1 | 1-5 | -0.818 | .206 |
| 9 | sG9u | Genug Zeit für gute Abstimmung | 3.41 | 4 | 1.020 | 1 | 1-5 | -0.604 | .206 |
| 10 | SG8u | Risiko eines eventuell genervten Umfelds durch zwei Ansprechpartner hält nicht von TS ab | 3.32 | 4 | 1.193 | 2 | 1-5 | -0.314 | .206 |
| 11 | sG1 | Gut mit einem für TS angepassten (Teilzeit-) Gehalt leben können | 3.24 | 4 | 1.227 | 2 | 1-5 | -0.288 | .206 |

*Anmerkungen.* $N_{\text{gültig jeweils}}$ = 139 (außer bei separater Anmerkung). $N_{\text{fehlend jeweils}}$ = 0 (außer bei separater Anmerkung). Die Ausformulierung der Items der situationalen Gründe ist im TS-FB (Abschnitt 5) zu finden (siehe Anhang D). Die farblich hinterlegten Zeilen stellen die ursprünglich für TS negativ formulierten Items dar, die hier umcodiert wurden. IQB = Interquartilbereich. M = Median. MW = arithmetischer Mittelwert. sd = Standardabweichung. Stdf. Schiefe = Standardfehler der Schiefe. Quelle: SPSS-Daten des TS-FB/5DDP, gefiltert nach plausiblen Datensätzen bzgl. der Gründe, nach Median- und Mittelwerten sortiert.

[a]Wert orientiert sich an der verwendeten Likert-Skala: stimme überhaupt nicht zu (1), stimme eher nicht zu (2), stimme teilweise zu, teilweise nicht (3), stimme eher zu (4), stimme sehr zu (5). [b]$N_{\text{gültig}}$ = 19, $N_{\text{fehlend}}$ = 120, $N_{\text{gültig}}$ ergibt sich aus den Personen, die aktuell keine LV/PV ausüben sowie denen, die nicht berufstägig sind. [c]$N_{\text{gültig}}$ = 120, $N_{\text{fehlend}}$ = 19. $N_{\text{gültig}}$ ergibt sich aus den Personen, die aktuell LV/PV ausüben.

Eine teilweise Zustimmung erhält dieser Punkt von knapp 22 % der Männer. Im Vergleich dazu stimmen gut 60 % der Frauen dieser Aussage zu, 25 % lehnen sie voll oder eher ab und etwa 15 % geben hier nur eine teilweise Zustimmung an.

Neben dem schon erwähnten Unterschied zur Teilbarkeit der angestrebten Leitungsaufgaben (sG4u) zeigen Männer in Bezug auf die umcodierte Aussage, genug Zeit für einen guten Abstimmungsprozess zu haben (sG9u), einen leicht höheren Zustimmungsgrad als Frauen ($MW_{Männer}$ = 3.45 und $MW_{Frauen}$ = 3.32). Der Median-Wert ist jedoch wiederum gleich (M = 4). Die Streuung der Antworten bzgl. der situationalen Gründe erscheint im Vergleich der Geschlechtergruppen größtenteils ähnlich zu sein.

Diejenigen, die der Aussage bzgl. mehr Zeit außerhalb der Arbeit eher oder sehr zustimmten (sG2), sollten auswählen, wofür sie die gewonnene Zeit nutzen oder nutzen würden. Aufgrund einer etwas unterschiedlichen Formulierung gibt es im TS-FB diesbezüglich für aktuelle Teilzeitkräfte ein anderes Item als für TN, die nicht in Teilzeit beschäftigt sind. In Bezug auf die Nutzung des aus der Teilzeit resultierenden Zeitgewinns haben vier Personen im Freitextfeld sonstige Angaben gemacht. Davon kann eine Aussage (DS 84: Zeit für mich in unterschiedlichen Ausprägungen) den bisherigen Auswahlfeldern nicht eindeutig zugeordnet werden, die anderen drei Aussagen jedoch schon (siehe Anhang I: Tabelle 72). Bei den vier Aussagen handelt es sich um einen geringen Anteil der hier betroffenen Befragten (4.4 %). Da sich die Angaben zudem sowohl relativ gleich auf Frauen und Männer als auch auf die zuvor vorgegebenen Zeitnutzungsvariablen aufteilen lassen, werden diese für die Auswertung nicht berücksichtigt (Anhang I: Tabelle 73 und Tabelle 74). Insgesamt wird deutlich (Anhang I: Tabelle 75), dass die Zeitgewinnnutzung für die Familie an erster Stelle steht, gefolgt von Freizeitaktivitäten. Etwa 81 % der Männer, die aktuell nicht in Teilzeit arbeiten, für die jedoch der Zeitaspekt in Bezug auf TS wichtig ist, geben an, den Zeitgewinn für ihre Familie nutzen zu wollen (Anhang I: Tabelle 74). Der Anteil der Personen, die aktuell nicht in Teilzeit arbeiten und die die gewonnene Zeit für die Familie bevorzugen, liegt zu 53.7 % bei den Männern und damit etwas höher als bei den Frauen. Insgesamt zeigen sich hier jedoch nur geringfügige geschlechterbezogene Unterschiede zur Zeitnutzung (Anhang I: Tabelle 74).

In Bezug auf die Frage, unter welcher Bedingung TS persönlich in Frage käme, zeigt die Tabelle 20 jeweils den höchsten Median- (5) und Mittelwert (4.43) in dem Aspekt, dass die beiden TS-Partner ähnliche Werte teilen sollten (B6). Etwa 99 % der Frauen und 84 % der Männer stimmen dieser Bedingung sehr oder eher zu (Anhang I: Tabelle 76).

Mehr als vier Fünftel der Befragten sehen die volle Anerkennung des TS-Modells als gleichwertige Karrieremöglichkeit durch die Führungsriege (B1) als eine unbedingte Voraussetzung. Rund 72 % stimmen dabei dem Aspekt der vollen Unterstützung durch die Kollegen der gleichen Hierarchiestufe (B2) ebenfalls sehr oder eher zu. Auch die weiteren genannten Bedingungen (B3, B7 und B4) werden jeweils von etwa zwei Drittel der Befragten voll oder eher zugestimmt. Nur die Akzeptanz der Kunden (B5) scheint für weniger als die Hälfte der TN (46.7 %) ein unbedingtes Kriterium darzustellen und etwa ein Viertel der Führungskräfte lehnt diesen Aspekt als Bedingung für TS voll oder eher ab (Anhang I: Tabelle 77).

In Bezug auf voll oder eher zugestimmte Bedingungen scheinen die stärksten geschlechterbezogenen Differenzen in den Aspekten der geteilten ähnlichen Werte (B6 - Frauen: 98.5 %, Männer 84.1 %), der geforderten Unterstützungsmaßnahmen durch die Organisation (B4 - Frauen: 69.1 %, Männer: 55.1 %) und einer als notwendig betrachteten Unterstützung durch die Mitarbeitenden (B3 - Frauen: 73.5 %, Männer 63.8 %) zu liegen. Die Unterstützung der Kollegen wird für TS von den Männern (73.9 % eher oder voll zugstimmt) noch etwas höher als von den Frauen (70.6 % eher oder voll zugestimmt) eingestuft. Diese Unterschiede spiegeln sich zum Teil auch in den leicht unterschiedlichen Mittelwerten der Zustimmungswerte bei den Frauen und Männern wider (Anhang I: Tabelle 76). In Bezug auf eine ähnliche Arbeitsweise (B7) und der Akzeptanz des Arbeitsmodells durch die Kunden (B5) ist der Anteil der vollen oder eher ausgedrückten Zustimmung bei den Frauen und Männern in der Höhe jeweils vergleichbar (Anhang I: Tabelle 77).

Tabelle 20
*Deskriptive Statistik bzgl. der Bedingungen (Gesamt)*

| Pos | Item (gek.) | Inhaltlicher Aspekt der Bedingungen für TS | Deskriptive Statistik[a] | | | | |
|---|---|---|---|---|---|---|---|
| | | | MW | M | sd | IQB, Min-Max | Schiefe, Stdf. Schiefe |
| 1 | B6 | Ähnliche Werte mit Job-Partner teilen | 4.43 | 5 | 0.893 | 1<br>1-5 | -2.143<br>.206 |
| 2 | B1 | Volle Anerkennung des Arbeitsmodells seitens der Führungsriege | 4.16 | 4 | 1.065 | 1<br>1-5 | -1.235<br>.206 |
| 3 | B3 | Unterstützung der MA | 3.91 | 4 | 1.062 | 2<br>1-5 | -0.804<br>.206 |
| 4 | B2 | Volle Unterstützung der Kollegen | 3.88 | 4 | 0.993 | 2<br>1-5 | -0.846<br>.206 |
| 5 | B7 | Ähnliche Arbeitsweise der Job-Partner | 3.87 | 4 | 1.089 | 2<br>1-5 | -0.695<br>.206 |
| 6 | B4 | Unterstützungsmaßnahmen der Organisation | 3.67 | 4 | 1.119 | 2<br>1-5 | -0.606<br>.206 |
| 7 | B5 | Akzeptanz durch die Kunden | 3.29 | 3 | 1.169 | 1<br>1-5 | -0.359<br>.206 |

*Anmerkungen.* $N_{gültig\ jeweils}$ = 139. $N_{fehlend\ jeweils}$ = 0. Die Frage zu dem Item lautet: *Inwiefern stimmen Sie den unten stehenden Ergänzungen des folgenden Satzes zu? TS kommt für mich persönlich nur dann in Frage, ....* Die Ausformulierung der Items ist im TS-FB (Abschnitt 5) zu finden (Anhang D). IQB = Interquartilbereich. M = Median. MA = Mitarbeitende(r). MW = arithmetischer Mittelwert. sd = Standardabweichung. Stdf. Schiefe = Standardfehler der Schiefe. Quelle: SPSS-Daten des TS-FB/5DDP, gefiltert nach plausiblen Datensätzen bzgl. der Gründe, sortiert nach Median- und Mittelwerten.

[a]Werte orientieren sich an der verwendeten Likert-Skala: stimme überhaupt nicht zu (1), stimme eher nicht zu (2), stimme teilweise zu, teilweise nicht (3), stimme eher zu (4), stimme sehr zu (5).

Da im TS-FB nur ausgewählte Aspekte neben den Gründen als Bedingungen aufgenommen wurden, stand den Teilnehmern in Anlehnung an Züll und Menold (2014) noch ein Freitextfeld zur Verfügung. Dies dient unter anderem dazu, eventuell neue Aspekte zu eruieren, die weder in der Erfragung der Gründe noch hinsichtlich der Bedingungen im TS-FB enthalten sind. Dabei wird gemäß Züll und Menold (2014) davon ausgegangen, dass bei bewusst formuliertem Freitext auch mit einer hohen Konzentration und so mit einem plausiblen Datensatz dieser Variable gerechnet werden darf. Zur Auswertung des Freitextfeldes

(*B8_Sonst_Bedingung*) steht daher der komplette TS-FB Datensatz (N = 146) zur Verfügung. Insgesamt haben 63 Befragte dieses Freitextfeld genutzt, von denen wiederum 59 Personen hier eine echte Bedingung für TS formuliert haben. Dies entspricht einem Anteil von ca. 40 %. Die Auswertung der Textinhalte erfolgte, wie empfohlen (Mayring & Fenzl, 2014; Züll & Menold, 2014), mit Hilfe einer vereinfachten Form der qualitativen Inhaltsanalyse. Dabei wurden in Anlehnung an Mayring und Fenzl (2014) im ersten Schritt aus dem Datensatz dieser Freitextvariable inhaltliche Kategorien induktiv extrahiert. Diese wurden auf Überschneidungsfreiheit überprüft und zum Teil zu neuen gemeinsamen Kategorien zusammengefasst. Im zweiten Schritt wurden aus diesen wiederum Oberkategorien gebildet, denen verschiedene inhaltlich passende Subkategorien zugeordnet werden. Um zu beurteilen, welche Aspekte eventuell neu sind bzw. bisher im TS-FB keine Berücksichtigung finden, wurden anschließend mögliche inhaltliche Bezüge zu den im TS-FB abgefragten Gründen und Bedingungen gesucht und hergestellt.

Diese Vorgehensweise ergibt drei Oberkategorien mit insgesamt 17 Subkategorien (Anhang I: Tabelle 78, Tabelle 79 und Tabelle 80). Aus der TS-FB-Zuordnung wird deutlich, dass TS-Bedingungen und Gründe, die für TS sprechen, eng verknüpft zu sein scheinen. Es zeigt sich bspw., dass etwa 54 % (32 Personen) derjenigen, die eine sonstige Bedingung für TS formuliert haben, eine gute zwischenmenschliche Basis zwischen den Job-Partnern als wichtige Voraussetzung für TS sehen. Dies umfasst z. B. Aspekte wie Vertrauen, Transparenz, Ehrlichkeit, das Teilen ähnlicher Werte und Sympathie zwischen den Partnern, die zum Teil in den persönlichen Gründen (pG15 und pG4u) sowie in der Bedingung B6 enthalten sind. In der ersten Oberkategorie *Auswahl eines passenden Tandempartners* wurde als bisher nicht berücksichtigter Aspekt von fünf Personen die Bedingung genannt, Einfluss auf die Auswahl des Tandempartners haben zu wollen. Zwei Befragte können sich zudem TS nur vorstellen, wenn sie ihren Job-Partner bereits aus dem Arbeitskontext kennen würden. Die zweite Oberkategorie *Volle Unterstützung durch Führungsriege, Organisation und Kollegen* umfasst in ihren Subkategorien größtenteils Aspekte, die im TS-FB als Bedingungen berücksichtigt sind (B1, B2 und B4) und hier bestätigt werden (Anhang I: Tabelle 79). Neu ist die hier genannte Bedingung, dass der Mehraufwand für Kommunikation bei der Anforderungserfassung der Stelle mit berücksichtigt werden müsste (siehe DS 135). Die Oberkategorie *Gute Gestaltung der Tandempartnerschaft* (Anhang I: Tabelle 80) beinhaltet ebenfalls größtenteils bereits erhobene Aspekte. 27 % (16 Personen) betonen hier in der Subkategorie *Sicherstellen eines sehr guten Abstimmungsprozesses* die Wichtigkeit einer sehr gut geregelten, transparenten Kommunikation zwischen den Partnern sowie klare Prozesse zur Entscheidungsfindung und Abstimmung. Dies schließt auch das Einräumen ausreichender Zeit für Absprachen mit ein. Neben einem fairen Gehalt, einer klaren Rollenverteilung sowie der Flexibilität in Zeitmodellen nennen TN auch eine klare Zieldokumentation für das TS-Team als Bedingung, damit das Team seine Leistung selbst gut evaluieren kann (siehe DS 33). Darüber hinaus wird auf die im TS-FB nicht genannte Bedingung der klaren Vertretungsregelung hingewiesen (DS 41), um zeitweise einen zeitgleichen Urlaub (bspw. für Weihnachten) zu ermöglichen. Zwei TN (DS 26 und DS 96) betonen zudem, dass für sie TS nur dann in Frage käme, wenn sie dennoch in Vollzeit arbeiten könnten.

Für den im Kapitel 3.3.1 beschriebenen zweiten Plausibilitätscheck (Wagner & Hering, 2014) wurden die Variablen I2, I3, I4 und I5 verwendet sowie die SPSS-Variable *v_Plausicheck_I* erstellt. Die Berechnung hierzu ist im Anhang I in der Formel 7 beschrieben und basiert darauf, dass durch die negative Formulierung des Items I5 weder eine durchgehende Zustimmung der Items I2 bis I5, noch eine durchgehende Ablehnung dieser Items plausibel wäre. Insgesamt werden daher fünf Datensätze in Bezug auf die direkte Interesseerhebung für unplausibel eingestuft, so dass sich für die Auswertung des Interessemaßes ein N von 141 Teilnehmern ergibt (Anhang I: Tabelle 81). Da die Betrachtung von Ausreißern hinsichtlich der näher zu untersuchenden Gruppenvariablen sinnvoll ist, bleiben sie in der folgenden Ergebnisbeschreibung der Interesse-Items zunächst berücksichtigt. Bei der Berechnung des Interessemaßes (Kapitel 4.3) sowie den darauf aufbauenden Analysen zur Überprüfung der Hypothesen (Kapitel 4.4) wird auf das Thema Ausreißer näher eingegangen. Die deskriptiven Statistiken der ursprünglich formulierten Interesse-Items sind im Anhang I, Tabelle 82 zusammengefasst. Die Interesse-Items I1 bis I13 weisen unter Berücksichtigung der umcodierten Items mit Medianwerten zwischen 3 und 5 mittlere bis sehr hohe Zustimmungsgrade auf (Tabelle 21).

Tabelle 21
*Deskriptive Statistik bzgl. der Interesse-Items (Gesamt)*

| Pos | Item (gek.) | Inhaltlicher Aspekt der Interesse-Items | Deskriptive Statistik | | | | |
|---|---|---|---|---|---|---|---|
| | | | MW[a] | M[a] | sd[a] | IQB[a]<br>Min-Max | Schiefe<br>Stdf. Schiefe |
| 1 | I1 | TS ist grundsätzlich ein interessantes Arbeitsmodell | 4.29 | 5 | 0.914 | 1<br>1-5 | -1.578<br>.204 |
| 2 | I5u | Wenn der Arbeitgeber mir TS anbieten würde, wäre TS für mich vorstellbar | 4.03 | 4 | 1.213 | 1<br>1-5 | -1.323<br>.204 |
| 3 | I8u | Über TS zu reden, macht mir Spaß | 3.88 | 4 | 1.010 | 2<br>1-5 | -0.639<br>.204 |
| 4 | I12u | Wenn ich ehrlich bin, ist TS durchaus wichtig für mich | 3.84 | 4 | 1.228 | 2<br>1-5 | -0.856<br>.204 |
| 5 | I11u | TS hat für mich mit Selbstverwirklichung zu tun | 3.73 | 4 | 1.082 | 2<br>1-5 | -0.715<br>.204 |
| 6 | I10 | Ich bin mir sicher, dass die Entwicklung meiner Persönlichkeit durch TS positiv beeinflusst werden würde | 3.51 | 4 | 1.131 | 1<br>1-5 | -0.537<br>.204 |
| 7 | I3 | TS ist ein Arbeitsmodell, das für mich innerhalb der nächsten 1 bis 5 Jahre interessant werden könnte | 3.47 | 4 | 1.407 | 3<br>1-5 | -0.519<br>.204 |
| 8 | I13 | Ich bin mir sicher, dass TS zu mir persönlich passt | 3.45 | 4 | 1.124 | 1<br>1-5 | -0.707<br>.204 |
| 9 | I4 | TS ist ein Arbeitsmodell, das für mich in mehr als 5 Jahren interessant werden könnte | 3.39 | 4 | 1.372 | 2<br>1-5 | -0.549<br>.204 |
| 10 | I6 | Ich interessiere mich persönlich sehr für das Arbeitsmodell TS | 3.38 | 4 | 1.291 | 2<br>1-5 | -0.485<br>.204 |
| 11 | I9 | Wenn mir Artikel zum Thema TS begegnen (z. B. online oder in Zeitschriften), lese ich diese gerne | 3.25 | 3 | 1.050 | 1<br>1-5 | -0.326<br>.204 |
| 12 | I7 | Wenn ich über TS nachdenke, wirkt sich dies positiv auf meine Stimmung aus | 3.24 | 3 | 1.177 | 2,<br>1-5 | -0.481<br>.204 |
| 13 | I2 | Ich würde zurzeit gerne im TS arbeiten | 2.98 | 3 | 1.349 | 2,<br>1-5 | 0.039<br>.204 |

*Anmerkungen.* $N_{gültig\ jeweils} = 141$. $N_{fehlend\ jeweils} = 0$. Die farblich hinterlegten Zeilen stellen die ursprünglich für TS negativ formulierten Items dar, die hier umcodiert wurden. IQB = Interquartilbereich. M = Median. MW = arithmetischer Mittelwert. sd = Standardabweichung. Stdf. Schiefe = Standardfehler der Schiefe. TS = Topsharing. Quelle: SPSS-Daten des TS-FB/5DDP, gefiltert nach plausiblen Datensätzen bzgl. Interesse. Sortiert nach Medianen und Mittelwerten.

[a]Wert orientiert sich an der verwendeten Likert-Skala: stimme überhaupt nicht zu (1), stimme eher nicht zu (2), stimme teilweise zu, teilweise nicht (3), stimme eher zu (4), stimme sehr zu (5).

Tabelle 22

*Deskriptive Statistik bzgl. der Interesse-Items (nach Geschlecht)*

| Pos | Item gek. | Interesse-Items inkl. umcodierte Items | Deskriptive Statistik[a] | | | | | | | | | |
|---|---|---|---|---|---|---|---|---|---|---|---|---|
| | | | Frauen | | | | | Männer | | | | |
| | | | MW | M | sd | IQB, Min-Max | Schiefe, Stdf. Schiefe | MW | M | sd | IQB, Min-Max | Schiefe, Stdf. Schiefe |
| 1 | I1 | TS ist grundsätzlich ein interessantes Modell | 4.54 | 5 | 0.698 | 1<br>2-5 | -1.467<br>.289 | 4.04 | 4 | 1.042 | 1<br>1-5 | -1.355<br>.287 |
| 13 | I2 | Ich würde zurzeit gerne im TS arbeiten | 3.16 | 3 | 1.410 | 3<br>1-5 | -0.097<br>.289 | 2.81 | 3 | 1.266 | 2<br>1-5 | 0.140<br>.287 |
| 6 | I3 | TS ist ein Modell, das für mich in den nächsten 1 bis 5 Jahren interessant werden könnte | 3.87 | 4 | 1.349 | 2<br>1-5 | -0.976<br>.289 | 3.10 | 3 | 1.353 | 2<br>1-5 | -0.223<br>.287 |
| 11 | I4 | TS ist ein Modell, das für mich in mehr als 5 Jahren interessant werden könnte | 3.52 | 4 | 1.378 | 3<br>1-5 | -0.602<br>.289 | 3.29 | 4 | 1.353 | 2<br>1-5 | -0.542<br>.287 |
| 2 | I5u | Wenn mir der Arbeitgeber TS anbieten würde, wäre das für mich vorstellbar | 4.32 | 5 | 1.022 | 1<br>1-5 | -1.876<br>.289 | 3.76 | 4 | 1.313 | 2<br>1-5 | -0.999<br>.287 |
| 8 | I6 | Ich interessiere mich persönlich sehr für TS | 3.75 | 4 | 1.230 | 2<br>1-5 | -0.929<br>.289 | 3.04 | 3 | 1.245 | 2<br>1-5 | -0.176<br>.287 |
| 12 | I7 | Wenn ich über TS nachdenke, wirkt sich dies positiv auf meine Stimmung aus | 3.39 | 4 | 1.101 | 1<br>1-5 | -0.634<br>.289 | 3.10 | 3 | 1.206 | 2<br>1-5 | -0.350<br>.287 |
| 4 | I8u | Über TS zu reden, macht mir Spaß | 3.97 | 4 | 0.970 | 2<br>1-5 | -0.838<br>.289 | 3.77 | 4 | 1.052 | 2<br>2-5 | -0.446<br>.287 |
| 10 | I9 | Wenn mir Artikel zum Thema TS begegnen (z. B. online, in Zeitschriften), lese ich diese gerne | 3.57 | 4 | 1.036 | 1<br>1-5 | -0.343<br>.289 | 2.94 | 3 | 0.976 | 2<br>1-5 | -0.556<br>.287 |
| 7 | I10 | Ich bin mir sicher, dass die Entwicklung meiner Persönlichkeit durch TS positiv beeinflusst werden würde | 3.80 | 4 | 1.008 | 2<br>1-5 | -0.728<br>.289 | 3.24 | 3 | 1.148 | 2<br>1-5 | -0.318<br>.287 |
| 5 | I11u | TS hat für mich mit Selbstverwirklichung zu tun | 3.93 | 4 | 0.975 | 2<br>2-5 | -0.636<br>.289 | 3.53 | 4 | 1.151 | 1<br>1-5 | -0.688<br>.287 |
| 3 | I12u | Wenn ich ehrlich bin, ist TS durchaus wichtig für mich. | 4.17 | 4 | 0.999 | 1<br>1-5 | -1.180<br>.289 | 3.53 | 4 | 1.316 | 2<br>1-5 | -0.516<br>.287 |
| 9 | I13 | Ich bin mir sicher, dass TS zu mir passt | 3.67 | 4 | 1.024 | 1<br>1-5 | -0.974 | 3.21 | 3.5 | 1.178 | 2<br>1-5 | -0.486<br>.287 |

*Anmerkungen.* $N_{gültig\ Frauen}$= 69, $N_{gültig\ Männer}$ = 70, $N_{fehlend\ beide}$ = 1, da keine Angabe zum Geschlecht. Die farblich hinterlegten Zeilen stellen die ursprünglich, bzgl. TS negativ formulierten Items dar, die hier umcodiert wurden. IQB = Interquartilbereich, M = Median, MW = arithmetischer Mittelwert, sd = Standardabweichung, Stdf. Schiefe = Standardfehler der Schiefe. TS = Topsharing. Quelle: SPSS-Daten des TS-FB/5DDP. Daten sortiert nach TS-FB-Reihenfolge.

[a]Werte orientieren sich an der verwendeten Likert-Skala: stimme überhaupt nicht zu (1), stimme eher nicht zu (2), stimme teilweise zu, teilweise nicht (3), stimme eher zu (4), stimme sehr zu (5).

Tabelle 23

*Aggregierte Häufigkeiten der Zustimmungswerte in Bezug auf die Interesse-Items (in %)*

| Interesse-Item | | voll oder eher abgelehnt (1, 2) | | | teils zugestimmt/ teils abgelehnt (3) | | | eher oder sehr zugestimmt (4, 5) | | |
|---|---|---|---|---|---|---|---|---|---|---|
| | | Fr | Männer | Ges | Fr | Männer | **Ges** | Fr | Männer | Ges |
| I1 | TS ist grundsätzlich ein interessantes Modell | 1.4 | 10.0 | **5.8** | 7.2 | 8.6 | **7.9** | 91.3 | 81.4 | **86.3** |
| I5u | Wenn mir mein Arbeitgeber TS anbieten würde, wäre TS für mich vorstellbar | 7.2 | 18.6 | **12.9** | 5.8 | 10.0 | **7.9** | 87.0 | 71.4 | **79.1** |
| I12u | Wenn ich ehrlich bin, ist mir TS durchaus wichtig | 8.7 | 22.9 | **15.8** | 11.6 | 21.4 | **16.5** | 79.7 | 55.7 | **67.6** |
| I8u | Über TS zu reden, macht mir Spaß | 8.7 | 17.1 | **12.9** | 17.4 | 17.1 | **17.3** | 73.9 | 65.7 | **69.8** |
| I3 | TS ist ein Modell, das für mich in den nächsten 1 - 5 Jahren interessant werden könnte | 21.7 | 35.7 | **28.8** | 5.8 | 17.1 | **11.5** | 72.5 | 47.1 | **59.7** |
| I11u | TS hat für mich mit Selbstverwirklichung zu tun | 11.6 | 24.3 | **18.0** | 15.9 | 10.0 | **12.9** | 72.5 | 65.7 | **69.1** |
| I6 | Ich interessiere mich persönlich sehr für TS | 15.9 | 34.3 | **25.2** | 15.9 | 24.3 | **20.1** | 68.1 | 41.4 | **54.7** |
| I10 | Ich bin mir sicher, dass die Entwicklung meiner Persönlichkeit durch TS positiv beeinflusst werden würde | 10.1 | 25.7 | **18.0** | 23.2 | 28.6 | **25.9** | 66.7 | 45.7 | **56.1** |
| I13 | Ich bin mir sicher, dass TS zu mir passt | 11.6 | 27.1 | **19.4** | 21.7 | 22.9 | **22.3** | 66.7 | 50.0 | **58.3** |
| I4 | TS ist ein Arbeitsmodell, das für mich in mehr als 5 Jahren interessant werden könnte | 24.6 | 28.6 | **26.6** | 15.9 | 14.3 | **15.1** | 59.4 | 57.1 | **58.3** |
| I9 | Wenn mir Artikel zum Thema TS begegnen, lese ich diese gerne | 14.5 | 25.7 | **20.1** | 31.9 | 44.3 | **38.1** | 53.6 | 30.0 | **41.7** |
| I7 | Wenn ich über TS nachdenke, wirkt sich dies positiv auf meine Stimmung aus | 17.4 | 32.9 | **25.2** | 30.4 | 20.0 | **25.2** | 52.2 | 47.1 | **49.6** |
| I2 | Ich würde zurzeit gerne im TS arbeiten | 34.8 | 45.7 | **40.3** | 23.2 | 20.0 | **21.6** | 42.0 | 34.3 | **38.1** |

*Anmerkungen.* $N_{Frauen}$ = 69, $N_{Männer}$ = 70, $N_{fehlend\ Ges.}$ = 2, da keine Angabe zum Geschlecht. Die farblich hinterlegten Zeilen stellen die ursprünglich, bzgl. TS negativ formulierten Items dar, die hier umcodiert wurden. Fr = Frauen. Ges = Gesamt. Die Prozentangaben der Frauen und Männer beziehen sich auf die jeweilige Geschlechtergruppe. Quelle: SPSS-Daten der TS-FB/5DDP-Daten, gefiltert nach plausiblen Interesse-Daten, sortiert nach höchstem Zustimmungsgrad (Gesamt).

Dabei fallen die Medianwerte der Zustimmungsgrade bei den Frauen etwas höher aus (Tabelle 22). Besonders deutlich wird das TS-Interesse in der Tabelle 23, die eine zusammengefasste Darstellung der prozentualen Häufigkeiten bietet. Insgesamt geben bspw. fast 80 % der Befragten an, dass für sie TS als Arbeitsmodell eher oder sehr gut vorstellbar sei, wenn dies der Arbeitgeber anbieten würde (I5u). Rund 8 % können es sich teilweise vorstellen und für ca. 13 % scheint TS trotz eines Angebots des Arbeitgebers nicht oder eher nicht vorstellbar zu sein. Auch waren ca. 60 % der Befragten (rund 73 % der Frauen und 47 % der Männer) der Meinung, dass TS für sie in den nächsten ein bis fünf Jahren interessant werden könnte (I3). Mehr als zwei Drittel (ca. 73 % der Frauen und 66 % der Männer) verbinden dabei insgesamt TS mit Selbstverwirklichung (I11u). Während 42 % der Frauen angeben, dass sie gerne aktuell im TS arbeiten würden (I2), ist dies auch bei mehr als einem Drittel der Männer (34 %) der Fall. Weitere 22 % stimmen diesem Punkt ebenfalls teilweise zu. Darüber hinaus gehen weit mehr als die Hälfte der befragten Personen davon aus, dass TS die individuelle Entwicklung ihrer Persönlichkeit positiv beeinflussen würde (I10) und fast drei Fünftel sind sich sicher, dass TS zu ihnen passen würde (I13).

Auf die Interesse-Erhebung folgt im TS-FB die *Priorisierung der Gründe*, von deren Auswertung aus methodischen Gründen Abstand genommen wird (siehe Kapitel 5.3.1). Im Rahmen der Priorisierung wurden jedoch Freitextfelder für *sonstige Gründe pro und contra TS* angeboten, um Vollständigkeit sicherzustellen (Hollenberg, 2016). Da diese Felder möglicherweise neue bzw. im TS-FB nicht berücksichtigte Aspekte bzgl. der Gründe aufzeigen könnten, erfolgt hier auch eine Auswertung.

In Bezug auf die sonstigen Gründe gegen TS wurde das Freitextfeld von zwei Personen, bzgl. der Gründe pro TS von 18 Befragten aktiv genutzt. Während ein TN (DS 62) dabei als sonstigen Grund gegen TS angibt, gerne die Verantwortung für seine Mitarbeitenden alleine zu tragen und damit die LV nicht teilen zu wollen (siehe pG10), betont ein weiterer Befragter (DS 72) den Risikofaktor des Informationsflusses und damit den hohen Abstimmungsaufwand (siehe pG7) sowie die Gefahr redundanter Arbeit. In Bezug auf die sonstigen Gründe pro TS wird auch hier zur Analyse der Freitextfelder die qualitative Inhaltsanalyse (Mayring

& Fenzl, 2014) in vereinfachter Form angewandt (Anhang I:). Aus dieser ergeben sich die folgenden fünf Oberkategorien: Kompetenzen, Zeitfaktor: Vereinbarung von Berufs- und Privatleben, Steigerung der Motivation, Entlastung sowie der immer verfügbare Ansprechpartner für die Position. Im Unterschied zu den bereits erfragten Gründen, wurde von einem TN (DS 4) der neue Aspekt genannt, dass durch den Austausch im TS mehr innovative Ideen entstehen würden (Oberkategorie Kompetenzen). Zwei weitere (DS 59, DS 84) geben an, dass sie durch das Ausprobieren des TS-Modells neue Erfahrungen machen könnten, was sie spannend fänden. Dieser Grund wird hier der Oberkategorie Steigerung der Motivation zugeordnet. Zu der Kategorie Entlastung zählt unter anderem auch der bisher nicht abgefragte Aspekt, dass durch TS der Ausklang aus der Arbeitswelt erleichtert werden könnte (DS 133). Alle weiteren genannten Gründe bestätigen inhaltlich die bereits zuvor erfragten Aspekte.

Hinsichtlich des Items *Interessant_weil_Neu_oder_Spannend* geben ca. drei Viertel der TN, die in den Items I2 bis I6 Interesse an TS gezeigt haben, an, dass für sie TS deshalb interessant sei, weil sie es sich spannend und interessant vorstellen, sich eine Vollzeit-Führungsposition zu teilen. Gut ein Viertel der Interessierten sehen den Hauptgrund für ihr TS-Interesse darin, dass sie grundsätzlich alles Neue spannend finden.

Das *Kommentarfeld* wurde von 22 Personen genutzt. Die Inhalte hierzu können in zwei Oberkategorien eingeteilt werden: Feedback zur Qualität des TS-FBs und Feedback zum Inhalt des TS-FBs (Anhang I: Tabelle 84). Während sieben TN die Struktur, die Auswahl der Antwortkategorien, die Länge des Fragebogens als auch die Frageformulierung positiv bewerten, äußern sich sechs Personen eher kritisch hierzu. Für den ein oder anderen passten die Antwortkategorien nicht immer, so dass aus ihrer Sicht eine Ausweichkategorie fehlte und daher zum Teil deshalb die mittlere Kategorie gewählt wurde (DS 12, DS 33, DS 90, DS 115). Ein anderer kritisiert, dass für ihn die „(variierte) Wiederholung der Fragen … irritierend bis nervig [wäre], auch wenn es vielleicht zur Datenvalidierung dienlich … [sei]" (DS 54). Diese Aussage bezieht sich auf die Plausibilitätscheckfragen zu den Gründen und dem TS-Interesse. Hinsichtlich des Feedbacks zum Inhalt des TS-FBs betonen zwei Teilnehmerinnen, dass ihre Antworten von ihren Familienplanungsabsichten beeinflusst wurden (DS 20, DS 49). In Bezug auf die Fragestellung der Studie bzw. auf das TS-Modell selbst äußern sich sechs Personen sehr positiv (DS 26, DS 68, DS 73, DS 81 und DS 103). Zwei TN geben an, dass das Thema zwar interessant, TS aus ihrer Sicht jedoch nicht zu realisieren (DS 72) bzw. die Realisierung nur schwer vorstellbar sei (DS 115). Das Angebot einer *individuellen Auswertung* des berufsbezogenen Persönlichkeitstests wurde von 126 Personen (86.3 %) angenommen. Nur 20 TN haben darauf nicht zurückgegriffen.

### 4.2.3 Beschreibung der Ergebnisdaten aus dem 5DDP

Durch den zu Beginn der Feldphase noch fehlenden Matching-Code können acht Datensätze des TS-FBs nicht eindeutig dem 5DDP zugeordnet werden. Da die Persönlichkeitsausprägungen vor allem im Zusammenhang zum individuellen Interessemaß betrachtet werden, sind darüber hinaus nur die Datensätze berücksichtigt, die der interessebezogenen Plausibilitätsprüfung standhalten. Somit ergibt sich ein zu betrachtendes N von 130 Datensätzen (Berechnung siehe Anhang J: Formel 8). In Bezug auf die Persönlichkeitsausprägungen werden die Stanine Gesamtwerte der Befragten berücksichtigt.

Dazu wurden vom 5DDP die Testrohwerte der Befragten basierend auf Normstichproben in eine Rangreihenfolge gebracht. Die Stanine Skala entspricht einer auf Normalverteilung basierenden standardisierten neun-stufigen Skala mit einem Mittelwert von 5 und einer Standardabweichung von 2 (Döring & Bortz, 2016). 54 % der Normwerte liegen bei den Stanine Werten 4 bis 6 und die niedrigsten bzw. höchsten 4 % liegen bei den Stanine Werten 1 und 9 (Döring & Bortz, 2016).

Wie aus der Tabelle 24 deutlich wird, ist bei den Teilnehmern die Dimension Extraversion am stärksten ausgeprägt (Mittelwert = 5.41), gefolgt von dem Faktor Offenheit (Mittelwert = 5.36). Verträglichkeit weist mit einem Mittelwert von 4.78 die niedrigste Ausprägung auf. Bis auf die Dimension Offenheit, bei der das Minimum der Stanine Werte bei 2 liegt, ist bei den anderen Faktoren die ganze Bandbreite (Stanine Wert 1 bis 9) vertreten. Die fünf Dimensionen sind dabei laut ihren Q-Q-Diagrammen augenscheinlich normalverteilt (Anhang J: Abb. 12 und Abb. 13). Auch die Schiefe- bzw. die Kurtosis-Werte und ihre jeweiligen Standardfehler lassen in Anlehnung an Field (2013) auf eine weitestgehende Normalverteilung schließen (siehe Tabelle 24).

Tabelle 24
*Deskriptive Statistik der Stanine Gesamtwerte*

| Big Five Dimension | Deskriptive Statistik | | | | | | | | |
|---|---|---|---|---|---|---|---|---|---|
| | MW | Untergrenze[a]<br>Obergrenze[a] | M | Var | sd | Min-Max | IQB | Schiefe<br>Stdf. Schiefe | Kurtosis<br>Stdf. Kurtosis |
| Extraversion | 5.41 | 5.12<br>5.69 | 6 | 2.662 | 1.632 | 1-9 | 2 | -0.116<br>.212 | -0.345<br>.422 |
| Offenheit | 5.36 | 5.08<br>5.64 | 5 | 2.667 | 1.633 | 2-9 | 2 | 0.321<br>.212 | -0.234<br>.422 |
| Emotionalität | 5.32 | 5.01<br>5.62 | 5 | 3.055 | 1.748 | 1-9 | 2 | -0.053<br>.212 | -0.314<br>.422 |
| Gewissenhaftigkeit | 5.32 | 5.03<br>5.62 | 5 | 2.918 | 1.708 | 1-9 | 3 | -0.403<br>.212 | -0.116<br>.422 |
| Verträglichkeit | 4.78 | 4.50<br>5.07 | 5 | 2.713 | 1.647 | 1-9 | 2 | 0.087<br>.212 | -0.025<br>.422 |

*Anmerkungen.* $N_{gültig}$ = 130. $N_{fehlend}$ = 0. M = Median. MW = arithmetischer Mittelwert. sd = Standardabweichung. Stdf. = Standardfehler. Var = Varianz. Quelle: SPSS-Daten des TS-FB/5DDP, gefiltert nach plausiblen Datensätzen bzgl. Interesse, sortiert nach Mittelwerten.

[a]Wert bezieht sich auf das 95 %ige Konfidenzintervall.

## 4.3 Berechnung des Interessemaßes

Für die Berechnung des individuellen Interessemaßes der TN erscheint im Nachhinein in Anlehnung an Porst (2014b) das Item *I4_interessant_mehr_als_fuenf_Jahren_SV* zu hypothetisch und zu wenig greifbar, so dass das Ergebnis verwässert werden könnte. Daher bleibt dieses Item unberücksichtigt, so dass die Subskala SV sich nur aus zwei Items speist. Zudem wird auch die Formulierung des Items *I6_interessiere_mich_sehr* ebenfalls im Nachhinein als zu unklar eingestuft, so dass hier möglicherweise nicht von dem erforderlichen einheitlichen Itemverständnis ausgegangen werden kann (Stein, 2014). Auch dieses Item wird deshalb nicht bei der Interesseskala und der daraus resultierenden Berechnung berücksichtigt. Das Interessemaß Teil 1 ($I_1$) wird daher wie folgt berechnet:

**Formel 1: Berechnung des Interessemaßes Teil 1 ($I_1$)**

$$I_1 = \left(\frac{I2+I3}{2} + I5u\right) \times \frac{1}{2} \tag{1}$$

Quelle: Eigene Darstellung.

*Anmerkungen.* Vollständige Variablennamen: I2 = I2_zur_Zeit_gerne_TS_SV, I3 = I3_interessant_in_ein_fuenf_Jahren_SV, I5u = I5u_wenn_AG_anbietet_TS_vorstellbar.

Das umgepolte Item *I5u_wenn_AG_anbietet_TS_vorstellbar*, das aus dem Item *I5_auch_wenn_AG_TS_anbietet_TS_kaum_vorstellbar* resultiert, wird damit genauso stark gewichtet wie die Subskala SV. Die Berechnung des Interessemaßes Teil 2 ($I_2$), das aus den durchschnittlichen Werten der Subskalen EV und WV sowie dem IC-Item resultiert, basiert auf der Formel 2.

**Formel 2: Berechnung des Interessemaßes Teil 2 (I2)**

$$I_2 = \frac{\emptyset\,\mathrm{EV}\times 3 + \emptyset\,\mathrm{WV}\times 3 + \mathrm{IC}}{7} \tag{2}$$

$$\emptyset\,\mathrm{EV} = \frac{\mathrm{I7} + \mathrm{I8}u + \mathrm{I9}}{3} \tag{2a}$$

$$\emptyset\,\mathrm{WV} = \frac{\mathrm{I10} + \mathrm{I11}u + \mathrm{I12}u}{3} \tag{2b}$$

$$\mathrm{IC} = \mathrm{I13} \tag{2c}$$

Quelle: Eigene Darstellung.

*Anmerkungen.* Vollständige Variablennamen: I7 = I7_positive_Stimmung_EV, I8u = I8_ueber_TS_reden_Spass_EV_umgepolt, I9 = I9_gerne_TS_Artkel_lesen_EV, I10 = I10_pos_Einfluss_auf_Persoenlichkeit_WV, I11u = I11u_Selbstverwirklichung _WV_umgepolt, I12u = I12u_wenn_ehrlich_TS_wichtig_WV_umgepolt, I13 = I13_TS_passt_zu_mir_IC.

In Anlehnung an den FSI (Schiefele et al., 1993) wird so eine gleiche Gewichtung der EV- und WV-Skalen erreicht. Das IC-Item wird ebenfalls berücksichtigt, jedoch gemäß Grotlüschen (2010) wegen seiner geringeren Bedeutung nur wie ein einzelnes EV- oder WV-Item gewichtet. Mehr Informationen bzgl. der Verteilung der Interessemaße $I_1$ und $I_2$ bietet die Abb. 14 im Anhang K.

Zur Berechnung des durchschnittlichen individuellen Gesamtinteresses ($I_{Ges}$) wird aus den Interessemaßen $I_1$ und $I_2$ das arithmetische Mittel gebildet (Anhang K: Formel 9). Die im TS-FB genutzte, fünfstufige Likert-skala lässt sich dabei auch auf das Interessemaß übertragen, so dass hierfür gilt: 1 = überhaupt nicht interessiert, 2 = eher nicht interessiert, 3 = teilweise interessiert, teilweise nicht, 4 = eher interessiert und 5 = sehr interessiert. Um das Gesamt-Interessemaß anhand dieser Skalierung darzustellen, wurde das Interessemaß $I_{Ges}$ aus der berechneten SPSS-Variable *v_I_Ges_genau* auf ganze Skalenwerte (1 bis 5) gerundet und damit die Variable *v_I_Ges_gerundet* gebildet. Basierend auf diesen Werten wird aus Tabelle 25 deutlich, dass über zwei Drittel der TN eher oder sehr an TS interessiert zu sein scheinen. Rund 16 % der Befragten bestätigen dies teilweise und für 17 % der TN scheint TS überhaupt nicht oder eher nicht in Frage zu kommen. Dieses relativ hohe TS-Interesse spiegelt sich auch im Median- sowie im Mittelwert von rund 4 wider, was einem durchschnittlich *eher interessiert* entspricht (Tabelle 25).

Tabelle 25
*Häufigkeitsverteilung des auf ganze Skalenwerte gerundeten Interessemaßes $I_{Ges,\ gerundet}$*

| **Interessemaß Gesamt Gerundet** | | **Häufigkeit** | **Prozent** | **Gültige Prozente** | **Kumulierte Prozente** |
|---|---|---|---|---|---|
| Gültig | überhaupt nicht interessiert (1) | 8 | 5.7 | 5.7 | 5.7 |
| | eher nicht interessiert (2) | 16 | 11.3 | 11.3 | 17.0 |
| | teilweise interessiert, teilweise nicht (3) | 22 | 15.6 | 15.6 | 32.6 |
| | eher interessiert (4) | 64 | 45.4 | 45.4 | 78.0 |
| | sehr interessiert (5) | 31 | 22.0 | 22.0 | 100.0 |
| | Gesamt | 141 | 100.0 | 100.0 | |

*Anmerkungen.* $N_{gültig}$ = 141. $N_{fehlend}$ = 0. Quelle: SPSS-Daten des TS-FB/5DDP, gefiltert nach plausiblen Daten-sätzen bzgl. Interesse. Quelle: SPSS-Ausgabe TS-FB basierend auf Excel-Berechnung.

Wie aus den Histogrammen (Anhang K: Abb. 14), den Q-Q-Diagrammen (Anhang K: Abb. 15) als auch aus den jeweiligen Schiefe-Werten (Tabelle 26) deutlich wird, weisen in Anlehnung an Field (2013) sowohl das Interessemaß Gesamt als auch das auf ganze Skalenwerte gerundete Interessemaß auf eine leicht linksschiefe und damit rechtssteile Verteilung hin. Grundsätzlich werden jedoch Verteilungsmaße durchaus von Ausreißern beeinflusst (Schendera, 2007). Für das hier relevante Interessemaß $I_{Ges}$ ergeben sich aus dem dazugehörigen Boxplot (Anhang K: Abb. 17) acht Ausreißer-Datensätze (DS 14, DS 16, DS 19, DS 57, DS 62, DS 63, DS 72 und DS 138). In der Beschreibung des Gesamt-Interessemaßes (z. B. in Tabelle 26) sind die genannten, univariaten Ausreißer enthalten, da sie hier keine Fehler sondern erwartungswidrige, empirische Phänomene darstellen, die auffällig niedrige Interessewerte (Extremwerte) zeigen (Schendera, 2007). Sie entsprechen damit auch einer „Reflexion der empirischen Realität" (Schendera, 2007, S. 170). Da Ausreißer jedoch nachgewiesenermaßen ein negatives Einflusspotential in Bezug auf statistische Auswertungen haben (Schendera, 2007), wird der weitere Umgang mit Ausreißern in den Folgekapiteln 4.4.1 bis 4.4.3 im Rahmen der statistischen Hypothesenprüfungen näher beleuchtet.

Tabelle 26

*Deskriptive Statistik der Interessemaße $I_{Ges}$ und $I_{Ges,\ gerundet}$*

| **Interesse-maße** | **Deskriptive Statistik** | | | | | | | | |
|---|---|---|---|---|---|---|---|---|---|
| | MW | Unter-grenze[a]<br>Ober-grenze[a] | M | Var | sd | Min-Max | IQB | Schiefe<br>Stdf. Schiefe | Kurtosis<br>Stdf. Kurtosis |
| Interesse-maß $I_{Ges}$ | 3.63 | 3.46<br>3.80 | 3.9 | 1.02 | 1.010 | 1.07<br>5 | 1.18 | -0.911<br>.204 | 0.045<br>.406 |
| Interesse-maß $I_{Ges,\ gerundet}$ | 3.67 | 3.48<br>3.85 | 4.0 | 1.24 | 1.113 | 1<br>5 | 1.00 | -0.823<br>.204 | 0.004<br>.406 |

*Anmerkungen.* $N_{gültig}$ = 141. $N_{fehlend}$ = 0. M = Median. MW = arithmetischer Mittelwert. sd = Standardabweichung. Stdf. = Standardfehler. Var = Varianz. Quelle: SPSS-Daten des TS-FB/5DDP, gefiltert nach plausiblen Datensätzen bzgl. Interesse.

[a]Wert bezieht sich auf das 95 %ige Konfidenzintervall des MWs.

## 4.4 Statistische Überprüfung der Hypothesen

### 4.4.1 Prüfung der H1: Geschlechterunterschied im Topsharing-Interesse

Für die Überprüfung der Hypothese $H_1$ wurde der Datensatz auf plausible Daten in Bezug auf das Interesse an TS gefiltert. Da in zwei Datensätzen keine Geschlecht-Angabe existiert, ergibt sich somit ein $N_{Gesamt}$ von 139 ($N_{Frauen}$ = 69; $N_{Männer}$ = 70). Die Alternativhypothese $H_1$, die besagt, dass zwischen Frauen und Männern ein signifikanter Unterschied im Interessemaß bzgl. TS vorliegt, und ihre entsprechende Nullhypothese $H_{0.1}$ werden mathematisch entsprechend der Formel 3 ausgedrückt. Bei der Prüfung von $H_1$ geht es um die Betrachtung des Lageunterschieds der Maße der zentralen Tendenz in Bezug auf das TS-Interessemaß zwischen Frauen und Männern. Die zu untersuchende AV ist daher die intervallskalierte Variable Interessemaß Gesamt ($I_{Ges}$), die UV ist die dichotome Variable Geschlecht.

**Formel 3: Mathematischer Ausdruck der Hypothesen H1 und H0.1**

| | |
|---|---|
| $H_1$: $I_{Ges\,Frauen} \neq I_{Ges\,Männer}$ | (3) |
| $H_{0.1}$: $I_{Ges\,Frauen} = I_{Ges\,Männer}$ | (3a) |
| Für beide gilt: $\alpha = 5\ \%$ | (3b) |

Quelle: Eigene Darstellung.

Sowohl die Prozentwerte (Anhang L: Tabelle 85) als auch die deskriptiven Statistiken (Tabelle 27) verdeutlichen, dass das Interessemaß bei Frauen etwas höher ausfällt als bei Männern. Mehr als drei Viertel der Frauen und ca. drei Fünftel der Männer sind demnach eher oder sehr an TS interessiert (Anhang L: Tabelle 85). Etwa 10 % der Frauen und 23 % der Männer sind hingegen eher nicht oder überhaupt nicht an TS interessiert. Der Geschlechterunterschied spiegelt sich auch in den Medianen (Frauen: 4.1; Männer: 3.6) sowie in den Mittelwerten (Frauen = 3.9; Männer: 3.4) des genaueren Interessemaßes $I_{Ges}$ wider (Tabelle 27).

Tabelle 27

*Deskriptive Statistik bzgl. der Interessemaße (nach Geschlecht)*

| **Interesse-maß** | **Deskriptive Statistik** | | | | | | | | | |
|---|---|---|---|---|---|---|---|---|---|---|
| | **Frauen** | | | | | **Männer** | | | | |
| | MW | M | sd | IQB<br>Min-Max | Schiefe,<br>Stdf. Schiefe | MW | M | sd | IQB<br>Min-Max | Schiefe,<br>Stdf. Schiefe |
| $I_{Ges.}$ | 3.91 | 4.07 | .899 | 1.04<br>1.1-5.0 | -1.441<br>.289 | 3.36 | 3.63 | 1.032 | 1.48<br>1.1-5.0 | -0.591<br>.287 |

*Anmerkungen.* $N_{gültig\ Frauen}$= 69. $N_{gültig\ Männer}$ = 70. $N_{fehlend}$ = 2, da keine Angabe zum Geschlecht. IQB = Interquartilbereich. M = Median. MW = arithmetischer Mittelwert. sd = Standardabweichung. Stdf. Schiefe = Standardfehler der Schiefe. Quelle: SPSS-Daten des TS-FB/5DDP. Daten gefiltert nach plausiblen Daten bzgl. Interesse, inklusive Ausreißer.

Die Frauen beinhalten jedoch im Interessemaß Gesamt fünf Ausreißer (DS 27, DS 57, DS 62, DS 63 und DS 99), die Gruppe der Männer keine (siehe Boxplots im Anhang L: Abb. 18). Die Normalverteilungstests Kolmogorov-Smirnov sowie Shapiro-Wilk lehnen hier in beiden Gruppen eine Normalverteilung ab (Anhang L: Tabelle 86). Solche Tests entscheiden laut Janssen und Laatz (2017) sowie Field (2013) jedoch häufig zu konservativ. Bei größeren Stichproben, wie es hier der Fall ist, lehnen sie eine Normalverteilung zu schnell ab, bei kleineren Stichproben wird eine Normalverteilung hingegen zu oft angenommen. Daher wird, wie empfohlen (Field, 2013; Janssen & Laatz, 2017; Schendera, 2007), sowohl hier als auch für die weiteren Hypothesen einer Augenscheinprüfung von Verteilungsdiagrammen mehr Bedeutung beigemessen. Wie der Vergleich der Verteilungen mit und ohne Ausreißer zeigt (siehe Abb. 19 im Anhang L), bewirken die Ausreißer in der Frauengruppe augenscheinlich eine gewisse Schiefe und so eine leichte Abweichung von der Normalverteilung. Auch das Q-Q-Diagramm der Männer (Anhang L: Abb. 20) weist durch die leichte S-Form der Punkteanordnung laut Field (2013) eine gewisse Abweichung auf. Dennoch wird aufgrund der Q-Q-Diagramme und der Stichprobengröße ($N > 30$) von einer näherungsweisen Normalverteilung der Mittelwerte ausgegangen (Janssen & Laatz, 2017; Schäfer & Schöttker-Königer, 2015). Eine exakte Interpretation bleibt hier jedoch offen. Da der empfohlene, komparative Ansatz (Schendera, 2007) durch

Ausfiltern der realen, univariaten Ausreißer nicht in beiden Gruppen zu einer eindeutigeren Normalverteilung führt, bleiben die Ausreißer weiter berücksichtigt. Inhaltlich kann dies auch damit begründet werden, dass sie einen Teil der Realität wiederspiegeln (Schendera, 2007).

Die Hypothesenprüfung zur zentralen Lage in den Geschlechtergruppen erfolgt aufgrund der näherungsweisen Normalverteilungsannahme zunächst mittels t-Test für unabhängige Stichproben und wird aufgrund der leicht schiefen Datenverteilung und der damit verbundenen Unsicherheit der Normalverteilung mit Hilfe des Mann-Whitney-U-Tests überprüft (Eckstein, 2016).

Tabelle 28
*Gruppenstatistiken zum t-Test von unabhängigen Stichproben: Geschlechterunterschied im TS-Interesse ($H_1$)*

| | **Geschlecht** | **N** | **Mittelwert** | **sd** | **Stdf. des Mittelwertes** |
|---|---|---|---|---|---|
| $I_{Ges}$ | Frauen | 69 | 3.9094 | 0.89754 | 0.10805 |
| | Männer | 70 | 3.3633 | 1.03222 | 0.12337 |

*Anmerkungen.* $N_{Ges\ gültig}$ = 139. $N_{fehlend}$ = 2, da keine Angabe zu Geschlecht. $I_{Ges}$ = Interessemaß Gesamt (genau). Stdf. = Standardfehler. Quelle: SPSS-Daten des TS-FB/5DDP, gefiltert nach plausiblen Interessedaten.

Tabelle 29
*Prüfstatistik zum t-Test von unabhängigen Stichproben: Geschlechterunterschied im TS-Interesse ($H_1$)*

| | | **Levene-Test der Varianz-gleichheit** | | **T-Test für die Mittelwertgleichheit** | | | | | | |
|---|---|---|---|---|---|---|---|---|---|---|
| | | | | | | Sig | Mittlere | Stdf. der | 95 % CI der Differenz | |
| | | F | Sig | T | df | (2-seitig) | Differenz | Differenz | Untere | Obere |
| $I_{Ges}$ | Varianzen sind gleich | 3.404 | .067 | 3.327 | 137 | .001 | .54615 | .16417 | 0.222 | 0.871 |
| | Varianzen sind nicht gleich | | | 3.330 | 134.91 | .001 | .54615 | .16400 | 0.222 | 0.871 |

*Anmerkungen.* $N_{Ges\ gültig}$ = 139. $N_{fehlend}$ = 2, da keine Angabe zum Geschlecht. CI = Konfidenzintervall. $I_{Ges}$ = Interessemaß Gesamt (genau). Stdf = Standardfehler. Quelle: SPSS-Daten des TS-FB/5DDP, gefiltert nach plausiblen Interesse-DS.

Sowohl das metrische Skalenniveau, die Normalverteilungsannahme als auch Varianzhomogenität, die Voraussetzungen für den t-Test darstellen (Bühner & Ziegler, 2009), sind hier gegeben. Letzteres wird aus dem Ergebnis des Levene-Tests (Tabelle 29) deutlich (Signifikanz = .067 > .05 bei $\alpha$ = 5 %). Die Tabelle 28 zeigt, dass sich die Mittelwerte der Frauen und die der Männer um gut 0.5 Punkte unterscheiden.

Würden die Mittelwerte auf ganze Skalenpunkte des Interessemaßes gerundet, entspräche der Mittelwert der Frauen einem *eher interessiert* und der der Männer eher einem *teilweise interessiert, teilweise nicht.* Die nicht von Ausreißern beeinflussten, auf ganze Skalenpunkte gerundeten Median-Werte (Frauen: 4.07; Männer: 3.63; siehe Tabelle 27) entsprächen jedoch jeweils einem *eher interessiert.* Der t-Test zeigt mit p = .001 ein signifikantes Ergebnis ($\alpha$ = 5 %) bzgl. des Mittelwertsunterschieds zwischen dem TS-Interesse von Frauen und Männern (Tabelle 29). Dabei liegt hier laut Cohen (1988) mit d = .57 eine mittlere Effektstärke und mit einer Power (1 – $\beta$) = .91 eine hohe Teststärke vor (berechnet mit G*Power* siehe Mayr, Buchner, Erdfelder & Faul, 2007). Auch der Mann-Whitney-U-Test (Tabelle 30 und Tabelle 31) bestätigt dieses Signifikanzergebnis. Das nicht-parametrische Verfahren setzt keine Normalverteilung voraus (Eckstein, 2016). Es werden zwei unabhängige Stichproben und mindestens Ordinalskalenniveau der AV benötigt (Janssen & Laatz, 2017), was beides hier erfüllt ist.

Tabelle 30
*Prüfstatistik zum Mann-Whitney-U-Test bzgl. des Interessemaßes nach Geschlechtergruppen (1/2)*

| | **Geschlecht** | **N** | **Mittlerer Rang** | **Rangsumme** |
|---|---|---|---|---|
| $I_{Ges}$ | Frauen | 69 | 81.57 | 5628.50 |
| | Männer | 70 | 58.59 | 4101.50 |
| | **Gesamt** | **139** | | |

*Anmerkungen.* $N_{Ges\ gültig}$ = 139. $N_{fehlend}$ = 2, da keine Angabe zum Geschlecht. $I_{Ges}$ = Interessemaß Gesamt (genau). Quelle: SPSS-Daten des TS-FB/5DDP, gefiltert nach plausiblen Interessedaten.

Tabelle 31
*Prüfstatistik zum Mann-Whitney-U-Test bzgl. des Interessemaßes nach Geschlechtergruppen (2/2)*

| | **Interessemaß $I_{Ges}$** |
|---|---|
| Mann-Whitney-U | 1616.500 |
| Wilcoxon-W | 4101.500 |
| Z | -3.365 |
| **Asymptotische Signifikanz (2-seitig)** | **.001** |

*Anmerkungen.* $N_{Ges\ gültig}$ = 139. $N_{fehlend}$ = 2, da keine Angabe zum Geschlecht. $I_{Ges}$ = Interessemaß Gesamt (genau). Quelle: SPSS-Daten des TS-FB/5DDP, gefiltert nach plausiblen Interessedaten.

Da die aus dem Mann-Whitney-U-Test resultierende asymptotische Signifikanz von .001 kleiner ist als das festgelegte 5-%-Signifikanzniveau (Tabelle 31), wird die $H_{0.1}$-Hypothese gleicher zentralen Tendenzen der beiden Gruppen abgelehnt und die $H_1$-Hypothese bestätigt. Das im Vergleich zu den Männern leicht höhere Interesse der Frauen spiegelt sich auch in den mittleren Rängen wider (Tabelle 30). Um auch hier die Effektstärke zu prüfen, wurde in Anlehnung an Roever & Phakitl (2017) basierend auf dem Z-Wert des Mann-Whitney-U-Tests (siehe Tabelle 31) der Korrelationskoeffizient r (.29) berechnet (siehe Formel 10 im Anhang L). Laut Cohen (1992) kann somit ein signifikanter Unterschied im TS-Interesse zwischen weiblichen und männlichen Führungskräften mit einem schwachen bis mittleren Effekt nachgewiesen werden.

### 4.4.2 Prüfung der H2: Kinderabhängiger Unterschied im Topsharing-Interesse

Zur Überprüfung der $H_2$ wurde auch hier der Datensatz auf plausible Angaben hinsichtlich des TS-Interesses gefiltert, so dass die Stichprobengröße $N_{Gesamt}$ = 141 zur Verfügung steht ($N_{mit\ Kind}$ = 64; $N_{ohne\ Kind}$ = 77). Die Hypothese $H_2$, bei der es um einen signifikanten Unterschied im TS-Interesse zwischen Personen geht, die mit mindestens einem Kind im

Haushalt leben oder ohne und die entsprechende Nullhypothese $H_{0.2}$ werden mathematisch wie folgt formuliert:

**Formel 4: Mathematischer Ausdruck der Hypothesen H2 und H0.2**

| | |
|---|---|
| $H_2$: $I_{Ges\ mit\ Kind} \neq I_{Ges\ ohne\ Kind}$ | (4) |
| $H_{0.2}$: $I_{Ges\ mit\ Kind} = I_{Ges\ ohne\ Kind}$ | |
| (4a) | |
| Für beide gilt: $\alpha = 5\ \%$ | (4b) |

Quelle: Eigene Darstellung.

Auch hier handelt es sich um den Lageunterschied der Maße der zentralen Tendenz in Bezug auf das TS-Interessemaß, diesmal zwischen den Personengruppen mit und ohne Kinder im Haushalt. Die AV ist wieder das Interessemaß $I_{Ges}$ und die UV ist die aggregierte und damit dichotome SPSS-Variable *Kinder_aggregiert_mit_oder_ohne*. Letztere wird im Folgenden als *mit Kind oder ohne* dargestellt. Dabei wird aus der Tabelle 32 deutlich, dass Führungskräfte, die mit mindestens einem Kind im Haushalt leben, ein leicht höheres Interesse an TS (Median = 3.9; Mittelwert = 3.8) zeigen als diejenigen ohne Kind(er) im Haushalt (Median: 3.8; Mittelwert = 3.5). Dabei scheinen rund 72 % der TN mit Kind(ern) und 64 % der Befragten ohne Kind(er) eher oder sehr an TS interessiert zu sein (Anhang M: Tabelle 87). Der Anteil derer mit und ohne Kinder, die teilweise an TS interessiert sind, liegt jeweils bei ca. 16 %. Während fast 13 % der Führungskräfte mit Kind(ern) eher nicht oder überhaupt nicht an TS interessiert zu sein scheinen, ist dies bei gut einem Viertel der TN ohne Kind(er) laut Berechnung der Fall.

Wird zusätzlich die Komponente Geschlecht berücksichtigt, liegt der Median im Interesse der Frauen mit mindestens einem Kind bei 4.5, der Median der Frauen ohne Kinder bei 4 (Tabelle 32). Bei den Männern zeigt sich in den Median- und Mittelwerten nur ein minimaler Unterschied in Bezug auf die Variable mit oder ohne Kinder. Dabei beinhaltet die Gruppe der Personen mit Kind(ern) in ihrem Interessemaß Gesamt einen

Ausreißer, die Gruppe der TN ohne Kind(er) sieben Ausreißer (siehe Boxplots im Anhang M: Abb. 21).

Tabelle 32
*Deskriptive Statistik zum Interessemaß von Führungskräften mit Kindern/ohne Kinder im Haushalt*

| | | | 95 % CI des MW | | | | | | |
|---|---|---|---|---|---|---|---|---|---|
| | | | Untergrenze | Obergrenze | | | | IQB | Schiefe Stdf. |
| | | **MW** | | | **M** | **Var** | **sd** | **Min-Max** | **Schiefe** |
| **Mit Kind** | **Interesse $I_{Ges}$** | **3.77** | **3.55** | **3.99** | **3.89** | **0.798** | **0.893** | **1.13**<br>**1.3 – 5.0** | **-0.725**<br>**.299** |
| | Frauen | 4.20 | 3.95 | 4.45 | 4.46 | 0.393 | 0.627 | 0.96<br>2.4 – 4.9 | -1.088<br>.456 |
| | Männer | 3.44 | 3.13 | 3.75 | 3.64 | 0.865 | 0.930 | 1.46<br>1.3 – 5.0 | -0.331<br>.388 |
| **ohne Kinder** | **Interesse $I_{Ges}$** | **3.51** | **3.26** | **3.76** | **3.82** | **1.188** | **1.090** | **1.00**<br>**1.1 – 5.0** | **-0.915**<br>**.274** |
| | Frauen | 3.73 | 3.42 | 4.04 | 3.96 | 0.986 | 0.993 | 1.00<br>1.1 – 5.0 | -1.268<br>.361 |
| | Männer | 3.27 | 2.87 | 3.68 | 3.61 | 1.308 | 1.143 | 1.82<br>1.1 – 4.9 | -0.681<br>.409 |

*Anmerkungen.* CI = Konfidenzintervall. Die Daten beziehen sich auf TN mit bzw. ohne mindestens (mind.) einem Kind im Haushalt. $N_{Ges\ gültig}$ = 141. Davon $N_{mit\ Kind}$ = 64. $N_{ohne\ Kind}$ = 77. $N_{Frauen\ mit\ Kind}$ = 26. $N_{Frauen\ ohne\ Kind}$ = 43. $N_{Männer\ mit\ Kind}$ = 37. $N_{Männer\ ohne\ Kind}$ = 33. $N_{fehlend\ Geschlecht}$ = 2. Quelle: SPSS-Daten des TS-FB/5DDP, gefiltert nach plausiblen Datensätzen bzgl. Interesse.

Während der Shapiro-Wilk Test in beiden Gruppen eine Normalverteilung ablehnt, zeigt der Kolmogorov-Smirnov Test in der Gruppe mit mindestens einem Kind ein nicht-signifikantes Ergebnis. So kann in dieser Gruppe auch seitens des Tests von einer Normalverteilung ausgegangen werden (Anhang M: Tabelle 88). Die Boxplots (Anhang M: Abb. 21) der beiden Gruppen lassen jedoch darauf schließen, dass beide Gruppen ähnlich verteilt sind, so dass hier nicht nur aufgrund der Stichprobengröße (N > 30 sowie $N_{Gruppe}$ > 15, siehe Schäfer & Schöttker-Königer, 2015) für beide Gruppen eine annäherungsweise Normalverteilung angenommen wird. Der empfohlene Vergleich (Schendera, 2007) der Q-Q-Diagramme mit und ohne Ausreißer pro Gruppe (Anhang M: Abb. 22) zeigt, dass ein Ausfiltern der Ausreißer eine stärkere Annäherung an eine eindeutigere Normalverteilung in der Gruppe ohne Kinder bewirken würde, was sich im Kolmogorov-Smirnov Test bestätigt (Anhang M: Tabelle 89). Dennoch erscheint der auszufilternde Anteil (ca. 10 %) hierfür zu hoch, so dass ein Ausfiltern hier nicht gerechtfertigt wäre.

Die Hypothesenprüfung $H_2$ erfolgt wie bei $H_1$ aufgrund der Normalverteilungsannahme im ersten Schritt mit Hilfe des t-Tests für unabhängige Stichproben. Das Ergebnis wird anschließend aufgrund der leichten Schiefe mittels Mann-Whitney-U-Test abgesichert.

Da es sich auch hier um das Interessemaß Gesamt handelt, ist wieder das metrische Skalenniveau gegeben. Da der Ursprungsdatensatz nach plausiblen Datensätzen bzgl. der Interesseangaben gefiltert wurde, ergibt sich für die Personengruppe mit mindestens einem Kind ein $N_{\text{mit Kind}}$ von 64 und für die Gruppe ohne Kind(er) ein $N_{\text{ohne Kind}}$ von 77 (Tabelle 33). Auch hier kann, wie der Levene-Test zeigt, von Varianzhomogenität ausgegangen werden, so dass sich aus dem t-Test der Signifikanzwert p = .133 ergibt (Tabelle 34). Da der p-Wert größer als .05 ist, kann hier kein signifikantes Ergebnis nachgewiesen werden. Dabei liegt laut Cohen (1988) mit d = .27 eine geringe Effektstärke und mit einer Power (1 – β) = .33 eine schwache Teststärke vor (berechnet mit G*Power* siehe Mayr et al., 2007). Die Nullhypothese $H_{0.2}$, die besagt, dass auf einem Signifikanzniveau von 5 % kein Unterschied im Interesse an TS zwischen Führungskräften ohne Kind(er) und denen mit Kind(ern) besteht, kann demnach nicht verworfen werden.

Tabelle 33

*Gruppenstatistiken zum t-Test von unabhängigen Stichproben: kinderabhängiger Unterschied ($H_2$)*

| | **Mit Kind oder ohne** | **N** | **MW** | **sd** | **Standardfehler des MW** |
|---|---|---|---|---|---|
| $I_{Ges}$ | Mit mind. 1 Kind im Haushalt | 64 | 3.7679 | 0.893 | .11164 |
| | ohne Kinder im Haushalt | 77 | 3.5107 | 1.090 | .12419 |

*Anmerkung:* $I_{Ges}$ = Interessemaß Gesamt (genau). Quelle: SPSS-Daten des TS-FB/5DDP, gefiltert nach plausiblen Interessedaten.

Tabelle 34

*Prüfstatistik zum t-Test von unabhängigen Stichproben: kinderabhängiger Unterschied ($H_2$)*

| | | Levene-Test der Varianzgleichheit | | T-Test für die Mittelwertgleichheit | | | | | | |
|---|---|---|---|---|---|---|---|---|---|---|
| | | F | Sig | T | df | Sig (2-seitig) | Mittlere Differenz | Standardfehler der Differenz | 95 % CI der Differenz Untere | 95 % CI der Differenz Obere |
| $I_{Ges}$ | Varianzen sind gleich | 1.980 | .162 | 1.512 | 139 | **.133** | 0.257 | .170 | -0.079 | 0.593 |
| | Varianzen sind nicht gleich | | | 1.540 | 138.98 | .126 | 0.257 | .167 | -0.073 | 0.587 |

*Anmerkungen:* CI = Konfidenzintervall. $I_{Ges}$ = Interessemaß Gesamt. Gruppenvariable: mit Kind oder ohne. $N_{mit\ Kind}$ = 64. $N_{ohne\ Kind}$ = 77. Quelle: SPSS-Daten des TS-FB/5DDP, gefiltert nach plausiblen Interessedaten.

Der Mann-Whitney-U-Test (Tabelle 35 und Tabelle 36), der auch bei schiefen Daten voll aussagekräftig ist und damit auf Ausreißer robust reagiert (Janssen & Laatz, 2017), bestätigt dieses Ergebnis.

Tabelle 35

*Prüfstatistik zum Mann-Whitney-U-Test: kinderabhängiger Unterschied - $H_2$ (1/2)*

| | Mit Kind oder ohne | N | Mittlerer Rang | Rangsumme |
|---|---|---|---|---|
| $I_{Ges}$ | Mit mind. 1 Kind im Haushalt | 64 | 75.76 | 4848.50 |
| | ohne Kinder im Haushalt | 77 | 67.05 | 5162.50 |
| | **Gesamt** | **141** | | |

*Anmerkungen:* $I_{Ges}$ = Interessemaß Gesamt. Quelle: SPSS-Daten des TS-FB/5DDP, gefiltert nach plausiblen Interessedaten.

Tabelle 36

*Prüfstatistik zum Mann-Whitney-U-Test: kinderabhängiger Unterschied - $H_2$ (2/2)*

| | Interessemaß Gesamt $I_{Ges}$ |
|---|---|
| Mann-Whitney-U | 2159.500 |
| Wilcoxon-W | 5162.500 |
| Z | -1.261 |
| **Asymptotische Signifikanz (2-seitig)** | **.207** |

*Anmerkungen:* $I_{Ges}$ = Interessemaß Gesamt. Gruppenvariable: mit Kind oder ohne. $N_{mit\ Kind}$ = 64. $N_{ohne\ Kind}$ = 77. Quelle: SPSS-Daten des TS-FB/5DDP, gefiltert nach plausiblen Interessedaten.

Die sich aus diesem Test ergebende asymptotische Signifikanz von p = .207 ist größer als das festgelegte 5-%-Signifikanzniveau, so dass die

$H_{0.2}$-Hypothese einer gleichen zentralen Tendenz beider Verteilungen angenommen und die $H_2$-Hypothese abgelehnt wird (Tabelle 36). Damit kann hier kein statistisch signifikanter Unterschied im TS-Interesse zwischen Führungskräften mit mindestens einem Kind im Haushalt und solchen ohne nachgewiesen werden. Analog zur Formel Nr. 10 und 10a im Anhang L ergibt sich aus dem Z-Wert des Mann-Whitney-U-Tests und dem dazugehörigen N (141) eine Effektstärke r = .11 und damit laut Cohen (1992) zudem ebenfalls nur ein schwacher Effekt.

Wird dabei zusätzlich die Komponente Geschlecht betrachtet, zeigt sich ein statistisch signifikanter Unterschied ($\alpha$ = 5 % und p = .035) im TS-Interesse zwischen weiblichen Führungskräften mit mindestens einem Kind und ohne (siehe t-Test im Anhang M: Tabelle 90 und Tabelle 91). Bei den Männern ist dies jedoch nicht der Fall ($\alpha$ = 5 %, p = .492). Somit scheint die Variable Geschlecht hier eine moderierende Wirkung zu haben. Diese geschlechterbezogenen Ergebnisse der Gruppen mit und ohne Kinder werden auch durch den Mann-Whitney-U-Test bestätigt (Anhang M: Tabelle 92 und Tabelle 93), woraus sich für die Frauen analog zur Formel 10 im Anhang L eine laut Cohen (1992) leichte bis mittlere Effektstärke r von .25 ergibt.

### 4.4.3 Prüfung der H3: Persönlichkeitseinfluss auf das Topsharing-Interesse

Für die Überprüfung der Hypothese $H_3$ wird die in der Formel 2 (siehe Kapitel 4.2.3) berechnete Datenbasis N (130) betrachtet. Hierfür wurde der Gesamtdatensatz sowohl nach plausiblen Datensätzen bzgl. Interesse als auch nach Datensätzen gefiltert, für die eine eindeutige Zuordnung vom TS-FB zum 5DDP möglich ist (Anhang N: Tabelle 94). Insbesondere für die Frage nach Zusammenhängen zwischen metrischen (sowie ordinalen) Variablen spielt die Verteilung der Daten eine wesentliche Rolle (Schendera, 2007). Während die Big Five Dimensionen augenscheinlich annähernd normalverteilt wirken (Anhang J: Abb. 12 und Abb. 13 sowie Anhang N: Abb. 23), ist dies bei dem Interessemaß $I_{Ges}$ nicht eindeutig der Fall (Histogramm und Q-Q-Diagramm inklusive Ausreißer im Anhang N: Abb. 24). Bei dem hier zu betrachtenden N von 130 zeigen sich laut

Boxplot (Anhang N: Abb. 25) für das Interessemaß $I_{Ges}$ insgesamt sieben Ausreißer (DS 16, DS 57, DS 62, DS 63, DS 72, DS 120 und DS 138), die reale, extrem niedrige Interessenswerte zeigen und die Verteilung durchaus beeinflussen (siehe Vergleich der Q-Q-Diagramme im Anhang N: Abb. 24). Die explorative Datenanalyse (inkl. Ausreißer) zeigt somit eine gewisse Schiefe in der Grundgesamtheit (Anhang N: Tabelle 95). Wie es häufig bei großen Stichproben der Fall ist (Field, 2013; Janssen & Laatz, 2017), lehnen auch hier Normalverteilungstests (Kolmogorov-Smirnov und Shapiro-Wilk) eine Normalverteilung ab (Anhang N: Tabelle 96). Da jedoch weder eine extrem schiefe (Betrag der Schiefe-Werte < 1) noch eine mehrgipflige Verteilung vorliegt (Anhang N: Abb. 24), wird dennoch in Anlehnung an Janssen und Laatz (2017) eine näherungsweise Normalverteilung der Stichprobenverteilung angenommen.

Ob ein Ausfiltern der Ausreißer dennoch sinnvoll erscheint, hängt von den jeweils anzuwendenden statistischen Prüfverfahren ab. Aufgrund der Annahme eines signifikanten quadratischen Einflusses der Dimensionen Extraversion, Emotionalität, Verträglichkeit und Gewissenhaftigkeit auf das TS-Interesse werden die Unterhypothese $H_{3.1}$ und ihre Nullhypothese $H_{0.3.1}$ gemäß der Formel 5 mathematisch ausgedrückt.

Die mathematische Formulierung zur Unterhypothese $H_{3.2}$ des linearen Einflusses der Dimension Offenheit auf das Interesse an TS findet sich in der Formel 6 wieder.

**Formel 5. Mathematischer Ausdruck der Hypothesen H3.1 und H0.3.1**

$$H_{3.1}: I_{D\,1-4} = c + a_{D1}x_{D1}^2 + b_{D1}x_{D1} + \cdots + a_{D4}x_{D4}^2 + b_{D4}x_{D4} + \varepsilon \quad (5)$$

$$H_{0.3.1}: I_{D\,1-4} \neq c + a_{D1}x_{D1}^2 + b_{D1}x_{D1} + \cdots + a_{D4}x_{D4}^2 + b_{D4}x_{D4} + \varepsilon \quad (5a)$$

$$\alpha = 5\,\% \quad (5b)$$

Quelle: Eigene Darstellung.

*Anmerkungen.* $a$ = nicht standardisierter Regressionskoeffizient B. $\alpha$ = Signifikanzniveau. $b$ = standardisierter Koeffizient Beta. $c$ = Konstante. $D1$ = Extraversion. $D2$ = Emotionalität. $D3$ = Verträglichkeit. $D4$ = Gewissenhaftigkeit. $\varepsilon$ = Standardfehler des Regressionsschätzers.

**Formel 6: Mathematischer Ausdruck der Hypothesen H3.2 und H0.3.2**

$$H_{3.2}: I_{D5} = ax_{D5} + c + \varepsilon \quad (6)$$
$$H_{0.3.2}: I_{D5} \neq ax_{D5} + c + \varepsilon \quad (6a)$$
$$\alpha = 5\,\% \quad (6b)$$

Quelle: Eigene Darstellung.

*Anmerkungen.* $a$ = nicht standardisierter Regressionskoeffizient B. $\alpha$ = Signifikanzniveau. $c$ = Konstante. $D5$ = Offenheit. $\varepsilon$ = Standardfehler des Regressionsschätzers.

Die Überprüfung der $H_3$ und ihrer Unterhypothesen erfolgt mit Hilfe der bivariaten Spearman-Korrelationsanalyse, mittels Streudiagrammen sowie auf Basis einer multiplen, linearen Regression. Um eine Verzerrung der Ergebnisse zu vermeiden, muss insbesondere für das letztere Verfahren Ausreißerfreiheit sichergestellt werden (Field, 2013; Keller, 2016). Um eine gewisse Konsistenz innerhalb der Hypothesenprüfung der $H_3$ zu gewährleisten, wurden daher sowohl für die $H_{3.1}$ als auch für die $H_{3.2}$ die aus dem Boxplot im Anhang N (Abb. 25) erkennbaren, sieben Ausreißer ausgefiltert. Da diese mit ca. 5 % einem relativ niedrigen Anteil entsprechen, erscheint ein Ausfiltern unkritisch (Schendera, 2007). Somit wird hier für die statistische Prüfung ein N von 123 genutzt. In Bezug auf Mindeststichprobengrößen für Regressionsanalysen gibt es in der Literatur durchaus unterschiedliche Aussagen (Hair, Black, Babin & Anderson, 2010; Tabachnick & Fidell, 2014). Die etwas strengere Vorgabe von 104 Datensätzen zuzüglich der Anzahl der Prädiktoren und Kontrollvariablen (Tabachnick & Fidell, 2014), aus der sich eine Mindeststichprobengröße für die $H_3$ von 109 Teilnehmern ergibt, wird damit von dem hier zur Verfügung stehenden Datensatz (123) übertroffen.

Da das Ergebnis aus der $H_1$-Überprüfung darauf hindeutet, dass das Geschlecht TS-Interesse beeinflusst, erfolgt die Überprüfung der $H_{3.1}$ unter Kontrolle dieser Variable. Die Ergebnisse der bivariaten Spearman-Korrelationsanalyse (Tabelle 37), die bei linearen und nicht-linearen Beziehungen anwendbar ist und dabei relativ robuste Ergebnisse auch bei schiefen Daten liefert (Sachs, 2013), zeigen hier schwache monotone Zusammenhänge für die Big Five Faktoren und einen mittelstarken, negativen Zusammenhang für die Kontrollvariable Geschlecht.

Tabelle 37

*Spearman-Korrelationsanalyse: Zusammenhang zwischen den Big Five und dem Interesse an TS sowie zwischen der Kontrollvariable Geschlecht und dem Interesse an TS*

| | **Bivariate Spearman Korrelationsanalyse** | | |
|---|---|---|---|
| | **Korrelationskoeffizient rho** | **2-seitige Signifikanz** | **1-seitige Signifikanz** |
| **Dimension (Stanine):** | | | |
| Extraversion ($H_{3.1}$) | -.106 | .241 | .121 |
| Emotionalität ($H_{3.1}$) | -.159[a] | .078 | .039 |
| Verträglichkeit ($H_{3.1}$) | -.009 | .918 | .459 |
| Gewissenhaftigkeit ($H_{3.1}$) | -.119 | .191 | .096 |
| Offenheit ($H_{3.2}$) | .105 | .250 | .125 |
| **Kontrollvariable für die $H_{3.1}$** | | | |
| Geschlecht | -.353 | < .001 | < .001 |

*Anmerkungen.* N = 123. Quelle: SPSS-Ausgabe des kombinierten Datensatzes, gefiltert nach plausiblen Interessedaten mit eindeutiger Zuordnung zum 5DDP, ohne ursprüngliche Ausreißer des Interessemaßes Gesamt.

[a]Dieser Wert ist auf einem 5-%-Signifikanzniveau einseitig signifikant.

Tabelle 38

*Ergebnisse des multiplen, linearen Regressionsmodells zur Unterhypothese 3.1*

| **Regressionsmodell** Einflussgröße | **Regressions-koeffizient B** | **95 % CI für B** | **Beta** | **Signifikanzwert** |
|---|---|---|---|---|
| Konstante | 3.935 | 3.55 - 4.32 | | p < .001 |
| Kontrollvariable Geschlecht | -.612 | -0.882 - -0.342 | -.38 | p < .001 |
| Extraversion Stan. Quadriert | -.002 | -0.011 - 0.007 | -.04 | p = ,652 |
| Emotionalität Stan. Quadriert | -.004 | -0.013 - 0.005 | -.09 | p = .380 |
| Verträglichkeit Stan. Quadriert | .008 | -0.002 - 0.017 | .16 | p = .105 |
| Gewissenhaftigkeit Stan. Quadriert | -.008 | -0.016 - 0.001 | -.17 | p = .065 |

*Anmerkungen.* N = 123. AV = Interessemaß Gesamt (genau). B = Regressionskoeffizient. CI = Konfidenzintervall. R-Quadrat = .174. Korrigiertes R-Quadrat = .138. Standardfehler des Schätzers = .747. Durbin-Watson-Statistik = 1.93.

Während Letztere einen zweiseitig signifikanten ($p < .001$) Zusammenhang (rho = -.353) zum TS-Interesse zeigt ($\alpha$ = 5 %), sind die Korrelationskoeffizienten der Big Five in keinem Faktor zweiseitig signifikant.

Der stärkste (rho = -.159) und dabei einseitig signifikante (p = .039) Zusammenhang scheint vom Faktor Emotionalität auszugehen. Der schwächste rho-Wert (-.009) mit dem schwächsten zweiseitigen Signifikanzwert (.918) liegt bei Verträglichkeit. So zeigt die Analyse hier für die Dimension Offenheit mit rho = .105 eine leichte, positive Korrelation, ist jedoch ebenfalls nicht signifikant, so dass sich die $H_{3.2}$ hier nicht signifikant bestätigt.

Um den quadratischen Zusammenhang für die $H_{3.1}$ zu überprüfen, wurden in Anlehnung an Kosfeld, Eckey und Türck (2016) in SPSS durch Quadrieren der UV-Werte neue Variablen berechnet. Die Streudiagramme der transformierten Stanine Werte der jeweiligen Dimension (siehe Anhang N: Abb. 26 und Abb. 27) zeigen weder eindeutig lineare noch klare nicht-lineare Zusammenhänge. Die voneinander unabhängigen R-Quadrat-Werte (.003 bis .009) lassen auf eine geringe Güte eines quadratischen Modells schließen. Um dies zu prüfen und eine Drittvariablenkontrolle zu ermöglichen, wurde für die $H_{3.1}$ eine multiple, lineare Regressionsanalyse mit den quadrierten Stanine Werten der betroffenen Faktoren sowie mit der Kontrollvariable Geschlecht durchgeführt. Die Voraussetzungen, die für dieses Verfahren gelten (Backhaus, Erichson, Plinke & Weiber, 2015; Field, 2013; Tabachnick & Fidell, 2014), können dabei für das zu überprüfende Regressionsmodell der $H_{3.1}$ als erfüllt betrachtet werden (Anhang N: Tabelle 97, Nachweise hierzu befinden sich darüber hinaus in der Tabelle 98 sowie in der Abb. 26, Abb. 27, Abb. 28 und Abb. 29 im Anhang N).

In diesem linearen Regressionsmodell (Tabelle 38) wurde eine Güte von .174 (R-Quadrat) bzw. .138 (angepasstes R-Quadrat) erreicht. Für keinen Faktor, außer für die Kontrollvariable Geschlecht ($p < .001$), konnte ein signifikanter Effekt nachgewiesen werden (jeweils $p > .05$ bei $\alpha = 5$ %). Die Dimension Gewissenhaftigkeit weist mit p = .065 dabei den stärksten Signifikanzwert auf. Von den insgesamt niedrigen Regressionskoeffizienten B liegt dieser in den Faktoren Verträglichkeit (B = .008) und Gewissenhaftigkeit (B = -.008) am höchsten. Im Unterschied zur Spearman-Analyse (Tabelle 37) zeigt sich für die Dimension Verträglichkeit hier ein positiver Einfluss (nicht standardisierter Regressionskoeffizient B = .008), bei den anderen drei Faktoren ein negativer.

Aufgrund dieser Ergebnisse kann hier kein statistisch signifikanter quadratischer Einfluss seitens der Dimensionen Extraversion, Emotionalität, Verträglichkeit und Gewissenhaftigkeit nachgewiesen werden. Dabei liegt hier laut Cohen (1988) mit einer als Post-hoc-Analyse berechneten Power $(1 - \beta) = .94$ eine hohe Teststärke vor (Berechnung mit G*Power* siehe Mayr et al., 2007). Daher muss die $H_{0.3.1}$ beibehalten und die $H_{3.1}$ abgelehnt werden, so dass in beiden Unterhypothesen die Nullhypothesen ($H_{0.3.1}$ und $H_{0.3.2}$) als bestätigt gelten. Insgesamt kann damit die $H_{0.3}$ nicht verworfen werden.

## 4.5 Weitere Zusammenhänge

Neben den bereits untersuchten Zusammenhängen erscheint insbesondere der Altersaspekt eine Rolle zu spielen. Das höchste Interesse an TS (eher oder sehr interessiert) liegt dabei in den Altersgruppen der 31 bis 40 Jährigen (83 %), gefolgt von den 21 bis 30 Jährigen (71 %) (Anhang O: Tabelle 99). Während fast 60 % der 41 bis 50 jährigen Führungskräfte ebenfalls eher oder sehr an TS interessiert zu sein scheinen, ist dies bei den 51 bis 65 jährigen Befragten bei ca. 40 % der Fall. In der Gruppe der älteren Befragten liegt dabei sowohl der Anteil der teilweise interessierten (35 %) als auch der überhaupt nicht oder eher nicht interessierten TN (25 %) im Vergleich zu den anderen Altersklassen am höchsten. Die Verteilung des TS-Interesses Gesamt (Anhang O: Abb. 30) unterscheidet sich dabei laut dem Kruskal-Wallis-Test (Anhang O: Tabelle 100 und Tabelle 101) über die Altersgruppen hinweg auf einem 5-%-Niveau signifikant voneinander ($p < .001$).

In den drei verschiedenen Gruppen der aktuell ausgeführten oder angestrebten LV-Art (einschließlich PV) zeigen sich nur geringe Unterschiede im TS-Interessemaß (Anhang O: Tabelle 102). So sind etwa 69 % der projektverantwortlichen und jeweils ca. 64 % der fach- sowie der personalverantwortlichen Führungskräfte sehr oder eher an TS interessiert (Anhang O: Tabelle 103). Die Angaben zum teilweisen Interesse liegen in den Gruppen zwischen 15 und 18 %. Während rund ein Fünftel der Personalverantwortlichen eher nicht oder überhaupt nicht an TS interessiert zu sein scheinen, sind hierzu die Werte in den beiden anderen

LV-Gruppen etwas niedriger (Projekt-LV: 16 %; Fach-LV: 17 %). Wie der Mann-Whitney-U-Test zeigt (Anhang O: Tabelle 104 und Tabelle 105), liegt zwischen den Gruppen der Projektverantwortlichen und der Personalverantwortlichen, die in Bezug auf ihre Median- und Mittelwerte die größte Differenz vorweisen (Anhang O: Tabelle 102), kein signifikanter Unterschied vor ($p = .529$). Auch die Effektstärke r (.06), die analog zur Formel 10 und 10a berechnet wurde, ist hier nur sehr schwach ausgeprägt (Cohen, 1992).

Darüber hinaus zeigt die Kreuztabelle der auf ganze Skalenwerte gerundeten Interesse-Daten (Anhang O: Tabelle 106), dass etwa 62 % der Personen aus der Vollzeitgruppe und 92 % der Führungskräfte aus der Teilzeitgruppe sich eher oder sehr für TS interessieren. Innerhalb beider Gruppen verteilen sich die jeweils restlichen Prozentanteile relativ gleichmäßig auf die Interessemaße *teilweise interessiert, teilweise nicht* sowie *überhaupt nicht* und *eher nicht interessiert*. Damit scheint das Interesse in der Teilzeitgruppe höher zu liegen, was sich auch auf den Median leicht auswirkt (Teilzeit: 4.1; Vollzeit: 3.7) und sich sowohl im Schiefewert (Teilzeit: -2.19) als auch in der Kurtosis (7.532) widerspiegelt (siehe Anhang O: Tabelle 107). Dieser Unterschied im TS-Interesse zwischen den Vollzeit- und Teilzeitbeschäftigten bestätigt sich im Mann-Whitney-U-Test (siehe Anhang O: Tabelle 108 und Tabelle 109), der hierzu ein signifikantes Ergebnis ($p = .002$ bei $\alpha = 5$ %) ausweist. Der Effekt des Unterschieds, der sich hier analog zur Formel 10 und 10a aus dem Anhang L ergibt, ist dabei laut Cohen (1992) mit $r = .26$ als leicht- bis mittelstark einzuordnen.

# 5 Diskussion

Im Folgenden werden die Ergebnisse in Bezug auf die Stichprobe, den TS-FB sowie die Hypothesenprüfungen diskutiert. Nach einer darauf aufbauenden Beleuchtung von praktischen Implikationen und Handlungsempfehlungen erfolgt die Reflexion des Verfahrens, der Methodik sowie der Interpretationen, wobei Limitationen hierzu aufgezeigt werden.

## 5.1 Interpretation der Ergebnisse

Wie angestrebt, enthält die Stichprobe vor allem Akademiker (84 %), deren Anteil sich bspw. im Vergleich zur Studie von Franz und Voss-Dahm (2011) erhöht hat. Dies ist mit den von ihnen festgestellten, höheren Bildungsabschlüssen in jüngeren Altersgruppen zu erklären. Im Einklang mit Zahlen der Europäischen Kommission (2016) liegen hier kaum geschlechterbezogene Bildungsunterschiede vor (Anhang H: Tabelle 56). Auch ist eine gut verteilte Altersstruktur mit einem Fokus auf Personen im Alter bis 49 Jahren gelungen (Anhang H: Tabelle 54, Tabelle 55). Während das Durchschnittsalter der Männer mit ca. 44 Jahren so hoch ist wie Holst et al. (2015) berichten, ist das durchschnittliche Alter der Frauen mit ca. 37 Jahren etwas niedriger als von ihnen in 2015 festgestellt (42 Jahre). Auch bestätigt sich, dass der Frauenanteil unter den jüngeren Führungskräften höher ist als bei den älteren (siehe Holst et al., 2015).

Die Teilzeitquote unter den Führungskräften mit ca. 15 % liegt hier höher als die deutschlandweite Quote von 6 % (Europäische Kommission, 2016), was mit dem hohen Interesse von Teilzeitkräften am Studienthema zusammenhängt. Ein Geschlechterunterschied, der sich in einem höheren Frauenanteil widerspiegelt (Tabelle 14), ist ebenfalls zu beobachten (siehe Günther, Körner & Marder-Puch, 2015). Darüber hinaus weist die Stichprobe, wie beabsichtigt, ein relativ ausgeglichenes Verhältnis der ausgeübten LV-Arten (Tabelle 15) auf. Außerdem wurde der an Holst et al. (2015) angelehnte, hier angestrebte Mindestanteil von Frauen (29 %) und Männern (37 %), die mit mindestens einem Kind in einem Haushalt leben, in beiden Gruppen übertroffen (Frauen: 36 % und Männer: 54 %). In Bezug auf regionale Unterschiede im TS-Interesse


E. Himmen, *Topsharing*, BestMasters,
https://doi.org/10.1007/978-3-658-24413-2_5

lässt die Stichprobe keine verlässlichen Unterschiedsaussagen zu, da außer den 107 Teilnehmern aus NRW in Anlehnung an Schäfer und Schöttker-Königer (2015) die Gruppengrößen der Befragten aus anderen Bundesländern (n ≤ 8) jeweils zu gering erscheinen (siehe Anhang H: Tabelle 65).

Themenbezogen fällt der hohe Anteil der Führungskräfte (64 %) auf, die weder von TS-Beispielen gehört haben, noch Personen kennen, die im TS arbeiten (Anhang I: Tabelle 66), was bei Männern stärker der Fall ist als bei Frauen. Diese hohe Unkenntnis ist durchaus überraschend, da Jobsharing auf Führungsebene in Deutschland bereits in den 1980er Jahren erstmals bekannt geworden ist (Baillod, 2001; Ley, 1993) und der TS-Begriff seit 1998 existiert (Kuark, 2003). Auch wurde bereits von vielen TS-Praxisbeispielen positiv berichtet (z. B. Amstutz & Jochem, 2014; Brocklebank & Whitehouse, 2003; Dimitri, 2014; Domsch et al., 1994; Eberhardt & Majkovic, 2015; Ekrod, 2016; Ellwart et al., 2016; Kuark, 2003; Portmann & Stofer, 2001). Dies bestätigt jedoch, dass TS immer noch als neues Arbeitsmodell gilt (Ellwart et al., 2016; Gärtner et al., 2016) und lässt hier, wie in der Schweiz (Amstutz & Jochem, 2014), in Bezug auf TS-Angebote der Arbeitgeber ein Informationsdefizit vermuten.

Umso wichtiger erscheint die Erfragung des Zustimmungsgrads zu den dispositionalen und situationalen Gründen sowie zu den Bedingungen. Dies ermöglicht vielen Befragten einen gemäß der Interessetheorie notwendigen Erstkontakt mit dem Thema (Grotlüschen & Krämer, 2009). In Bezug auf die dispositionalen Gründe wird von den Teilnehmern den TS-Vorteilen stärker zugestimmt als den von TS abhaltenden Wirkungen möglicher Risiken (Tabelle 18). Durch den in der Gesamtbetrachtung festgestellten, höchsten Zustimmungsgrad (Median = 5) scheinen die gegenseitige Ergänzungsmöglichkeit durch unterschiedliche Kompetenzen (pG3) und die damit verbundenen Synergieeffekte (Baillod, 2002b; Tepe, 2014) wichtiger eingestuft zu werden als bspw. die Karrieremöglichkeit trotz Teilzeit (pG11). Dadurch bestätigt sich dem theoretischen Kollaborationsansatz entsprechend die Wichtigkeit eines gewissen Diversitätsgrades, wodurch die für TS entscheidende Elaboration maßgeblich verbessert werden kann (Franken, 2016; Ratzmann, 2015). Dem Karriereaspekt wird dabei seitens der Frauen etwas mehr zugestimmt (Median

= 4) als von den Männern (Median = 3). Während Frauen möglicherweise mit TS stärker die Chance auf Karriere assoziieren, könnte die Teilweise-Zustimmung der Männer mit den in klassischer Teilzeitführung häufig zu beobachtenden Karrierehemmnissen zusammenhängen (Huesmann & Gärtner, 2015). Dennoch sind insgesamt betrachtet die relativ geringen Unterschiede zwischen den Mittel- und Medianwerten der Frauen und Männer in ihren Zustimmungswerten hierzu durchaus überraschend. Dies steht in einem scheinbaren Widerspruch zu dem Geschlechterunterschied bzgl. tatsächlich ausgeübter Teilzeitarbeit auf Führungsebene (Europäische Kommission, 2016). Die hohen Zustimmungswerte könnten jedoch ein Indiz dafür sein, dass TS typische Nachteile klassischer Teilzeitführung (also einer einzelnen Teilzeitführungskraft pro Position) aufhebt (Amstutz & Jochem, 2014; Krone-Germann & de Chambrier, 2015) und daher ein breiteres Interesse der Führungskräfte bewirkt. Die geringen geschlechterbezogenen Unterschiede im Zustimmungsgrad der dispositionalen Gründe bestätigen dabei, dass sich immer mehr Männer partnerschaftliche Arbeitsmodelle wünschen (Bessing & Mahler Walther, 2011; Doppler & Lauterburg, 2014). Aufgrund der niedrigsten Streuung in dem eher zugestimmten Aspekt (pG14), dass durch TS ein zeitweise höheres Arbeitsaufkommen besser bewältigt werden kann, scheinen sich die meisten Befragten in diesem Punkt einig zu sein. Wo in klassischen Führungspositionen häufig viele Überstunden üblich sind (Europäische Kommission, 2017; Karlshaus, 2016), wird hier TS mit Entlastung assoziiert, was Männer noch etwas stärker an TS reizt als Frauen (Anhang I: Tabelle 68). Dass der Aspekt der vorstellbaren LV/PV-Teilung (pG10u) sowohl bei den Frauen (eher zustimmend) als auch bei den Männern (teilweise zustimmend) eine relativ starke Streuung aufweist (sd > 1.1), ist aufgrund mangelnder Vorbilder und Praxisbeispiele (Anhang I: Tabelle 66) in Anlehnung an Gärtner et al. (2016) nicht verwunderlich. Der etwas stärkere Zustimmungsgrad der Frauen könnte daran liegen, dass etwa 50 % von ihnen notwendige Rollenvorbilder haben, was die Vorstellbarkeit der LV-Teilung unterstützt.

In Bezug auf die insgesamt eher zugestimmten situationalen Gründe (Tabelle 19) liegen die stärkste Streuung (IQB = 2; sd = 1.27) und damit die höchste Uneinigkeit der Befragten unter anderem im Zeitgewinn-

Grund (sG2). Dennoch wurde diesem mit am stärksten zugestimmt, was in Verbindung mit dem Familienaspekt als meistgenannte Nutzung des Zeitgewinns im Einklang mit anderen Teilzeitstudien steht (Günther, Körner & Marder-Puch, 2015). Dass Frauen hier besonders zustimmen, hängt mit dem Wunsch vieler zusammen, Beruf und Familie gut miteinander zu vereinbaren (Hipp & Stuth, 2013). Dabei wird diesem Aspekt nicht nur von Teilzeitkräften (90 % der aktuellen Teilzeitkräfte), sondern auch im hohen Maße von Vollzeitkräften (65 % der aktuellen Vollzeitkräften) sehr oder eher zugestimmt (siehe Anmerkungen zur Tabelle 73 und Tabelle 74 im Anhang I). Offensichtlich sehen auch sie hierbei einen reizvollen Zeitgewinn, was die sowohl von Holst et al. (2015) als auch von Gärtner et al. (2016) berichteten Wünsche von Frauen und Männern nach Arbeitszeitreduzierung bestätigt.

Der hohe Zustimmungsgrad der Frauen bzgl. der Gehaltsfrage (sG1) könnte damit zusammenhängen, dass ihre Partner häufig in Vollzeit arbeiten (Günther, Körner & Marder-Puch, 2015) und daher ihre Gehaltseinbußen leichter zu verkraften wären (Anhang I: Tabelle 71 in Verbindung mit Anhang H: Tabelle 64). Dass darüber hinaus auch fast 40 % der Männer dieser Aussage eher oder sehr zustimmen und 22 % teilweise (Anhang I: Tabelle 71), steht im Einklang damit, dass Angebote zur Vereinbarkeit von Familie und Beruf häufig wichtiger eingestuft werden als das Gehalt (Szebel-Habig, 2016). Der trotz Uneinigkeit insgesamt eher zugestimmte Aspekt bestätigt, dass „...finanzielle Einbußen durch Teilzeitarbeit für Manager aufgrund ihrer höheren Einkommen kein Hinderungsgrund für eine Arbeitszeitreduzierung sein [dürften]" (Hipp & Stuth, 2013, S. 105; siehe auch Scherz, 2016). Somit hängt der Grad der Zustimmung hierbei mit der Höhe des eigenen Gehalts zusammen.

Dass auch die Antworten zu dem Aspekt der teilbaren Leitungsaufgaben (sG3u) eine starke Streuung aufweisen, ist wieder mit den mangelnden, aber notwendigen Rollenvorbildern (siehe Anhang I: Tabelle 66) zu erklären (Gärtner et al., 2016). Grundsätzlich zeigen die genannten TS-Risiken (sG6 und sG8) bei Männern eine etwas stärker von TS abhaltende Wirkung als bei den Frauen. Dies könnte mit der von Frauen höher wahrgenommenen Notwendigkeit einer Teilzeitstelle einhergehen (Hipp & Stuth, 2013), so dass sie zum Erreichen ihres Ziels der Vereinbarkeit von Familie und Beruf stärker bereit sind, hierfür Risiken einzugehen. Die im TS zu erwartende Erfüllbarkeit impliziter Rollenerwartungen seitens der Vorgesetzten (sG11) und der Kollegen (sG10) wird grundsätzlich sowohl von Frauen als auch von Männern eher positiv bewertet. In Bezug auf die Erwartungen von Mitarbeitenden (sG7) und Kunden (sG5) sehen Frauen (Median = 4) dies etwas optimistischer als Männer (Median = 3). Grundsätzlich jedoch scheint sich hier die von Bischoff (2010) und Werther (2016) festgestellte, von Teilzeitführung abhaltende Wirkung impliziter Erwartungen des beruflichen Umfelds, zumindest theoretisch gesehen, größtenteils nicht zu bestätigen. In 10 von 16 dispositionalen Items liegt der Zustimmungsgrad höher als in den meisten situationalen Gründen, was damit zusammenhängen könnte, dass situationale Aspekte eventuell anfälliger für nicht beeinflussbare Risiken von außen sind. Die Ergebnisse bestätigen die Interessetheorie insofern, dass sowohl dispositionale als auch situationale Aspekte das Interesse beeinflussen (Grotlüschen, 2010; Schiefele, 2009).

Die Bedingung bzgl. des TS-Partners, die hier den stärksten Zustimmungsgrad aufweist (Tabelle 20), stellt das Teilen ähnlicher Werte dar (B6), wodurch sich laut der Theorie der sozialen Identität ein Wir-Gefühl entwickeln kann (Ratzmann, 2015). Dies steht im Einklang mit verschiedenen Praxisberichten (Daniels, 2011; Ellwart et al., 2016). Eine auf Vertrauen basierende, gute zwischenmenschliche Basis zwischen den TS-Partnern wird von den Befragten, wie auch von Werther (2016), als entscheidend eingestuft. Dass das Teilen ähnlicher Werte bedeutsamer zu sein scheint als eine ähnliche Arbeitsweise (Baillod, 2002b; Daniels, 2011), bestätigt sich ebenfalls. Seitens des Arbeitgebers wird von den Befragten vor allem die austauschtheoretisch zu erklärende Unterstützung des TS-Tandems durch die Führungsriege und die Anerkennung von TS als gleichwertiges Karrieremodell (B1) als wichtigste Bedingung bestätigt (Tabelle 20). Passend hierzu sehen Gärtner et al. (2016) sowie MacDermid et al. (2001) die Unterstützung der Vorgesetzten als wichtigsten Erfolgsfaktor für flexible Arbeitsmodelle. Da weniger als die Hälfte der TN die Akzeptanz des TS-Modells durch die Kunden als besonders wichtig erachten, scheinen die innerorganisationale Unterstützung und die passende Auswahl der TS-Partner hier wichtiger zu sein. Insgesamt betrachtet, bietet diese Studie somit als Antwort auf die Forschungsfrage F2 neben den Bedingungen eine Vielzahl von dispositionalen und situationalen Beweggründen für das Interesse an TS.

Hinsichtlich der interesseerhebenden Items zeigt sich sowohl bei Frauen als auch bei Männern ein relativ hohes TS-Interesse. Während Kelso (2012) von 60 % der Frauen und 33 % der Männer in der Schweiz berichtet, die an Jobsharing interessiert wären, wenn der Arbeitgeber dies anbieten würde, wäre dies hier in Bezug auf TS für 87 % der Frauen und 71 % der Männer, zumindest in der theoretischen Umfragesituation, persönlich vorstellbar (I5u in Tabelle 23). Dass fast 40 % der Führungskräfte (Frauen: 42 %, Männer: 34 %) zum Zeitpunkt der Umfrage bestätigen, dass sie aktuell gerne im TS arbeiten würden und die Angabe, dass 73 % der Frauen und 47 % der Männer in den nächsten ein bis fünf Jahren sehr oder eher an TS interessiert wären, bestätigen das relativ hohe Interesse an diesem Arbeitsmodell. Im Gegensatz zu der von Bischoff (2010) festgestellten, ablehnenden Haltung von Führungskräften gegenüber klassischer Teilzeitführung zeigt sich hier grundsätzlich eine positive Einstellung seitens der Führungskräfte gegenüber TS, was mit dem Aushebeln der Nachteile klassischer Teilzeitführung zusammenhängen könnte (Krone-Germann & de Chambrier, 2015). Dabei zeigen sich geschlechterbezogene Unterschiede, die jedoch geringer ausfallen als erwartet. Die männlichen Führungskräfte scheinen viel interessierter an TS zu sein als ihre Teilzeitquoten in Führungspositionen zu erwarten ließen (Europäische Kommission, 2016). Aus diesen relativ hohen Zustimmungsgraden der Interesse-Items resultieren Gesamt-Interessemaße, die sich zwischen den Geschlechtergruppen dennoch signifikant unterscheiden (Tabelle 28 und Tabelle 29: $p = .001$ bei $\alpha = 5$ %). Die hohe Post-hoc-Teststärke der Hypothesenprüfung $H_1$ (.91) unterstreicht dabei das Ergebnis (Mayr et al., 2007). Dieses Resultat ist aufgrund des Frauenanteils in Führungspositionen (Holst & Kirsch, 2016), des überwiegenden Frauenanteils in der Teilzeiterwerbstätigkeit (Szebel-Habig, 2016; Wanger, 2015) und des Wunsches vieler Frauen nach Vereinbarkeit von Familie und Beruf (Szebel-Habig, 2016) durchaus erwartungskonform. Der nur schwache bis mittlere Effekt ist mit der relativ geringen Unterschiedsdifferenz im TS-Interesse zu erklären. Dass dabei fast drei Fünftel (57 %)

der Männer eher oder sehr an TS interessiert zu sein scheinen sowie 20 % teilweise (Anhang L: Tabelle 85) und gleichzeitig 54 % der Männer eher oder sehr gerne im TS arbeiten würden, um mehr Zeit außerhalb der Arbeit zur Verfügung zu haben (sG2, siehe Anmerkung zur Tabelle 75 im Anhang I), unterstreicht den Wunsch nach reduzierter Arbeitszeit (Gärtner et al., 2016).

Da soziale Rollen einen wichtigen Einfluss auf Teilzeiterwerbstätigkeit ausüben (Steffens & Ebert, 2016; Szebel-Habig, 2016), überrascht das nicht signifikante kinderabhängige Ergebnis der Hypothesenprüfung $H_2$. Die in der Post-hoc-Analyse festgestellte, schwache Teststärke $(1 - \beta)$ von .33 verdeutlicht, dass die Wahrscheinlichkeit, einen bestehenden Effekt in der Stichprobe als signifikant nachzuweisen, hier sehr gering ist, so dass möglicherweise die Gruppen der Personen mit und ohne Kinder größer sein müssten.

Eine Erklärung für das relativ hohe Interesse in beiden Gruppen könnte einerseits darin liegen, dass unter Berücksichtigung der Zeitgewinnnutzungsangaben (Anhang I: Tabelle 75) neben dem vorrangig zugestimmten Familienaspekt (79 %) auch Freizeitaktivitäten (47 %), Gesundheitsvorsorge (19 %) und berufliche Weiterbildung (18 %) wichtige Rollen spielen. Andererseits könnte der signifikante, jedoch nur leichte bis mittlere Unterschiedseffekt (Cohen, 1992) zwischen den Frauen mit und ohne Kind und das ähnlich starke Interesse der männlichen Führungskräfte mit und ohne Kind (Tabelle 32) daran liegen, dass soziale Aspekte (Grotlüschen, 2010), wie z. B. Familienplanungsabsichten, hier die Beantwortung der TN beeinflusst haben. Dies wurde zum einen von zwei Teilnehmerinnen (DS 20, DS 49) im Kommentar angegeben. Zum anderen lassen die hohen Zustimmungswerte in den jüngeren Altersgruppen beider Geschlechtergruppen (vor allem der 31 bis 40 Jährigen) zu dem Aspekt, dass TS innerhalb der nächsten ein bis fünf Jahre interessant werden könnte (I3), dies vermuten (Anhang P: Tabelle 110). Das relativ hohe TS-Interesse als Antwort auf die Forschungsfrage F1 unterstreicht die immer wichtigere Rolle von Flexibilität und Selbstbestimmtheit hinsichtlich der Arbeitszeit (Scherz, 2016).

Was die Persönlichkeit und deren Einfluss betrifft, bestätigt sich durch die in der Stichprobe am stärksten ausgeprägten Dimension, dass viele Führungskräfte eine relativ starke Ausprägung (Median = 6 von 9, siehe Tabelle 24) im Faktor Extraversion aufweisen (Dörr, 2008). Auch die anderen Big Five Dimensionen zeigen in ihren Medianwerten, dass gemäß der Führungsforschung die meisten TN eine empfohlene mittlere Ausprägung vorweisen (Judge et al., 2002; Lang, 2009). In Bezug auf die Hypothesenprüfung $H_3$ und damit auf die Forschungsfrage F3 überrascht daher zunächst, dass für die Dimensionen Extraversion, Emotionalität, Verträglichkeit und Gewissenhaftigkeit der angenommene, quadratische Zusammenhang zum TS-Interesse statistisch nicht signifikant nachgewiesen werden kann (Tabelle 38). Die in der Post-hoc-Analyse festgestellte, hohe Teststärke (1 – β) von .94 unterstützt die Aussagefähigkeit dieses Signifikanzergebnisses. Dabei erklärt das überprüfte Regressionsmodell nur etwa 14 % (korrigiertes R-Quadrat: .138) der Varianz im TS-Interesse in dieser Stichprobe. Der Regressionskoeffizient B ist bei Verträglichkeit wie aufgrund des Zusammenhangs zwischen den Big Five und Sozialkompetenz (Lang, 2009) sowie beruflicher Leistung (Mount et al., 1998; Tett et al., 1991) zu vermuten war, im Vergleich zu den anderen Faktoren mit am stärksten. Er zeigt jedoch nur einen geringen Einfluss (.008) und ist dabei genauso hoch wie der vom Faktor Gewissenhaftigkeit. Dass zwischen Verträglichkeit und dem TS-Interesse dabei auch nur ein geringer linearer Zusammenhang vorliegt (rho = .009), steht einerseits im Einklang mit den Forschungsergebnissen zu Führungserfolg (Judge et al., 2002; Stiehl & Bergner, 2014). Andererseits ist dies aufgrund des von Lang (2009) nachgewiesenen, bedeutsamen Zusammenhangs zwischen Verträglichkeit und den Sozialkompetenz-dimensionen, die für TS entscheidend sind (Stamatiadis, 2002), überraschend.

Dass der Regressionskoeffizient B bei Gewissenhaftigkeit als stärkster Signifikanzwert (p = .065) mit höchstem Betawert (-.17) ausgewiesen wird, deutet auf einen leichten, quadratischen Zusammenhang hin. Die Kontrollvariable Geschlecht zeigt einen negativen, signifikanten und mittelstarken Einfluss (B = -.612 bei Beta = -.38), was im Einklang mit der Erkenntnis aus der Überprüfung der $H_1$ steht. Da Extraversion in Kontexten, die wie bei TS Kooperationsfähigkeit erfordern, eine wichtige Rolle spielt (Ten Berge et al., 2002), ist der schwache nicht signifikante lineare Zusammenhang genauso überraschend wie der statistisch nicht nachweisbare quadratische Einfluss auf das TS-Interesse. Der positive und lineare Zusammenhang zum TS-Interesse seitens Offenheit ist aufgrund der damit verbundenen Neugierde in seiner Richtung erwartungskonform (Schlabes, 2016; Zhao et al., 2010). Dass diese Korrelation nur relativ schwach und dabei statistisch nicht signifikant ist, überrascht ebenfalls.

Eine Erklärung für diese Ergebnisse insgesamt könnte darin liegen, dass Persönlichkeitsausprägungen durchaus in Bezug auf Führungserfolg (Barrick & Mount, 1993; Judge et al., 2009) und Sozialkompetenz (Lang, 2009) eine wichtige Rolle spielen. Das TS-Interesse wird dabei jedoch möglicherweise in erster Linie von situationalen Aspekten bestimmt und entspricht damit eventuell vorrangig einem situationalen Interesse (Knogler et al., 2015). Ein potentieller Einfluss der Persönlichkeit könnte daher durch äußere Stimuli überlagert werden. Dies schließt bspw. Lebensumstände wie Familienplanung oder den Wunsch nach mehr Zeit für Freizeitaktivitäten oder berufliche Weiterbildung ein. Dennoch zeigen die Zustimmungswerte zu den dispositionalen Gründen, dass persönliche Aspekte hierbei eine wichtige Rolle spielen. Voraussagen bzgl. des TS-Interesses lassen sich daher nicht mit einem quadratischen Regressionsmodell für Extraversion, Emotionalität, Verträglichkeit und Gewissenhaftigkeit (kontrolliert von Geschlecht) treffen. Da sich auch der vermutete, lineare Zusammenhang zwischen Offenheit und dem TS-Interesse nicht signifikant bestätigt, lautet die Antwort auf die Forschungsfrage F3, dass der potentielle Einfluss der individuellen Persönlichkeit nicht der aus der Literatur abgeleiteten Erwartung entsprechend nachgewiesen werden kann.

## 5.2 Praktische Implikationen und Handlungsempfehlungen

Wie die hohe Unkenntnis in Bezug auf TS-Praxisbeispiele bei gleichzeitig vorhandenem Interesse zeigt, sollten viel mehr Unternehmen TS als gleichwertiges Karrieremodell anbieten. Dabei ist das TS-Angebot seitens der Arbeitgeber unbedingt transparent zu gestalten, um ein mögliches Informationsdefizit zu vermeiden (Amstutz & Jochem, 2014). Es ist dabei so zu formulieren, dass einer Stigmatisierung in Richtung Mütter und Kinderbetreuung vorgebeugt wird (Gärtner et al., 2016). Letzteres ist vor allem deshalb wichtig, da der Zeitgewinn zwar größtenteils für Familienzeit genutzt werden würde (siehe Anhang I: Tabelle 75), der Anteil der interessierten Männer einerseits dabei jedoch nicht unerheblich ist und andererseits auch Aspekte wie Freizeitaktivitäten, berufliche Weiterbildung oder Gesundheitsvorsorge eine wichtige Rolle spielen. Der hohe Anteil an TS interessierter Vollzeitführungskräfte (Anhang O: Tabelle 106) und der gleichzeitige relativ hohe Zustimmungsgrad zum Entlastungsaspekt (pG14, Tabelle 18), insbesondere bei den Männern (Anhang I: Tabelle 68), bestätigt, dass Unternehmen mit TS dem Arbeitszeitreduzierungswunsch entlastend und dadurch motivationsfördernd begegnen können und sollten (Gärtner et al., 2016). Dies würde dazu beitragen, die eigenen Führungskräfte nicht zu „verschleißen" (Karlshaus, 2016, S. 70), sondern an sich zu binden und die Arbeitgeberattraktivität zu erhöhen (Dorozalla, 2013; Karlshaus, 2016). Dass TS innerhalb der nächsten ein bis fünf Jahre für 73 % der Frauen und 47 % der Männer (I3, siehe Tabelle 23) ein für sie persönlich interessantes Arbeitsmodell darstellt, unterstreicht diesen Aspekt.

Damit ein solches Angebot auch angenommen wird, stellen die volle Unterstützung und die Akzeptanz des TS-Modells durch die Führungsriege (B1) unbedingt zu erfüllende Voraussetzungen dar (Gärtner et al., 2016; MacDermid et al., 2001). Wie die Angaben in den sonstigen Bedingungen zeigen (Anhang I: Tabelle 79), sollte die organisationale Unterstützung neben der Zurverfügungstellung eines gemeinsamen Arbeitsraums mit zwei Arbeitsplätzen auch Kommunikationstools (z. B. IT-Lösungen) einschließen, um den Abstimmungsaufwand als Job-Partner gut zu bewältigen.

Im Zuge des sich ab 2020 verstärkenden Fach- und Führungskräftemangels (Nagel-Jachmann, 2016; Szebel-Habig, 2016) sollte der hier festgestellte, signifikante Geschlechterunterschied ($H_1$) von Unternehmen unbedingt als Chance wahrgenommen werden, um zum einen die Auswahlmöglichkeiten in der Rekrutierung von Führungskräften zu erhöhen (Schirmer, 2016) und zum anderen den Frauenanteil auf Führungsebene zu steigern (Ruppert, 2016). Dies setzt jedoch voraus, dass TS als sanktionsfreier Karriereschritt angeboten wird (Szebel-Habig, 2016). Der nur leichte bis mittlere geschlechterbezogene Unterschiedseffekt (bei bestehendem beidseitigen Interesse) lässt darauf schließen, dass ein TS-Angebot seitens der Arbeitgeber möglicherweise eine größere Bereitschaft bei Männern erzeugt, in Teilzeit zu arbeiten, was den Erkenntnissen der TS-Literatur entspricht (Bessing & Mahler Walther, 2011; Krone-Germann & de Chambrier, 2015). Daher sollte TS sowohl für Frauen als auch für Männer angeboten werden, um dem beidseitigen Teilzeitwunsch zu entsprechen (Holst et al., 2015) und auch Männer damit zu entlasten (Karlshaus, 2016). Die resultierende Notwendigkeit eines für alle Führungskräfte bestehenden TS-Angebots wird auch aus dem zusätzlich betrachteten Altersaspekt im Interesse an TS deutlich. Obwohl insbesondere in den jüngeren Altersgruppen (bis 40 Jahren) das Interesse besonders stark ist, kann laut dem geäußerten Interesse der 51 bis 65 Jährigen TS auch zur Altersinklusion beitragen. Daher sollten Unternehmen das TS-Angebot ebenfalls dafür nutzen, den Wissenstransfer sicherzustellen, für Entlastung der älteren Führungskräfte zu sorgen und ihnen einen guten Übergang zum Ruhestand zu ermöglichen (Baillod, 2002a).

Aufgrund des ähnlichen Interessemaßes über die LV-Arten hinweg (Anhang O: Tabelle 102) sollte ein TS-Angebot unabhängig vom Karrieremodell (Projekt-, Fachlaufbahn und/oder Mitarbeiterführung) gelten. Da kein signifikanter, genereller kinderabhängiger Unterschied nachgewiesen wurde ($H_2$), erscheint es sinnvoll, dass TS unabhängig von diesem Aspekt für alle Führungspositionen angeboten wird. Dass unter den Frauen dennoch ein signifikanter kinderbezogener Unterschied vorliegt, sollte Arbeitgeber motivieren, durch TS die Vereinbarkeit von Familie und Beruf auch für Führungskräfte zu verbessern (Szebel-Habig, 2016). Wie das Zeitgewinnnutzungsergebnis zeigt, gilt der Wunsch nach mehr Familienzeit, wie Bessing und Mahler Walther (2011) bestätigen, dabei auch für Männer (Anhang I: Tabelle 75). Bei der Auswahl der TS-Partner ist neben der gegenseitigen Vertretungsmöglichkeit unbedingt auf eine Kompetenzergänzung zu achten. Hierin wird sowohl seitens der Literatur (Baillod, 2002b; Tepe, 2014) als auch seitens der Befragten ein besonderer Vorteil im TS gesehen (pG3, Tabelle 18). Da das Teilen ähnlicher Werte (B6) und eine von Vertrauen geprägte, zwischenmenschliche Basis eine Grundvoraussetzung für den TS-Erfolg darstellt (Werther, 2016), sollten sich die Partner unbedingt vor der Tandemfestlegung kennenlernen und sympathisch finden. Dass hierbei die Betroffenen Einfluss auf die Auswahl des eigenen TS-Partners haben sollten, scheint bedeutsam zu sein. Stehen die Partner schließlich fest, sind sie durch unterschiedliche Maßnahmen (z. B. Coaching, Kommunikationstools) zu begleiten und zu unterstützen (Schreyögg, 2005; Werther, 2016).

Aufgrund der hohen Reliabilitätswerte, der inneren Validität sowie der bestätigten Zusammenhänge zwischen den Big Five und der Sozialkompetenz (Lang, 2009) ist der 5DDP (Ibrahimovic & Bulheller, 2008) zur Rekrutierung von TS-Partnern sehr zu empfehlen. Wegen der nicht bestätigten $H_3$ und noch fehlender, sonstiger Erkenntnisse bzgl. eines Einflusses der Big Five auf das TS-Interesse sollte dieses durch ein persönliches Gespräch eruiert werden, wobei die hier genutzte Interesseskala ergänzend genutzt werden könnte.

## 5.3 Reflexion und Limitationen

### 5.3.1 Verfahrens- und Methodenreflexion sowie -limitationen

In dieser Umfrage wurde im Vergleich zu anderen Online-Studien eine hohe Ausschöpfungsquote des TS-FBs (Bandilla, Kaczmirek, Blohm & Neubarth, 2009) von ca. 90 % und eine auf beide Umfrageteile bezogene hohe Beendigungsquote von ca. 87 % (vom Gesamtsample eingeladener TN, siehe Tabelle 12) erreicht. Dies könnte mit der zum Teil aktiven Stichprobenrekrutierung zusammenhängen (Pötschke, 2009). Darüber hinaus haben sicherlich, wie von Maurer und Jandura (2009) empfohlen, der Vorabkontakt, die persönliche Anrede sowie die teilweise wiederholte Erinnerung dazu beigetragen. Der hierfür zu betreibende Aufwand mit bis zu zwei Erinnerungen hielt sich im Unterschied zur Aussage von Wagner und Hering (2014) in einem akzeptablen Rahmen. Die Höhe der erreichten Quoten hängt jedoch auch damit zusammen, dass nur die Interessenten bei der Berechnung berücksichtigt werden konnten. Die niedrige Abbruchquote von 3.7 % in Bezug auf die komplette Umfrage spiegelt ein hohes Interesse am Studienthema wider (Thielsch & Weltzin, 2012).

Auch wenn Versuchsleiter- und Gruppeneffekte wegfallen (Thielsch & Weltzin, 2012) und Effekte sozialer Erwünschtheit (Hlawatsch & Krickl, 2014) aufgrund der Online-Umfrage reduziert werden (Wagner & Hering, 2014), sind Letztere nicht völlig auszuschließen (Lang, 2009). Um das Risiko eines kritischen Ausstiegs in der Mitte der Umfrage (Thielsch & Weltzin, 2012) zu reduzieren, wurde der mit dem Anreiz verbundene 5DDP an zweite Stelle gesetzt. Der hohe Anteil der TN (86 %), die das Angebot einer 5DDP-Auswertung für sich in Anspruch nahmen, zeigt, dass dieser Anreiz, wie empfohlen (Benit & Soellner, 2012; Reuband, 2014), hier wirksam war. Die Bearbeitungszeit, die auf dem vom Unipark System für den TS-FB angegebenen Median mit knapp 14 Minuten und der für den 5DDP geltende Durchschnitt von 10 bis 15 Minuten basiert, liegt über der empfohlenen Maximalzeit für Online-Studien von 15 Minuten (Wagner & Hering, 2014). In Bezug auf die hohe Spannweite (zwischen 7 und 50 Minuten) ist nicht festzustellen, ob diese äußeren Störungen geschuldet oder aufgrund aktiver Bearbeitung entstanden ist. Dennoch wird die mittlere Gesamtbearbeitungszeit von knapp 24 bis 29 Minuten aufgrund des individuellen Nutzens und der geringen Abbruchquote als zumutbar eingestuft.

Irrtümlicherweise wurde zunächst angenommen, dass als Matching-Code der beiden Umfrageteile dasselbe Zugangspasswort nutzbar wäre. Aus datenschutzrechtlichen Gründen ist jedoch ein kombinierter Export von Umfrageergebnis- und TN-Daten, wie z. B. das Passwort, nur auf Antrag zulässig, wenn dies vorab den Teilnehmern mitgeteilt wurde (Questback GmbH, 2017). Auch wenn für die zunächst personalisierte Umfrage ein vertrauensvoller Umgang mit den persönlichen Daten sowie eine für die Masterarbeit selbst anschließende Anonymisierung zugesichert und auch eingehalten wurde, erfolgte kein expliziter Hinweis auf eine Datenexportkombination, auf die dann auch verzichtet wurde. Zum Zeitpunkt der daher notwendigen Ergänzung des Matching-Code-Feldes hatten bereits 49 Personen an der Umfrage teilgenommen. Bei 40 Personen war eine Zuordnung der beiden Umfrageteile möglich. Dies war zulässig, da sie über die von ihnen angegebenen E-Mail-Adressen den für beide Umfrageteile genutzten Passwörtern zuzuordnen waren. Sie haben damit einer Verknüpfung des 5DDP-Tests mit dem TS-FB zugestimmt, denn andernfalls hätte die Auswertung nicht an die genannte E-Mail-Adresse verschickt werden können. Eine Person hatte bis zu diesem Zeitpunkt die Umfrage abgebrochen und acht TN gaben keine E-Mail-Adresse an, so dass Letztere zwar für die Überprüfung von $H_1$ und $H_2$, nicht jedoch für $H_3$ genutzt werden konnten. Dies hätte durch einen Pretest, der nicht nur die Befragung selbst sondern auch die Auswertungs- und Datenexportoptionen überprüft hätte, seitens der Autorin verhindert werden können, was für zukünftige Studien zu beachten ist.

Weder die Änderung der Variable *Geschlecht* als Pflichtfeld noch das Hinzufügen der Variable *Berufstätigkeit des Partners* wird als kritisch bewertet, da diese die Beantwortung anderer Fragen nicht beeinflussen. Dass aufgrund einer zu geringen Varianz in der Variable Bundesland hier keine verlässlichen Unterschiedsauswertungen vorgenommen werden können, entspricht einem typischen verfahrenstechnischen Risiko bei Ex-post-facto Anordnungen (Stein, 2014). Durch die Online-Befragung wurde eine hohe Datenqualität erzeugt und eine hohe Auswertungsobjektivität sichergestellt (Krebs & Menold, 2014). Während die Durchführungsobjektivität durch die Standardisierung der Fragebögen zum Teil realisiert werden kann (Krebs & Menold, 2014), reduziert das Onlineverfahren diese jedoch, da eine Störfaktorenkontrolle hier nicht möglich ist (Thielsch & Weltzin, 2012). Die Durchführungsobjektivität wird zudem durch potentielle Effekte der Reihenfolge von Fragen (Klöckner & Friedrichs, 2014) und/oder Antwortvorgaben (Franzen, 2014) eingeschränkt.

In Bezug auf die Interesseerhebung (Tabelle 22) wurde das Item I1 zur Sicherung der Durchführungsakzeptanz erfragt und nicht für die Interesseskala selbst. Das Item I5 entspricht einer hypothetischen Frage, die laut Porst (2014b) zu vermeiden ist, erscheint hier jedoch in Anlehnung an Kelso (2012) wichtig zu sein. Wie die Reliabilitätswerte der ursprünglich geplanten Interesseskala mit 12 Items zeigen (Anhang Q: Tabelle 111), wird hier zugunsten der Validität auf die Items I4 (*TS könnte in mehr als fünf Jahren interessant sein*) und I6 (*ich interessiere mich sehr für TS*) verzichtet, wobei sich dadurch Cronbachs Alpha der Skala leicht reduziert. Die an die Kurzfassung des revidierten FSI (Schiefele et al., 1993) angelehnte und gemäß Grotlüschen (2010) erweiterte sowie themenbezogen angepasste Interesseskala erreicht hier mit einem Cronbachs Alpha von .91 (Anhang Q: Tabelle 112) eine hohe Reliabilität (Krebs & Menold, 2014). Diese liegt mit ihren 10 Items sowohl über dem Cronbachs Alpha (.82) der revidierten FSI-Kurzfassung (acht Items) als auch über dem (.90) der revidierten Vollversion (18 Items) des FSI (Schiefele et al., 1993). Um die Test-Retest-Reliabilität zu erfassen, müsste das TS-Interesse mit der genutzten Skala wiederholt erhoben werden (Krebs & Menold, 2014). Da keine vergleichbaren Fragebögen bzgl. eines Arbeitsmodells existieren, kann außer zur Inhaltsvalidität, die gegeben zu sein scheint, keine Aussage zur Konstruktvalidität getroffen werden (Krebs & Menold, 2014). Eine Überprüfung der faktoriellen Validität (Krebs & Menold, 2014) kann jedoch im Rahmen dieser Arbeit nicht geleistet werden. So ergibt sich ein weiterer Forschungsbedarf hinsichtlich der Gütekriterien der hier genutzten Interesseskala.

Hinsichtlich der Priorisierung der Gründe wird im Nachhinein eine zu hohe Limitation festgestellt. Das Vorabfiltern auf Gründe pro TS, denen eher oder voll zugestimmt wurde bzw. auf Aspekte gegen TS, die eher oder voll abgelehnt wurden, setzt voraus, dass die TN ihre Hauptgründe priorisieren können. Dies müsste auch Personen möglich sein, die hier zum ersten Mal mit TS in Berührung kommen. Da jedoch zwei Drittel der Befragten kein TS-Rollenvorbild haben, wird in Frage gestellt, ob der Vorfilter der Vor-Priorisierung der TN entspricht, so dass von einer Priorisierungsauswertung abgesehen wird.

### 5.3.2 Interpretationslimitationen

Diese Studie zeigt ein klares, jedoch nicht repräsentatives Stimmungsbild pro TS auf. Durch das Kriterium, ob TN als Führungskräfte arbeiten oder eine solche Position anstreben, wurden diejenigen ausgeschlossen, die sich diesen Schritt noch nicht vorstellen können, obwohl sie möglicherweise irgendwann als Führungskraft tätig sein werden. In Bischoffs Studie (2010) war das im Rückblick bei 30 % der Frauen und 18 % der Männer in Führungspositionen der Fall. Dieses Risiko konnte durch ein breites Altersspektrum reduziert, jedoch nicht aufgehoben werden. Wie Döring und Bortz (2016) zeigen und hier durch einzelne Kommentare bestätigt wird (siehe Anhang I: Tabelle 84), ist die mittlere Kategorie der genutzten Likertskala nicht immer eindeutig zu interpretieren. Während diese eine teilweise Zustimmung ausdrücken soll, wurde sie auch dann gewählt, wenn die Antwortkategorie nicht passend erschien oder den Teilnehmern eine Ausweichkategorie fehlte.

Dass etwa zwei Drittel der TN keine Rollenvorbilder zu TS haben, limitiert zum Teil die Aussagefähigkeit der Interessemaße, vor allem jedoch die Interpretationsfähigkeit der dispositionalen und situationalen Gründe, die für viele TN einen Erstkontakt mit dem TS-Thema darstellen. Die Zustimmungswerte zu den Gründen sollten deshalb eher als Tendenz und nicht als Festlegung interpretiert werden. Es ist durchaus denkbar, dass zunächst vorgenommene Einstufungen durch nachfolgende Items, die Vor- und Nachteile von TS beleuchten, im Rückblick bei einer Neubewertung leicht abweichen würden. Da dies jedoch viele Befragte betrifft, scheinen sich die Ergebnisse als Tendenzen dennoch miteinander vergleichen zu lassen. Dass Effekte sozialer Erwünschtheit hier zwar durch die Methodenwahl reduziert wurden, aber nicht völlig auszuschließen sind (Hlawatsch & Krickl, 2014), limitiert ebenfalls die Interpretationsfähigkeit der Ergebnisse. Die untersuchten Zusammenhänge lassen dabei keine Kausalitätsaussagen zu, da die Daten in einem Querschnittsdesign erhoben wurden (Stein, 2014). In Bezug auf die Hypothesenprüfungen sind auch hier mögliche $\alpha$- sowie $\beta$-Fehler zu berücksichtigen (Döring & Bortz, 2016). Auch kann nicht mit Sicherheit davon ausgegangen werden, dass das erhobene Interessemaß bei einem TS-Angebot seitens des Arbeitgebers unbedingt zu einer Annahme eines solchen Angebots führen wird, da dieses bspw. in hohem Maße vom wahrgenommenen Commitment der Führungsriege (B1, siehe auch Kuark & Wyss, 2016) und der damit verbundenen, organisationalen Unterstützung abhängt (Dorozalla, 2013) abhängt. Inwiefern das erhobene Interesse damit einem tatsächlich handlungsleitenden Interesse entspricht (Jürgens, 2014), hängt von vielen Faktoren ab und bleibt deshalb in der Praxis abzuwarten.

# 6 Schlussbetrachtung

Da es in Deutschland im Rahmen wissenschaftlicher Forschung vorrangig qualitative Erhebungen zum Thema TS gibt (Ellwart et al., 2016), leistet diese Arbeit hierzu einen wichtigen quantitativen Beitrag. Sie hilft dabei, TS und das Interesse daran theoriebegleitet besser zu verstehen, zumal dieses Arbeitsmodell noch relativ wenig theoriebasiert erforscht wurde (Ellwart et al., 2016; Vine et al., 2008). Die praktische Relevanz des Themas ist nicht zuletzt damit zu begründen, dass sinnvolle flexible Arbeitsmodelle nötig sind, um dem in Zukunft drohenden Fach- und Führungskräftemangel zu begegnen (Schirmer, 2016; Szebel-Habig & Kaps, 2016). Wie die einleitenden Zahlen aus der Schweiz zeigen (Amstutz & Jochem, 2014) und auch Ruppert (2016) unterstreicht, stärkt und ermöglicht TS darüber hinaus das Thema Teilzeitführung.

Um den Einfluss der Persönlichkeit von Führungskräften auf ihr Interesse an TS zu erheben, sind sowohl die Erfassung des Interesses als auch die Messung der Persönlichkeitsausprägungen notwendig. Daher wurde im Mai/Juni 2017 eine Online-Umfrage mit insgesamt 146 Personen durchgeführt, die aktuell eine Führungsposition ausüben oder eine solche anstreben. Dies erfolgte sowohl mit einem dafür entwickelten Fragebogen (TS-FB) als auch mit dem validen und reliablen 5DDP-Test (Ibrahimovic & Bulheller, 2008). Der Stand der Forschung zu Teilzeitführung und Persönlichkeit zeigt den hohen Bedarf an Sozialkompetenz auf, die für Führungskräfte allgemein (von Rosenstiel et al., 2014) und insbesondere für TS-Partner von hoher Bedeutung sind (Kuark & Wyss, 2016). Daher wurde mit dem hier genutzten, berufsbezogenen Persönlichkeitstest der Einfluss der Persönlichkeit auf das TS-Interesse hinsichtlich einer aus der Literatur abgeleiteten Erwartung überprüft.

So basiert der Theoriebezug auf Persönlichkeitskonzepten (z. B. Costa & McCrae, 1992; Dörr, 2008; Lang, 2009), der Interessetheorie (z. B. Grotlüschen, 2010; Schiefele, 2009) sowie auf austausch- und kollaborationstheoretischen Ansätzen (z. B. Ratzmann, 2015; Turner & Reynolds, 2008). Die aus dem aktuellen Forschungsstand abgeleiteten und theoretisch fundierten Fragestellungen und Hypothesen wurden mit statistischen Analysen anhand einer Stichprobe, die in wichtigen Merkmalen


E. Himmen, *Topsharing*, BestMasters,
https://doi.org/10.1007/978-3-658-24413-2_6

der Zielgesamtheit ähnelt (Mayer, 2013), überprüft. Die aus TS-Berichten und der Interessetheorie resultierenden, dispositionalen und situationalen Gründe (Grotlüschen, 2010; Schiefele, 2009) sowie die austausch- und kollaborationstheoretisch begründbaren Bedingungen hinsichtlich TS zeigen eine Vielzahl von Interesse beeinflussenden Faktoren auf.

Wie der signifikante Geschlechterunterschied ($p < .05$) im eigentlichen TS-Interessemaß bestätigt, kann dieses Arbeitsmodell einen entscheidenden Beitrag zu Gender Diversity und Chancengleichheit auf Führungsebene leisten (Ruppert, 2016). Der hier jedoch nur geringe bis mittlere Unterschiedseffekt bei beidseitigem Interesse sowie die Beleuchtung der Fragestellungen zu Kinderabhängigkeit, Karrieremodellen und Alter machen ein breites TS-Angebot der Arbeitgeber notwendig. Dies setzt jedoch voraus, dass TS als gleichwertiges und sanktionsfreies Karrieremodell angeboten wird (Szebel-Habig, 2016). Dabei dient TS zum einen dazu, Führungskräfte wunschgemäß zu entlasten (Gärtner et al., 2016) und sie an den Arbeitgeber zu binden (Dorozalla, 2013; Werther, 2016). Zum anderen könnte TS durch Synergieeffekte (Tepe, 2014) und einer gesteigerten Problemlösungskapazität, die aus einer gegenseitigen Kompetenzergänzung resultiert (Van Knippenberg et al., 2004), zu einer verbesserter Führungsleistung beitragen.

Trotz des bereits nachgewiesenen Einflusses der Big Five auf die Sozialkompetenz (Lang, 2009) und des Zusammenhangs zwischen den Big Five und Führungserfolg (Barrick & Mount, 1991) konnte die hieraus abgeleitete zu erwartende Einflussrichtung der Big Five auf das TS-Interesse statistisch nicht nachgewiesen werden. Ob situationale Faktoren, wie individuelle Lebensumstände, hier eine überlagernde Wirkung zeigen, bietet eine Basis für weitere, mögliche Analysen. Insgesamt zeichnen die Ergebnisse dabei ein für die Praxis hochrelevantes Stimmungsbild auf, das deutlich für ein Interesse an TS spricht, spiegeln jedoch keine Repräsentativität wider. Damit bestätigt auch diese Studie die unbedingte Notwendigkeit der Flexibilisierung vorhandener Karrieremodelle (Gärtner et al., 2016; Karlshaus, 2016; Tepe, 2014).

Neben der theoretischen Grundlage, den Methoden und der Beschreibung der Ergebnisse werden im Rahmen der Diskussion auch verfahrensbezogene, methodische und inhaltliche Limitationen aufgezeigt. In Bezug auf die Überprüfung der Gütekriterien der hier genutzten und reliablen Interesseskala ergibt sich ein weiterer Forschungsbedarf. Das vorliegende Datenmaterial könnte darüber hinaus ein breites Forschungsfeld für weitere Unterschieds- und Zusammenhangsuntersuchungen hinsichtlich des TS-Interesses von Führungskräften bieten. Des Weiteren stellt sich die Frage, ob die Persönlichkeitsausprägungen einen anderen, bislang hier nicht untersuchten Einfluss auf das TS-Interesse haben. Auch erscheint der mögliche Einfluss von Motiven und des dabei zu berücksichtigenden, sozialisierten Machtmotivs (Dörr, 2008) mit Hilfe eines geeigneten und reliablen Verfahrens eine sich lohnende Forschungsfrage bzgl. des TS-Interesses zu sein.

# Anhang

## Anhang A: Ergänzung zu den theoretischen Grundlagen

Tabelle 39

*Beispiele für Anreize und Beiträge im TS*

| Austauschpartner | Möglicher Anreiz (Nutzen) | Eigener möglicher Beitrag (Kosten) |
|---|---|---|
| TS-Partner | Vertretungsmöglichkeit durch TS-Partner aufgrund gleicher Kompetenzen[a, b], Folge: verbesserte Work-Life-Balance | **Gleiche Kompetenzen: Vertretungsbereitschaft** gegenüber TS-Partner (Teamplayer), Erhöhte Motivation und Produktivität[g, h]; Konkurrenzrisiko[c]; Sich auf TS-Partner verlassen, **Vertrauen** |
| TS-Partner | Synergieeffekte durch gegenseitige Ergänzungsmöglichkeit in Kompetenzen[a, d]; wertvoller Erfahrungsschatz[e], Lernerfahrungen[d, f] | **Verschiedene Kompetenzen:** Bereitschaft, sich durch Kompetenzen zu ergänzen; Erfahrungen zu teilen (**Teamfähigkeit**); **Lernbereitschaft;** Konfliktrisiko eingehen[f], **Konfliktfähigkeit**; Konkurrenzrisikos wegen unterschiedlicher Kompetenzen eingehen[c], **Vertrauen** |
| TS-Partner | Höhere Zufriedenheit durch Aufteilung der Aufgaben nach Interessen[g, h] | Erhöhte Motivation und Produktivität durch Aufgabenteilung nach Interessen[g, h]; Fairness **(Teamfähigkeit);** Konkurrenzrisiko um beliebte Aufgaben[c] |
| TS-Partner | Teilen der Führungsverantwortung: Entlastung und Teilen von Erfolgen und Misserfolgen[c]; Besser nach der Arbeit abschalten können[c] | Teilen der Führungsverantwortung: **Bereitschaft, Erfolge/Misserfolge zu teilen**; mögliche wahrgenommene Rückstufung bzgl. Status in Kauf nehmen[i]; sich auf den TS-Partner verlassen (evtl. schlechter abschalten können) |
| Arbeitgeber | Karriere trotz Teilzeit möglich[b, j], **TS als anerkannter Karriereschritt** | Erhöhte Motivation und Produktivität des Topsharers[g, h], mögl. Karriereknick wegen Teilzeit[k] |
| TS-Partner | Entscheidungen fällen: Gewinnbringende Erörterungsmöglichkeit unterschiedlicher Perspektiven – Reflexions- und Feedbackmöglichkeit durch TS-Partner[b, e, l] | **Reflexions- und Feedbackbereitschaft** gegenüber dem TS-Partner[b, e, l]; Risiko widersprüchlicher Entscheidungen, Richtungskämpfe, Reibungsverluste[g], Konfliktpotential durch unterschiedliche Perspektiven[f], **Konfliktfähigkeit;** Risiko, von MAn gegenseitig ausgespielt zu werden[a] (**Commitment**) |
| Arbeitgeber, TS-Partner | genügend Zeit für aufgabenbezogene Abstimmung (z. B. **Überlappungszeiten**)[m], **Kooperationsbereitschaft** vom Partner | Zeitlicher, inhaltlicher Abstimmungsaufwand[n, o]; **Kooperationsbereitschaft** |
| TS-Partner | Zeitlichen Arbeitseinsatz selber bestimmen (bis 32 Std./ Woche), Folge: Entlastung[g]; bessere Work-Life-Balance[m], bessere Bewältigung von höherem Arbeitsaufkommen durch Aufstockmöglichkeit[g, k] | Zeitlichen Arbeitseinsatz selber festlegen: Erhöhte Motivation und Produktivität[g]; Bereitschaft, auf Partner Rücksicht zu nehmen, **Kooperationsbereitschaft,** Hoher Zeitinvest für Vielzahl der Aufgaben[i]; Befürchtete Folge: Zeitdruck statt Entlastung[i] |

*Anmerkungen.* MAn = Mitarbeitenden. TS = Topsharing. Aus der Literatur resultierende Bedingungen sind in der Tabelle fett dargestellt. Quelle: In Anlehnung genannter Literatur.

[a](Baillod, 2002b). [b](Werther, 2016). [c](Daniels, 2011). [d](Tepe, 2014). [e](Kuark & Wyss, 2016). [f](Ellwart et al., 2016). [g](Karlshaus, 2016). [h](Kuark, 2003). [i](Bischoff, 2010). [j](Ruppert, 2016). [k](Szebel-Habig, 2016). [l](Von Au, 2017).[m](Huesmann & Gärtner, 2015). [n](Krone-Germann & de Chambrier, 2015). [o](Steffens & Ebert, 2016).


E. Himmen, *Topsharing*, BestMasters,
https://doi.org/10.1007/978-3-658-24413-2

Tabelle 40

*Weitere Beispiele für Anreize und Beiträge im TS*

| Austauschpartner | Möglicher Anreiz (Nutzen) | Möglicher Beitrag (Kosten) |
|---|---|---|
| TS-Partner | Vertrauensbeziehung zwischen Job-Partnern[a, b] | Fähigkeit und Bereitschaft zu **vertrauen**; Konkurrenzrisiko[a] |
| Arbeitgeber | Gehalt ausreichend hoch[c], **Faires Gehalt** | Gehaltseinbußen[d, e] |
| Arbeitgeber | Höherer Zeitbedarf z. B. für Familie durch TS trotz Führungsposition realisierbar[d, f, g], höhere Work-Life-Balance[h] | Höhere Motivation und Produktivität durch höhere Zufriedenheit[i]. Zeitbedarf evtl. auch ohne TS ausreichend realisiert[c], kein Vorteil durch TS |
| TS-Partner | interessen- und kompetenzbezogene Aufgabenteilung[i, j, k] | Abstimmungsprobleme, Reibungsverluste und Info-Defizit[i], **Kooperations- und Konfliktbereitschaft, Fähigkeit zum Delegieren und Loslassen von Verantwortung** |
| berufliches Umfeld (MA, Kollegen, Vorgesetzte) | **Anerkennung und Unterstützung des TS-Modells im Unternehmen** – dadurch Erwartungen erfüllbar[c, e] Führungsverantwortung zu zweit/ zwei Ansprechpartner: leichte/ bessere Vertretungsmöglichkeit durch TS-Partner[e, k, l] | Hohes Engagement + Bereitschaft zu guter Kommunikation + Abstimmung der TS-Partner mit Umfeld (Extra Meile): **Kommunikations-/ Kooperationsbereitschaft und -fähigkeit**; Führungsposition immer ansprechbar[g, j]; Evtl. Genervtsein des beruflichen Umfelds in Kauf nehmen[m]; Risiko, gegeneinander ausgespielt zu werden[k], als Einheit auftreten |

*Anmerkungen.* Std. = Stunden. TS = Topsharing. Aus der Literatur resultierende Bedingungen sind in der Tabelle fett dargestellt. Quelle: in Anlehnung genannter Literatur.

[a](Daniels, 2011). [b](Werther, 2016). [c](Scherz, 2016). [d](Bischoff, 2010). [e](Huesmann & Gärtner, 2015). [f](Krone-Germann & de Chambrier, 2015). [g](Steffens & Ebert, 2016). [h](Gärtner et al., 2016). [i](Karlshaus, 2016). [j](Amstutz & Jochem, 2014). [k](Baillod, 2002b). [l](Ellwart et al., 2016). [m](Szebel-Habig, 2016). [l](Zölch et al., 2002).

## Anhang B: Fragestellungen und Hypothesen

Tabelle 41

*Fragestellungen*

| Fragestellung Erhebung/ Methode | Auszüge der Variablen (Skalenniveau) | Statistische Prüfverfahren ($\alpha$ = 5 %) | Bemerkung |
|---|---|---|---|
| **F1: Wie sehr interessieren sich Personen für TS, die eine Führungsposition ausüben oder anstreben?** | | | |
| Bestands-aufnahme,<br><br>Eigener Fragebogen (TS-FB) | **UVs (nominalskaliert):** FK oder Anstreben FK; Art der LV (projektbezogene, fachliche LV sowie PV); Vollzeit/Teilzeit der TN; Geschlecht; Partnerschaft + Vollzeit/Teilzeit des Partners; Kinder; Bundesland<br>**UV (ordinalskaliert):** Bildungsabschluss<br>**UV (intervallskaliert):** Alter/ Altersgruppe<br>**AV (intervallskaliert):** TS-Interessemaß Gesamt | Deskriptive Statistik, Häufigkeitsverteilungen, Kreuztabellen<br><br>siehe $H_1$ + $H_2$ (in Tabelle 42) | Beschreibung der Stichprobe in Bezug auf UVs und AV |
| **F2: Welche Beweggründe liegen für das Interesse oder Desinteresse an TS vor?** | | | |
| Bestands-aufnahme,<br><br>Eigener Fragebogen (TS-FB) | **UVs für Interesse (nominalskaliert):** z. B. Familie, Hobbies, Weiterbildung, andere berufliche Tätigkeit, Sonstiges (freies Textfeld), verschiedene reizvolle Aspekte am TS-Modell<br>**UVs für Desinteresse (nominalskaliert):** z. B. Finanzen, zu hoher Abstimmungsaufwand, Rollenerwartungen<br>**AV (intervallskaliert):** TS-Interessemaß Gesamt | Deskriptive Statistik, Häufigkeitsverteilung, Kreuztabellen | Beschreibung der Stichprobe in Bezug auf UVs und AV |
| **F3: Bestätigt sich ein aus der Literatur abgeleiteter Einfluss der individuellen Persönlichkeitsausprägung von Führungskräften auf ihr TS-Interesse?** | | | |
| Zusammenhangs-untersuchung<br><br>Eigener Fragebogen (TS-FB)<br><br>+ 5DDP | **UVs (intervallskaliert):** Big-Five-Dimensionen<br>**AV (intervallskaliert):** TS-Interessemaß Gesamt | Deskriptive Statistik, Häufigkeitsverteilung<br><br>siehe $H_3$ in Tabelle 42 | Beschreibung der Stichprobe in Bezug auf UVs und AV |

*Anmerkungen.* $\alpha$ = Signifikanzniveau. AV = Abhängige Variable. F1/F2/F3 = Fragestellung. FK = Führungskraft. H = Hypothese. LV = Leitungsverantwortung. PV = Personalverantwortung. TS = Topsharing. UV = unabhängige Variable. UVs = unabhängige Variablen. 5DDP = 5 Dimensionen der Persönlichkeit (Ibrahimovic & Bulheller, 2008). Quelle: Eigene Darstellung.

Tabelle 42

*Hypothesen*

| **Hypothese Erhebung/ Methode** | **Variablen (Skalenniveau)** | **Statistische Prüfverfahren ($\alpha$ = 5 %)** | **Bemerkung** |
|---|---|---|---|
| $H_1$: Es gib einen signifikanten Unterschied im TS-Interesse zwischen Frauen und Männer.<br><br>$H_{0.1}$: Es gib keinen signifikanten Unterschied im TS-Interesse zwischen Frauen und Männer. | | | |
| Unter-schieds-untersu-chung,<br><br>eigener Fragebogen (TS-FB) | **UV (nominal-skaliert):** Geschlecht<br><br>**AV (intervall-skaliert):** TS-Interessemaß Gesamt | Mittelwerts-unterschiede (t-Test für unabhängige Stichproben + Mann-Whitney-U-Test) | Prüfung der Voraussetzungen für t-Test:<br><br>Normalverteilung (Augenscheinprüfung), Varianzhomogenität (Levene) |
| $H_2$: Es gib einen signifikanten Unterschied im TS-Interesse zwischen FK mit und FK ohne Kind im Haushalt.<br><br>$H_{0.2}$: Es gib keinen signifikanten Unterschied im TS-Interesse zwischen FK mit und FK ohne Kind im Haushalt. | | | |
| Unter-schieds-untersu-chung,<br><br>eigener Fragebogen (TS-FB) | **UV (nominal-skaliert):** Kinder im Haushalt<br><br>**AV (intervall-skaliert):** TS-Interessemaß Gesamt | Mittelwerts-unterschiede (t-Test für unabhängige Stichproben + Mann-Whitney-U-Test) | Prüfung der Voraussetzungen für t-Test:<br><br>(wie bei $H_1$) |
| $H_3$: Die Ausprägungen der Big-Five haben einen den Unterhypothesen $H_{3.1}$ und $H_{3.2}$ entsprechenden signifikanten Einfluss auf das Interesse an TS.<br><br>$H_{0.3}$: Die Ausprägungen der Big-Five haben keinen den Unterhypothesen $H_{3.1}$ und $H_{3.2}$ entsprechenden signifikanten Einfluss auf das TS-Interesse. | | | |
| Zusammen-hangsunter-suchung<br><br>Eigener Fragebogen (TS-FB)<br><br>+ 5DDP | **UVs (intervall-skaliert):** 5 Big-Five-Dimensionen<br><br>**AV (intervall-skaliert)** TS-Interessemaß Gesamt | Prüfen: Nicht-Linearität der UV-Einflüsse für $H_{3.1}$ und Linearität für $H_{3.2}$ mittels Spearman Korrelation<br><br>$H_{3.1}$: multiple, lineare Regression mit quadrierten Stanine-Werten für Emotionalität, Extraversion, Verträglichkeit und Gewissenhaftigkeit sowie Kontrollvariable Geschlecht | Voraussetzungen prüfen:<br><br>Skalenniveaus der UVs und AV ($H_{3.1}$ + $H_{3.2}$)<br><br>Für $H_{3.1}$: Normalverteilung + Homoskedastizität + keine Multikollinearität + Unabhängigkeit + Ausreißerfreiheit der Residuen |

*Anmerkungen.* $\alpha$ = Signifikanzniveau. AV = Abhängige Variable. H = Hypothese. TS = Topsharing. UV = unabhängige Variable. UVs = unabhängige Variablen. 5DDP = 5 Dimensionen der Persönlichkeit (Ibrahimovic & Bulheller, 2008). Quelle: Eigene Darstellung.

# Anhang C: Materialien zur Stichprobenrekrutierung

Köln, im Mai 2017

**Guten Tag!**

Vielen Dank für Ihr Interesse an meiner Studie, die ich im Rahmen meiner Masterarbeit durchführe. Gerne stelle ich mich Ihnen kurz vor: Ich bin Esther Himmen, 41 Jahre alt und Projektmanagerin. Berufsbegleitend studiere ich Wirtschafts-psychologie an der FOM Hochschule für Oekonomie & Management in Köln.

Mit der Studie will ich herausfinden, wie sehr sich hochqualifizierte Fach- und Führungskräfte für ein bestimmtes flexibles Arbeitszeitmodell interessieren und welchen Einfluss die individuelle Persönlichkeit auf das Interesse hat.

**Wer darf teilnehmen?**
Alle, die in ihrer beruflichen Tätigkeit projektbezogene oder fachliche Leitungsverantwortung und/ oder Personalverantwortung tragen UND diejenigen, die eine solche Position in Zukunft anstreben.

**Wie ist die Umfrage aufgebaut?**
Im ersten Teil wird das Interesse an dem dann beschriebenen flexiblen Arbeitsmodell erhoben. Im zweiten Teil folgt der berufsbezogene Persönlichkeitstest "Fünf Dimensionen der Persönlichkeit" (5DDP). Dieser wurde von Dipl. Psychologin Nedina Ibrahimovic und Prof. Dr. Stephan Bulheller entwickelt und weist ein überdurchschnittlich hohes Maß an Verlässlichkeit auf.

**Welchen Nutzen haben Sie?**
Sie erhalten innerhalb von zwei Wochen eine individuelle Auswertung Ihres Persönlichkeitstests, wenn Sie beide Teile komplett abgeschlossen haben.

**Was passiert mit Ihren Daten?**
Diese fließen anonymisiert in die Auswertung meiner Masterarbeit ein. Sie dienen rein wissenschaftlichen Zwecken und werden nicht kommerziell genutzt. Die absolut vertrauliche Behandlung Ihrer persönlichen Daten sichere ich Ihnen zu.

**Wie viel Zeit benötigen Sie?**
Im Durchschnitt insgesamt ca. 20 - 25 Minuten.

**Wie können Sie teilnehmen?**
Schicken Sie mir einfach kurz eine E-Mail an esther.himmen@fom-net.de. Dann erhalten Sie von mir Ihr individuelles Passwort und den Link zur Online-Umfrage.

Ich würde mich wirklich sehr über Ihre Unterstützung freuen. Die Teilnahme ist bis spätestens 24.05.2017 möglich.

Ihre

Esther Himmen

PS: Sehr gerne dürfen Sie dieses Info-Schreiben auch an andere potentielle Teilnehmer weiterleiten.

*Abbildung 1.* Scan des ersten Informationsschreibens an Interessenten (Eigene Darstellung).

hr pioneers
agile. people.

ÜBER UNS LEISTUNGEN MEDIEN

# Studie zu flexiblem Arbeitszeitmodell in der agilen Arbeitswelt

Agilität und Flexibilität auch in der Arbeitswelt? HR Pioneers unterstützt eine Studie zur Erhebung des Interesses hochqualifizierter Fach- und Führungskräfte an einem bestimmten flexiblen Arbeitszeitmodell

Wie sehr interessieren sich hochqualifizierte Fach- und Führungskräfte für ein bestimmtes flexibles Arbeitszeitmodell? Und welcher Zusammenhang besteht zwischen ihrem Interesse und ihrer individuellen Persönlichkeit?

Das sind Fragen, die insbesondere für HR von praktischer Relevanz sind, denn immer stärker wird Flexibilität auch in Bezug auf Arbeitsmodelle erforderlich sein. Ganz besonders in Anbetracht des bevorstehenden Renteneintritts hochqualifizierter Fach- und Führungskräfte der Babyboomer-Generation wird es wichtig sein, Fach- und Führungskräfte zu gewinnen, zu halten und ihnen attraktive Arbeitsmodelle anzubieten. Könnten daher bereits aus der Messung der Persönlichkeitsausprägung von Führungskräften Rückschlüsse auf ein mögliches Interesse an einem bestimmten Arbeitsmodell gezogen werden?

Diese Fragen untersucht Esther Himmen im Rahmen ihrer Masterarbeit des Studiengangs Wirtschaftspsychologie an der FOM Hochschule für Oekonomie und Management in Köln und benötigt dazu Eure Unterstützung!

**Und was habt Ihr davon?**

Ihr erhaltet eine kostenfreie Auswertung Eures berufsbezogenen Persönlichkeitstests, der über ein überdurchschnittlich hohes Maß an Zuverlässigkeit verfügt. Es handelt sich um den **validierten Test „Fünf Dimensionen der Persönlichkeit - 5DDP", der die fünf Superfaktoren der Persönlichkeit erfasst und von Dipl. Psychologin Nedina Ibrahimovic und Prof. Dr. Stephan Bulheller entwickelt wurde.**

**Wie könnt Ihr unterstützen?**

a. Ihr nehmt selbst an der Umfrage teil und/ oder

b. Ihr teilt diesen Beitrag an weitere potentielle Teilnehmer weiter.

*Abbildung 2.* Blogartikel zur TS-Studie vom 11.05.2017 (HR Pioneers GmbH).

**Wer darf teilnehmen?**

Alle, die in ihrer beruflichen Tätigkeit fachliche bzw. projektbezogene Leitungsverantwortung oder Personalverantwortung tragen und diejenigen, die eine solche Position in Zukunft anstreben.

**Neugierig geworden? Dann nehmt gerne teil und schreibt Esther Himmen dazu eine eMail (esther.himmen@fom-net.de). Im Anschluss erhaltet Ihr von ihr ein individuelles Passwort und den Link zur Umfrage. Die Umfrage dauert ca. 20 Minuten. Die Teilnahme ist bis zum 28. Mai möglich.**

**Was passiert mit Euren Daten?**

Eure Daten fließen anonymisiert in die Masterarbeit von Esther Himmen ein. Sie dienen rein wissenschaftlichen Zwecken und werden nicht kommerziell genutzt. Wir von HR Pioneers erhalten und verwenden keine Daten. Wir unterstützen die Arbeit lediglich sehr gerne durch diesen Beitrag und halten sie für spannend in unserem agilen Arbeitsumfeld.

Esther Himmen arbeitet parallel zum Masterstudium als Fundraiser, begeisterte Projektmanagerin und Teamüberblickerin für das integrative Projekt Blücher-SPIELPLATZ.de in Köln. Auch in der Arbeitswelt brennt sie für positive Veränderungen und trägt als Meet-Up Organisatorin dazu bei, agile und flexible Arbeitsmodelle bekannter zu machen.

Fotoquelle: Fotostudio Balsereit

Von Esther Roemer · 11. Mai 2017 · Kommentar hinterlassen

*Abbildung 3.* Fortsetzung des Blogartikels zur TS-Studie vom 11.05.2017 (HR Pioneers GmbH).

> Studie zum Thema
**Führungskräfte und flexible Arbeitsmodelle**

Die Flexibilität von Arbeitszeitmodellen ist aktuell ein höchstrelevantes Thema. Wir unterstützen eine Studie, welche den Einfluss der Persönlichkeit hochqualifizierter Fach- und Führungskräfte auf Ihr Interesse an einem neuen und flexiblen Arbeitsmodell untersucht. Jeder von euch, der sich an der Studie beteiligt, erhält eine kostenfreie Auswertung des eigenen berufsbezogenen Persönlichkeitsprofils.

**Mehr Informationen findet ihr in unserem Blogbeitrag zur Studie.**

*Abbildung 4*. Artikel zur TS-Studie im E-Mail-Newsletter vom 24.05.17 (HR Pioneers GmbH).

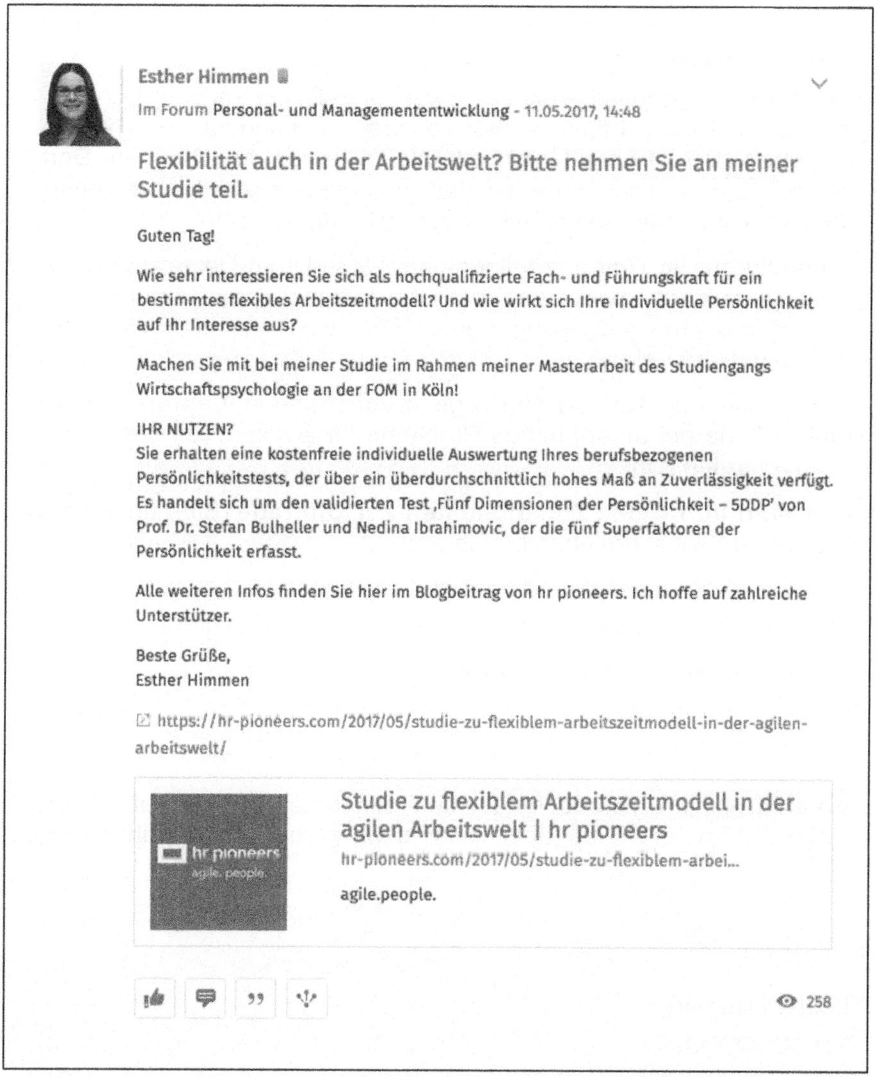

Esther Himmen

Im Forum Personal- und Managemententwicklung - 11.05.2017, 14:48

**Flexibilität auch in der Arbeitswelt? Bitte nehmen Sie an meiner Studie teil.**

Guten Tag!

Wie sehr interessieren Sie sich als hochqualifizierte Fach- und Führungskraft für ein bestimmtes flexibles Arbeitszeitmodell? Und wie wirkt sich Ihre individuelle Persönlichkeit auf Ihr Interesse aus?

Machen Sie mit bei meiner Studie im Rahmen meiner Masterarbeit des Studiengangs Wirtschaftspsychologie an der FOM in Köln!

IHR NUTZEN?
Sie erhalten eine kostenfreie individuelle Auswertung Ihres berufsbezogenen Persönlichkeitstests, der über ein überdurchschnittlich hohes Maß an Zuverlässigkeit verfügt. Es handelt sich um den validierten Test ‚Fünf Dimensionen der Persönlichkeit – 5DDP' von Prof. Dr. Stefan Bulheller und Nedina Ibrahimovic, der die fünf Superfaktoren der Persönlichkeit erfasst.

Alle weiteren Infos finden Sie hier im Blogbeitrag von hr pioneers. Ich hoffe auf zahlreiche Unterstützer.

Beste Grüße,
Esther Himmen

https://hr-pioneers.com/2017/05/studie-zu-flexiblem-arbeitszeitmodell-in-der-agilen-arbeitswelt/

**Studie zu flexiblem Arbeitszeitmodell in der agilen Arbeitswelt | hr pioneers**
hr-pioneers.com/2017/05/studie-zu-flexiblem-arbei...
agile.people.

hr pioneers agile. people.

258

*Abbildung 5.* Beispiel-Post in der Xing-Gruppe Personalmanagement & Führung - XING Ambassador Community vom 11.05.2017 (Eigene Darstellung in Xing, Bild mit abgebildetem Link: HR Pioneers, 2017).

Liebe #u_firstname#,

vielen Dank, dass Du bereit bist, mich durch Deine Teilnahme zu unterstützen. Die wichtigsten Informationen zu meinem Forschungsvorhaben sind im beigefügten pdf-Info-Dokument beschrieben. Dort findest Du u. a. auch Hinweise, was Du bei einer eventuellen Unterbrechung der Umfrage im Teil 1 oder Teil 2 tun kannst.

Du darfst an der Umfrage teilnehmen, wenn Du in Deiner Berufstätigkeit projektbezogene oder fachliche Leitungsverantwortung und/ oder Personalverantwortung trägst ODER eine solche Position für die Zukunft anstrebst.

**Bitte verwende für die Umfrage möglichst ein Laptop, Tablet oder PC,** da bei Smartphones Probleme im zweiten Teil der Befragung auftreten können.

**Hier sind nun Deine Zugangsdaten zur Umfrage** (Bitte unbedingt Groß- und Kleinschreibung beachten):

Passwort (für beide Fragebögen): #u_passwd#
Benutzername (für den 2. Teil der Befragung): FOM-HIMM

**Und das ist der Link zur Umfrage:**

https://ww2.unipark.de/uc/himmen_FOM_Hochschule_f__r_Oekon/c4c7/

Vielen Dank im Voraus für Deine Teilnahme, die bis spätestens 24.05.2017 möglich ist (aber auch sehr gerne schon früher sein darf).

Herzliche Grüße,

Esther Himmen
Tel: XXXXXXX
esther.himmen@fom-net.de

*Abbildung 6.* Beispiel einer Einladungsmail (Duz-Version) aus dem Unipark-System mit Zugangsdaten (Eigene Darstellung).

**Liebe Teilnehmerin, lieber Teilnehmer!**

Vielen Dank, dass Sie sich bereit erklärt haben, an der Umfrage meiner Masterarbeit teilzunehmen. Ich bin Esther Himmen, 41 Jahre alt und Projektmanagerin. Berufsbegleitend studiere ich Wirtschaftspsychologie an der FOM Hochschule für Oekonomie & Management in Köln.

Mit der Studie will ich herausfinden, wie sehr sich hochqualifizierte Fach- und Führungskräfte für ein bestimmtes flexibles Arbeitszeitmodell interessieren und welchen Einfluss die individuelle Persönlichkeit auf das Interesse hat.

Sie dürfen teilnehmen, wenn Sie in Ihrer Berufstätigkeit projektbezogene oder fachliche Leitungsverantwortung und/ oder Personalverantwortung tragen ODER eine solche Position anstreben.

**Wie ist die Umfrage aufgebaut?**
Im ersten Teil wird das Interesse an dem dann beschriebenen flexiblen Arbeitsmodell erhoben. Im zweiten Teil folgt der berufsbezogene Persönlichkeitstest "Fünf Dimensionen der Persönlichkeit" (5DDP). Dieser wurde von Dipl. Psychologin Nedina Ibrahimovic und Prof. Dr. Stephan Bulheller entwickelt und weist ein überdurchschnittlich hohes Maß an Verlässlichkeit auf. Die Durchführung des Tests erfolgt über die Homepage der Human Factor Services, zu der Sie weitergeleitet werden.

**Welchen Nutzen haben Sie und was passiert mit Ihren Daten?**
Sie erhalten innerhalb von zwei Wochen die kostenlose Auswertung Ihres Persönlichkeitstests, wenn Sie beide Teile komplett abgeschlossen haben. Ihre Daten fließen anonymisiert in meine Masterarbeit ein. Sie dienen rein wissenschaftlichen Zwecken und werden nicht kommerziell genutzt. Die absolut vertrauliche Behandlung Ihrer persönlichen Daten sichere ich Ihnen zu.

**Wie viel Zeit benötigen Sie?**
Im Durchschnitt insgesamt ca. 25 Minuten. Bitte nehmen Sie sich daher ausreichend Zeit, um beide Teile möglichst unmittelbar nacheinander abzuschließen.

**Was können Sie bei einer Unterbrechung im Teil 1 oder Teil 2 tun?**
Wenn bspw. die Internetverbindung unterbrochen wird, dann klicken Sie bitte auf einen der folgenden Links (je nach Unterbrechungszeitpunkt) oder kopieren ihn in Ihren Browser:

Unterbrechung im Fragebogen Teil 1 (Interessenserhebung):
https://ww2.unipark.de/uc/himmen_FOM_Hochschule_f__r_Oekon/c4c7/

Unterbrechung im Fragebogen Teil 2 (Persönlichkeitstest 5DDP):
http://www.xn--persnlichkeitsfragebogen-ooc.de/

Dort loggen Sie sich erneut mit den Zugangsdaten ein, die Sie von mir per E-Mail erhalten haben und setzen die Umfrage an der Stelle fort, wo Sie aufgehört haben.

Ganz herzlichen Dank im Voraus für Ihre Teilnahme. Diese ist bis einschließlich 24.05.17 möglich.

Ihre

Esther Himmen

Köln, im Mai 2017

PS: Bitte verwenden Sie für die Umfrage möglichst ein Laptop, Tablet oder PC, da bei Smartphones Probleme im zweiten Teil auftreten können.

*Abbildung 7.* Anhang zur offiziellen Einladungsmail aus dem Unipark-System (Eigene Darstellung).

Hallo #u_firstname# #u_name#,

ich freue mich total, dass schon so viele meine Umfrage komplett beantwortet haben, so dass mir aktuell nur noch 28 TeilnehmerInnen fehlen. Würden Sie vielleicht auch 20 - 25 Minuten Ihrer Zeit investieren und mir damit helfen, die erforderliche Mindestteilnehmerzahl zu erreichen? Wenn Sie mögen, erhalten Sie als kleines Dankeschön von mir auch eine kostenlose individuelle Auswertung Ihres berufsbezogenen Persönlichkeitstests.

Sie dürfen an der Umfrage teilnehmen, wenn Sie in Ihrer Berufstätigkeit projektbezogene oder fachliche Leitungsverantwortung oder Personalverantwortung tragen ODER eine solche Position für die Zukunft anstreben.

**Bitte verwenden Sie für die Umfrage möglichst ein Laptop, Tablet oder PC,** da bei Smartphones Probleme im zweiten Teil der Befragung auftreten können.

**Hier noch einmal Ihre Zugangsdaten auf einen Blick** (Bitte Groß- und Kleinschreibung beachten):

Passwort (für Fragebögen 1 + 2): #u_passwd#
Benutzername (nur für Fragebogen 2): FOM-HIMM
Link zur Umfrage:
https://ww2.unipark.de/uc/himmen_FOM_Hochschule_f__r_Oekon/c4c7/

Vielen Dank im Voraus für Ihre Teilnahme, die bis kommenden Dienstag (24.05.2017) möglich ist, jedoch sehr gerne auch schon früher erfolgen darf.

Herzliche Grüße,

Esther Himmen
Tel: XXXXXXX
esther.himmen@fom-net.de

*Abbildung 8.* Beispiel einer Erinnerungsmail (Siez-Version) aus dem Unipark-System (Eigene Darstellung).

Liebe(r) Teilnehmer(in)

vielen Dank für Ihre Teilnahme an meiner Umfrage zu Ihrem Interesse an Topsharing. Ich freue mich, Ihnen heute Ihre individuelle Auswertung des berufsbezogenen Persönlichkeitstests (5DDP - Fünf Dimensionen der Persönlichkeit) zu übermitteln.

Die Auswertung beschreibt die folgenden Superfaktoren Ihrer Persönlichkeit:

- Extraversion
- Emotionalität
- Verträglichkeit
- Gewissenhaftigkeit
- Offenheit

Bitte lesen Sie sich Ihre Auswertung sorgfältig durch. Bei Rückfragen erreichen Sie mich unter esther.himmen@fom-net.de. Ich hoffe, dass Sie mit Ihrer Auswertung zufrieden sind und dass die vertiefende Erkenntnis der eigenen berufsbezogenen Persönlichkeit Ihnen im Berufsalltag weiterhilft.

Herzlichen Dank für Ihre Teilnahme.

Beste Grüße,
Esther Himmen

*Abbildung 9.* E-Mail-Text zur individuellen Ergebnisrückmeldung des 5DDP (Eigene Darstellung).

## Anhang D: Der Topsharing-Fragebogen (TS-FB)

Startseite im TS-FB (Abschnitt 1):

3%

**Herzlich Willkommen!**

**Welchen Einfluss hat Ihre Persönlichkeit auf Ihr Interesse an einem bestimmten flexiblen Arbeitsmodell?**

**Vielen Dank, dass Sie an der Umfrage meiner Masterarbeit teilnehmen. Bitte lesen Sie sich die folgenden Hinweise sorgfältig durch:**

Bei der Befragung wird im ersten Teil das Interesse hochqualifizierter Fach- und Führungskräfte an einem dann beschriebenen Arbeitsmodell erhoben. Im zweiten Teil folgt der berufsbezogene Persönlichkeitstest „Fünf Dimensionen der Persönlichkeit". Dieser wurde von Dipl. Psychologin Nedina Ibrahimovic und Prof. Dr. Stephan Bulheller entwickelt und weist ein überdurchschnittlich hohes Maß an Zuverlässigkeit auf. Die Durchführung des Tests erfolgt über die Homepage der Human Factor Services, zu der Sie weitergeleitet werden. Für die statistische Auswertung werden beide Teile der Befragung miteinander verknüpft.

**Es ist sehr wichtig für mich, dass Sie jede Frage vollständig bearbeiten. Hierzu bitte ich Sie um eine ehrliche und möglichst spontane Beantwortung. Es gibt weder richtige noch falsche Antworten.** Alle in dieser Umfrage verwendeten Personenbezeichnungen gelten gleichermaßen für Frauen wie für Männer. Wegen der besseren Lesbarkeit wird hier jedoch auf die Nennung beider Bezeichnungen verzichtet.

**Wieviel Zeit benötigen Sie?**
Im Durchschnitt für beide Teile zusammen ca. 20 – 25 Minuten.

**Was können Sie bei einer Unterbrechung im Teil 1 oder im Teil 2 tun?**
Dann klicken Sie einfach auf den passenden Link, den Sie von mir per E-Mail in einem pdf-Info-Schreiben erhalten haben. Dort loggen Sie sich erneut mit Ihren Zugangsdaten ein und setzen Ihre Umfrage an der Stelle fort, wo Sie aufgehört haben.

**Welchen Nutzen haben Sie und was passiert mit Ihren Daten?**
Sie erhalten innerhalb von zwei Wochen (falls gewünscht) eine kostenlose Auswertung Ihres berufsbezogenen Persönlichkeitstests, wenn Sie beide Teile komplett abgeschlossen haben. Ihre Daten fließen anschließend anonymisiert in meine Masterarbeit ein. Sie dienen rein wissenschaftlichen Zwecken und werden nicht kommerziell genutzt. Die absolut vertrauliche Behandlung Ihrer persönlichen Daten sichere ich Ihnen hiermit zu.

**Ganz herzlichen Dank für Ihre Teilnahme.**
Ich wünsche Ihnen nun viel Spaß dabei.

Ihre

Esther Himmen

PS: Wenn Sie Fragen oder Rückmeldungen zum Thema haben, können Sie mir gerne eine E-Mail schreiben an **esther.himmen@fom-net.de**.

Weiter

Jede der im Folgenden dargestellten, eingerahmten Frageseiten enthält in der Online-Darstellung einen Fortschrittsbalken oberhalb des Textes und einen Weiter-Button am Seitenende rechts unten. Die Nummerierung der Fragen ist abhängig von der Beantwortung der Filterfragen und den darauf aufbauenden Fragestellungen.

Frage zur Variable *Berufstätigkeit* (Abschnitt 2):

Frage 1:
**Welche der folgenden Aussagen ist für Sie zutreffend?**

- Ich bin aktuell berufstätig.
- Ich befinde mich aktuell in Elternzeit.
- Ich bin zurzeit nicht berufstätig.

Filterfrage zum *Arbeitsverhältnis* falls TN aktuell berufstätig/ in Elternzeit (Abschnitt 2):

Frage 2:
**Welche Art des Arbeitsverhältnisses ist für Sie zutreffend?**

- Vollzeit bzw. Vollzeitähnlich (mehr als 32 Stunden pro Woche)
- Teilzeit (maximal 32 Stunden pro Woche)

Filterfrage zur Variable *bevorzugte Vertragsart* falls TN aktuell nicht berufstätig (Abschnitt 2):

Frage 2:
**Welche Vertragsart bevorzugen Sie persönlich?**

- Eine Vollzeit- bzw. vollzeitähnliche Stelle (mehr als 32 Stunden pro Woche)
- Teilzeit (maximal 32 Stunden pro Woche)

Filterfrage bzgl. *aktueller LV-Art* falls TN berufstätig oder in Elternzeit (Abschnitt 2):

Frage 3:
**Tragen Sie in Ihrer beruflichen Position Leitungs- und/oder Personalverantwortung?**

Mehrfachnennungen sind möglich.

- o Ja, projektbezogene Leitungsverantwortung.
- o Ja, fachliche Leitungsverantwortung.
- o Ja, Personalverantwortung.

- o Nein, ich trage zurzeit keine Leitungs- oder Personalverantwortung.

Filterfrage bzgl. *angestrebter LV-Art* falls TN aktuell nicht berufstätig oder aktuell keine LV/PV ausübt (Abschnitt 2):

Frage 3.1:
**Streben Sie in Zukunft eine Position mit Leitungs- und/oder Personalverantwortung an?**

Eine Mehrfachnennung ist möglich.

- o Ja, ich strebe projektbezogene Leitungsverantwortung an.
- o Ja, ich strebe fachliche Leitungsverantwortung an.
- o Ja, ich strebe Personalverantwortung an.

- o Nein, ich strebe keine Position mit Leitungs- oder Personalverantwortung an.

Übergangsseite mit Beschreibung des TS-Modells (Abschnitt 3):

24%

**Das flexible Arbeitsmodell, das hier untersucht wird, betrifft Jobsharing auf Führungsebene und wird „Topsharing“ genannt.**

Hierzu möchte ich gerne von Ihnen wissen, ob überhaupt, aus welchen Gründen und unter welchen Bedingungen dies für Sie persönlich von Interesse sein könnte.

**Bitte lesen Sie sich die folgenden Hinweise zu Topsharing sorgfältig durch. Es steht kein „Zurück“-Button zur Verfügung. Auf den nächsten Seiten werden Sie nach Ihrer Einschätzung zu diesem Arbeitsmodell befragt.**

**Was ist Topsharing?**

- Zwei Personen teilen sich i. d. R. eine Vollzeit-Führungsposition.
- Diese beinhaltet fachliche oder projektbezogene Leitungsverantwortung und/oder Personalverantwortung.
- Beide arbeiten in Teilzeit (max. 32 Stunden pro Woche).
- Die Aufteilung kann insgesamt 100 % ergeben (z. B. 50/50, 60/40), diese aber auch nach Absprache mit dem Arbeitgeber übersteigen (z. B. 60/60, 80/40, 70/70).
- Die Partner legen die zeitliche und inhaltliche Aufgabenteilung untereinander selbst fest.
- In der Regel wird eine sich überschneidende Präsenzzeit eingeplant.
- Die Gesamtverantwortung für die Erfüllung der Aufgaben und Erreichung der gemeinsamen Ziele tragen die Job-Partner gleichberechtigt.
- Beide sind für einen reibungslosen Abstimmungs- und Kommunikationsablauf zuständig.

Weiter

Variable *Rollenvorbilder* (Abschnitt 3):

Frage 4:
**Kennen Sie Personen, die im Topsharing arbeiten oder haben Sie von Topsharing-Beispielen gehört?**

- o Ja, ich kenne Personen, die im Topsharing arbeiten oder habe von Topsharing-Beispielen gehört.
- o Nein, ich kenne weder Personen, die im Topsharing arbeiten, noch habe ich von Topsharing-Beispielen gehört.

Variable *Dispositionale Gründe* (Abschnitt 4: Items pG1 bis pG8):

Frage 5:
**Inwiefern stimmen Sie den folgenden Aussagen in Bezug auf Topsharing zu?**

| | Stimme überhaupt nicht zu (1) | Stimme eher nicht zu (2) | Stimme teilweise zu, teilweise nicht (3) | Stimme eher zu (4) | Stimme sehr zu (5) |
|---|---|---|---|---|---|
| Dass die Partner sich aufgrund genügend gleicher Kompetenzen vertreten können, finde ich an Topsharing reizvoll. | o | o | o | o | o |
| Dass die Partner aufgrund ähnlicher Kompetenzen in Konkurrenz zueinander stehen könnten, hält mich vom Topsharing-Modell ab. | o | o | o | o | o |
| Dass die Partner sich in ihren Kompetenzen gegenseitig auch ergänzen können, finde ich an Topsharing reizvoll. | o | o | o | o | o |
| Dass ich mich voll auf meinen Job-Partner verlassen könnte, ist für mich schwer vorstellbar. | o | o | o | o | o |
| Dass die Partner ihre Aufgaben untereinander zum Teil auch nach Interessen verteilen können, reizt mich an Topsharing. | o | o | o | o | o |
| Dass die Partner widersprüchliche Entscheidungen treffen könnten, hält mich vom Topsharing-Modell ab. | o | o | o | o | o |
| Der Abstimmungsaufwand zwischen den Job-Partnern erscheint mir persönlich zu hoch. | o | o | o | o | o |
| Dass die Partner bei wichtigen Entscheidungen ihre unterschiedlichen Perspektiven gemeinsam erörtern können, macht Topsharing für mich interessant. | o | o | o | o | o |

Variable *Dispositionale Gründe* (Abschnitt 4: Items pG9 bis pG16):

Frage 6:
**Inwiefern stimmen Sie den folgenden Aussagen in Bezug auf Topsharing zu?**

| | Stimme überhaupt nicht zu (1) | Stimme eher nicht zu (2) | Stimme teilweise zu, teilweise nicht (3) | Stimme eher zu (4) | Stimme sehr zu (5) |
|---|---|---|---|---|---|
| Ich schätze den Abstimmungsaufwand zwischen den Partnern als gut realisierbar ein. | o | o | o | o | o |
| Die Verantwortung für eine Führungsposition zu teilen, ist für mich schwer vorstellbar. | o | o | o | o | o |
| Durch Topsharing könnte ich meinen Karrierewunsch trotz Teilzeit realisieren. | o | o | o | o | o |
| Dass die Partner ihren zeitlichen Arbeitseinsatz im Topsharing-Modell gemeinsam festlegen können, finde ich persönlich wenig reizvoll. | o | o | o | o | o |
| Mit Topsharing könnte ich nach der Arbeit schlechter abschalten. | o | o | o | o | o |
| Durch ein kurzfristiges Aufstocken der Arbeitskapazität könne ich im Topsharing ein zeitweise höheres Arbeitsaufkommen besser bewältigen. | o | o | o | o | o |
| Dass die Beziehung zwischen meinem Job-Partner und mir von Vertrauen geprägt wäre, kann ich mir gut vorstellen. | o | o | o | o | o |
| Der breitere Erfahrungsschatz beider Partner macht Topsharing für mich zu einem reizvollen Arbeitsmodell. | o | o | o | o | o |

Variable *Situationale Gründe* (Abschnitt 5: Items sG1 bis sG11), wobei sG3 (Teilbarkeit aktueller Leitungsaufgaben) und sG4 (Teilbarkeit angestrebter Leitungsaufgaben) je nach Angabe zur LV vorgefiltert angeboten wird:

Frage 7:
**Inwiefern stimmen Sie den folgenden Aussagen für Sie persönlich zu?**

| | Stimme überhaupt nicht zu (1) | Stimme eher nicht zu (2) | Stimme teilweise zu, teilweise nicht (3) | Stimme eher zu (4) | Stimme sehr zu (5) |
|---|---|---|---|---|---|
| Mit einem für Topsharing angepassten (Teilzeit-) Gehalt könnte ich gut leben. | o | o | o | o | o |
| Ich würde gerne im Topsharing arbeiten, um auch in einer Führungsposition mehr Zeit außerhalb der Arbeit zur Verfügung zu haben. | o | o | o | o | o |
| Die Aufgaben meiner aktuellen Leitungsposition würden sich schlecht auf zwei Personen aufteilen lassen. | o | o | o | o | o |
| Im Topsharing könnte ich die Erwartungen von Kunden an mich als Teil des Führungstandems erfüllen. | o | o | o | o | o |
| Dass mein Job-Partner und ich von anderen gegenseitig ausgespielt werden könnten, hält mich von Topsharing ab. | o | o | o | o | o |
| Im Topsharing könnte ich den Erwartungen der Mitarbeiter an mich als Teil des Führungstandems gerecht werden. | o | o | o | o | o |
| Dass das berufliche Umfeld durch zwei Ansprechpartner (statt einem) genervt sein könnte, hält mich von Topsharing ab. | o | o | o | o | o |
| Für einen guten Abstimmungsprozess würde meinem Job-Partner und mir die Zeit fehlen. | o | o | o | o | o |
| Im Topsharing könnte ich den Erwartungen von Kollegen (der gleichen Hierarchiestufe) an mich als Teil des Führungstandems entsprechen. | o | o | o | o | o |
| Im Topsharing könnte ich die Erwartungen unserer Vorgesetzten an mich als Teil des Führungstandems erfüllen. | o | o | o | o | o |

Filterfrage bzgl. *Zeitgewinnnutzung*, wenn zuvor dem Zeitwunsch-Item (sG2) eher oder sehr zugestimmt wurde (Abschnitt 5):

Frage 8:
**Wofür würden Sie die Zeit nutzen, die Sie durch die Teilzeit gewinnen?**

**Bitte wählen Sie 1 bis 2 Aussagen aus, die Ihnen am wichtigsten erscheinen.**

- o Für meine Familie (z. B. Betreuung von Kindern, Pflege von Angehörigen)
- o Für Freizeitaktivitäten
- o Für berufliche Weiterbildung
- o Für eine andere berufliche Tätigkeit
- o Für soziales, politisches oder kulturelles Engagement
- o Für Gesundheitsförderung
- o Sonstiges (ggfs. bitte hier eintragen

________________________________________

Variable *Bedingungen* für TS (Abschnitt 5: B1 – B5):

Frage 8:
**Inwiefern stimmen Sie den unten stehenden Ergänzungen des folgenden Satzes zu?**

**„Topsharing kommt für mich persönlich nur dann in Fragen, ....“**

| | Stimme überhaupt nicht zu (1) | Stimme eher nicht zu (2) | Stimme teilweise zu, teilweise nicht (3) | Stimme eher zu (4) | Stimme sehr zu (5) |
|---|---|---|---|---|---|
| ..., wenn die Führungsriege dieses Arbeitsmodell als gleichberechtigtes Karrieremodell voll anerkennen würde. | O | O | O | O | O |
| ..., wenn meine Kollegen der gleichen Hierarchiestufe dieses Arbeitsmodell voll unterstützen würden. | O | O | O | O | O |
| ..., wenn die Mitarbeiter dieses Arbeitsmodell voll unterstützen würden. | O | O | O | O | O |
| ..., wenn die Topsharing-Partner hierfür aus der Organisation heraus mit Unterstützungsmaßnahmen begleitet werden würden (z. B. Coaching oder Training). | O | O | O | O | O |
| ..., wenn die Kunden dieses Arbeitsmodell akzeptieren würden. | O | O | O | O | O |
| ..., wenn mein potentieller Job-Partner und ich ähnliche Werte teilen würden. | O | O | O | O | O |
| ..., wenn mein potentieller Job-Partner und ich eine ähnliche Arbeitsweise hätten. | O | O | O | O | O |

Freitextfeld für *sonstige Bedingungen* (Abschnitt 5):

| |
|---|
| Frage 9:<br>**Welche Bedingung müsste darüber hinaus erfüllt sein, damit Topsharing für Sie in Frage käme?**<br><br>Bitte hier ggfs. eintragen.<br>_______________ |

Variable *TS-Interesse* (Abschnitt 6: Items I1 – I6; aus Übersichtlichkeitsgründen wurde in der Online-Darstellung die Abfrage der Items I1 – I13 auf zwei Umfrageseiten verteilt):

Frage 10:
**Inwiefern stimmen Sie folgenden Aussagen zu?**

| | Stimme überhaupt nicht zu (1) | Stimme eher nicht zu (2) | Stimme teilweise zu, teilweise nicht (3) | Stimme eher zu (4) | Stimme sehr zu (5) |
|---|---|---|---|---|---|
| Topsharing ist grundsätzlich ein interessantes Arbeitsmodell. | o | o | o | o | o |
| Ich würde zurzeit gerne im Topsharing arbeiten. | o | o | o | o | o |
| Topsharing ist ein Arbeitsmodell, das für mich innerhalb der nächsten 1 bis 5 Jahre interessant werden könnte. | o | o | o | o | o |
| Topsharing ist ein Arbeitsmodell, das für mich in mehr als 5 Jahren interessant werden könnte. | o | o | o | o | o |
| Auch wenn mein Arbeitgeber mir dieses Modell anbieten würde, ist Topsharing für mich persönlich kaum vorstellbar. | o | o | o | o | o |
| Ich interessiere mich persönlich sehr für das Arbeitsmodell Topsharing. | o | o | o | o | o |

Variable *TS-Interesse* (Abschnitt 6: Items I7 – I13; aus Übersichtlichkeitsgründen wurde in der Online-Darstellung die Abfrage der Items I1 – I13 auf zwei Umfrageseiten verteilt):

Frage 11:
**Inwiefern stimmen Sie folgenden Aussagen zu?**

| | Stimme überhaupt nicht zu (1) | Stimme eher nicht zu (2) | Stimme teilweise zu, teilweise nicht (3) | Stimme eher zu (4) | Stimme sehr zu (5) |
|---|---|---|---|---|---|
| Wenn ich über Topsharing nachdenke, wirkt sich dies positiv auf meine Stimmung aus. | o | o | o | o | o |
| Über Topsharing zu reden, macht mir wenig Spaß. | o | o | o | o | o |
| Wenn mir Artikel zum Thema Topsharing begegnen (z. B. online oder in Zeitschriften), lese ich diese gerne. | o | o | o | o | o |
| Ich bin mir sicher, dass die Entwicklung meiner Persönlichkeit durch Topsharing positiv beeinflusst werden würde. | o | o | o | o | o |
| Im Topsharing zu arbeiten, hat für mich eigentlich recht wenig mit Selbstverwirklichung zu tun. | o | o | o | o | o |
| Wenn ich ehrlich sein soll, ist mir Topsharing eher gleichgültig. | o | o | o | o | o |
| Ich bin mir sicher, dass Topsharing zu mir persönlich passt. | o | o | o | o | o |

Variable *Interessant weil Neu oder spannend* (Abschnitt 7):

Frage 12:
**Welche der unten aufgeführten Ergänzungen zu folgendem Satz sind für Sie persönlich am ehesten zutreffend?**

**„Für mich persönlich ist Topsharing deshalb (eher) von Interesse, weil ....“**

o ... ich es mir spannend und interessant vorstelle, mir eine Vollzeit-Führungsposition mit jemand anderem zu teilen.

o ... ich alles Neue grundsätzlich spannend finde.

Beispiel für eine *Priorisierungsfrage bzgl. dispositionaler Gründe pro TS,* wenn TN den Vorteilen von TS eher oder sehr zugestimmt und die abhaltende Wirkung von Nachteilen eher oder sehr abgelehnt hatte (Abschnitt 7):

Frage 13:
**Welche der folgenden Aspekte erklären, warum Topsharing für Sie persönlich in Frage kommen könnte?**

**Bitte wählen Sie 1 bis 3 Aussagen aus, die Ihnen hierfür besonders wichtig erscheinen!**

- Dass ich mich voll auf meinen Topsharing-Partner verlassen könnte, ist für mich vorstellbar.
- Ich kann mir gut vorstellen, mir die Verantwortung für eine Führungsposition mit jemandem zu teilen.
- Mit Topsharing könnte ich nach der Arbeit (eher) besser abschalten.
- Dass die Partner sich aufgrund genügend gleicher Kompetenzen gegenseitig vertreten können, finde ich an Topsharing reizvoll.
- Dass die Partner bei wichtigen Entscheidungen ihre unterschiedlichen Perspektiven gemeinsam erörtern können, macht Topsharing für mich interessant.
- Ich schätze den Abstimmungsaufwand zwischen den Partnern als gut realisierbar ein.
- Durch Topsharing könnte ich meinen Karrierewunsch trotz Teilzeit realisieren.
- Durch ein kurzfristiges Aufstocken der Arbeitskapazität könnte ich im Topsharing ein zeitweise höheres Arbeitsaufkommen besser bewältigen.
- Dass die Partner sich in ihren Kompetenzen gegenseitig auch ergänzen können, finde ich an Topsharing reizvoll.
- Dass die Beziehung zwischen meinem Job-Partner und mir von Vertrauen geprägt wäre, kann ich mir gut vorstellen.
- Der breitere Erfahrungsschatz beider Partner macht Topsharing für mich zu einem reizvollen Arbeitsmodell.

*Anmerkung.* Als Auswahl wurden nur die Items zur Verfügung gestellt, denen zuvor eher oder sehr zugestimmt wurde bzw. die Nachteile, die eher oder sehr abgelehnt wurden. Auf eine entsprechende Umformulierung der Items wurde geachtet.

Beispiel einer *Priorisierungsfrage zu dispositionalen Gründen contra TS*, wenn TN die Vorteile von TS eher oder sehr abgelehnt und der abhaltenden Wirkung der Nachteile eher oder sehr zugestimmt hatte (Abschnitt 7):

Frage 13:
**Welche der folgenden Aspekte erklären, warum Topsharing für Sie (eher) nicht in Frage kommt?**

**Bitte wählen Sie 1 bis 3 Aussagen, die Ihnen hierfür besonders wichtig erscheinen!**

- o Dass die Partner sich aufgrund genügend gleicher Kompetenzen gegenseitig vertreten können, finde ich an Topsharing (eher) nicht reizvoll.
- o Mit Topsharing könnte ich meinen Karrierewunsch (eher) schlecht realisieren.
- o Eine bessere Bewältigung eines zeitweise höheren Arbeitsaufkommens kann ich für mich bei Topsharing (eher) nicht sehen.
- o Dass die Partner aufgrund ähnlicher Kompetenzen in Konkurrenz zueinander stehen könnten, hält mich vom Topsharing Modell ab.
- o Dass ich mich voll auf meinen Job-Partner verlassen könnte, ist für mich schwer vorstellbar.
- o Dass die Partner widersprüchliche Entscheidungen treffen könnten, hält mich vom Topsharing-Modell ab.
- o Der Abstimmungsaufwand zwischen den Job-Partnern erscheint mir persönlich zu hoch.
- o Die Verantwortung für eine Führungsposition zu teilen, ist für mich schwer vorstellbar.
- o Dass die Partner ihren zeitlichen Arbeitseinsatz im Topsharing-Modell gemeinsam festlegen können, finde ich persönlich wenig reizvoll.
- o Mit Topsharing könnte ich nach der Arbeit schlechter abschalten.

*Anmerkungen.* Als Auswahl wurden nur die Items zur Verfügung gestellt, denen zuvor eher nicht zugestimmt bzw. die voll abgelehnt wurden sowie die Nachteile, denen eher oder sehr zugestimmt wurde. Auf eine entsprechende Umformulierung der Items wurde geachtet.

Beispiel einer *Priorisierungsfrage bzgl. situationaler Gründe pro TS*, wenn TN den Vorteilen von TS eher oder sehr zugestimmt und die abhaltende Wirkung der Nachteile eher oder sehr abgelehnt hat (Abschnitt 7, inkl. *Freitextfeld für sonstige Gründe pro TS*):

Frage 14:
**Welche der folgenden Aspekte erklären, warum Topsharing für Sie ganz persönlich (eher) in Frage kommt?**

**Bitte wählen Sie 1 bis 3 Aussagen aus, die Ihnen hierfür besonders wichtig erscheinen!**

- o Die Aufgaben meiner aktuellen Leitungsposition würden sich (eher) gut auf zwei Personen aufteilen lassen.
- o Für einen guten Abstimmungsprozess würden wir (eher) ausreichend Zeit haben.
- o Mit einem für Topsharing angepassten (Teilzeit-) Gehalt könnte ich gut leben.
- o Ich würde gerne im Topsharing arbeiten, um auch bei einer Führungsposition mehr Zeit außerhalb der Arbeit zur Verfügung zu haben.
- o Im Topsharing könnte ich die Erwartungen unserer Vorgesetzten an mich als Teil des Führungstandems erfüllen.
- o Im Topsharing könnte ich den Erwartungen von Kollegen (der gleichen Hierarchiestufe) an mich als Teil des Führungstandems entsprechen.
- o Im Topsharing könnte ich den Erwartungen der Mitarbeiter an mich als Teil des Führungstandems gerecht werden.
- o Im Topsharing könnte ich den Erwartungen von Kunden an mich als Teil des Führungstandems erfüllen.
- o Sonstiger Grund, der mich persönlich am Topsharing-Modell reizt (ggfs. hier eintragen):

________________________________________

*Anmerkungen.* Als Auswahl wurden nur die Items zur Verfügung gestellt, denen zuvor eher oder sehr zugestimmt wurde bzw. die Nachteile, die eher oder sehr abgelehnt wurden. Auf eine entsprechende Umformulierung der Items wurde geachtet.

Beispiel für eine *Priorisierungsfrage bzgl. situationaler Gründe contra TS*, wenn TN den Vorteilen von TS eher oder sehr zugestimmt und die abhaltende Wirkung von Nachteilen eher oder sehr abgelehnt hat (Abschnitt 7, inkl. *Freitextfeld für sonstige Gründe contra TS*):

Frage 14:
**Welche der folgenden situativen Aspekte erklären, warum Topsharing für Sie (eher) nicht in Frage kommt?**

**Bitte wählen Sie 1 bis 3 Aussagen, die Ihnen hierfür besonders wichtig erscheinen!**

- o Mit einem für Topsharing angepassten (Teilzeit-) Gehalt könnte ich (eher) nicht leben.
- o Mehr Zeit außerhalb der Arbeit zur Verfügung zu haben, ist für mich persönlich (eher) kein Entscheidungskriterium für Topsharing.
- o Im Topsharing könnten mein Job-Partner und ich den Erwartungen der Kunden an uns als Führungstandem (eher) nicht erfüllen.
- o Im Topsharing könnten mein Job-Partner und ich den Erwartungen von Kollegen der gleichen Hierarchiestufe an uns als Führungstandem (eher) nicht entsprechen.
- o Im Topsharing könnten mein Job-Partner und ich den Erwartungen unserer Mitarbeiter an uns als Führungstandem (eher) nicht gerecht werden.
- o Im Topsharing könnten mein Job-Partner und ich die Erwartungen unserer Vorgesetzten als Führungsteam (eher) nicht erfüllen.
- o Die Aufgaben meiner aktuellen Leitungsposition würden sich schlecht auf zwei Personen aufteilen lassen.
- o Dass mein Job-Partner und ich von anderen gegenseitig ausgespielt werden könnten, hält mich von Topsharing ab.
- o Dass das berufliche Umfeld durch zwei Ansprechpartner (statt einem) genervt sein könnte, hält mich von Topsharing ab.
- o Für einen guten Abstimmungsprozess würde meinem Job-Partner und mir die Zeit fehlen.
- o Sonstiger Grund, der für mich gegen Topsharing spricht (ggfs. hier eintragen):

______________________________

*Anmerkungen.* Als Auswahl wurden nur die Items zur Vorfügung gestellt, denen zuvor eher nicht zugestimmt bzw. die voll abgelehnt wurden sowie die Nachteile, denen eher oder sehr zugestimmt wurde. Auf eine entsprechende Umformulierung der Items wurde geachtet.

Übergangsseite zur Abfrage soziodemografischer Daten (Abschnitt 8):

85%

**Sie haben den 1. Teil fast geschafft.**

**Jetzt nur noch ein paar Daten zu Ihrer Person.**

Weiter

Variablen *Geschlecht* und *Altersklasse* (Abschnitt 8):

Frage 15:
**Geschlecht:**

O weiblich O männlich

Frage 16:
**Wie alt sind Sie?**

O 21 – 30 Jahre
O 31 – 40 Jahre
O 41 – 50 Jahre
O 51 – 60 Jahre
O 61 – 70 Jahre

Variable *Bundesland* (Abschnitt 8):

Frage 17:
**In welchem Bundesland leben Sie?**

Nordrhein-Westfalen

Variable *Partnerschaft* (Abschnitt 8):

Frage 18:
**Sind Sie Single oder leben Sie in einer Partnerschaft?**

O Ich bin Single.
O Ich lebe in einer Partnerschaft.

Filterfrage zur Variable *Berufstätigkeit des Partners* falls TN in einer Partnerschaft lebt (Abschnitt 8):

Frage 19:
**Ist Ihr Partner oder Ihre Partnerin zurzeit berufstätig?**

O Ja, mein Partner/meine Partnerin ist in Teilzeit berufstätig.

O Ja, mein Partner/meine Partnerin ist in Vollzeit berufstätig.

O Ja, mein Partner/meine Partnerin ist jedoch aktuell in Elternzeit.

O Nein, mein Partner/meine Partnerin ist zurzeit nicht berufstätig.

Variable *Kinder im Haushalt* (Abschnitt 8):

Frage 20:
**Mit wie vielen Kindern (Alter bis einschließlich 16 Jahren) leben Sie in einem Haushalt?**

O Mit keinem Kind.

O Mit 1 Kind.

O Mit 2 Kindern.

O Mit 3 oder mehr Kindern.

Variable *Kommentar* (Abschnitt 8):

Frage 21:
**Möchten Sie noch ein Feedback zur bisherigen Befragung geben?**

(Freitextfeld)

Variable *Auswertung ja oder nein* (inkl. E-Mail-Adresse) (Abschnitt 8):

Frage 22:
**Möchten Sie eine individuelle Auswertung des nun folgenden berufsbezogenen Persönlichkeitstests erhalten?**

O Ja, bitte schicken Sie die Auswertung meines Persönlichkeitstests an die folgende E-Mail-Adresse: ______________________________

O Nein, ich möchte keine Auswertung meines Persönlichkeitstests erhalten.

Variable *Matching-Code* (Abschnitt 8):

Frage 23:
**Um Ihre Angaben aus dem Teil 1 für die statistische Auswertung mit den Angaben des folgenden Teil 2 der Umfrage verknüpfen zu können, erstellen Sie hier bitte einen 6-stelligen Code und zwar im folgenden Format:**

**1. Buchstabe von Vor- und Nachname; Geburtstag (zweistellig); Geburtsmonat (zweistellig)**

Beispiel: Eva Müller hat am 01.12.1984 Geburtstag.

Dann lautet der Code: EM0112

1. Buchstabe Vor- und Nachname _____ Geburtstag (2-stellig) ____ Geburtsmonat ____

Endseite im TS-FB mit Hinweisen zum 5DDP inkl. Link (Abschnitt 11):

100%

**Vielen Dank für die Beantwortung des ersten Teils.**

**Nun folgt der berufsbezogene Persönlichkeitstest. Über den unten stehenden Link werden Sie zur Homepage von Human Factor Services weitergeleitet.**

**Wichtige Hinweise!**

1. **Bitte loggen Sie sich auf der Startseite des Persönlichkeitstests mit den von mir erhaltenen Zugangsdaten ein!**

**Benutzername: FOM-HIMM**
**Passwort: siehe E-Mail**

2. **Das Programm fragt Sie ebenfalls nach der Erstellung des selben individuellen Codes. Bitte folgen Sie dazu einfach wieder den Format-Anweisungen.**

3. **Als Grund für die Teilnahme am Persönlichkeitstest wählen Sie bitte ‚berufliches Umfeld'.**

4. **Bitte beantworten Sie die Fragen zur Persönlichkeit im Hinblick auf Ihre berufliche Tätigkeit.**

Nach Abschluss des Persönlichkeitstests ist die Befragung für Sie geschafft. Daher bedanke ich mich bereits an dieser Stelle ganz herzlich bei Ihnen für Ihre Teilnahme. Falls Sie Interesse am Ergebnis meiner Masterarbeit haben, schreiben Sie mir gerne eine E-Mail an: **esther.himmen@fom-net.de**.

## Bitte klicken Sie nun auf den folgenden Link:

**http://www.persönlichkeitsfragebogen.de**

# Anhang E: Hinweise zur Gestaltung des Topsharing Fragebogens

Tabelle 43
*Aufbau des TS-FB*

| Abschnitt Nr. | Kurzbeschreibung des Abschnittes |
|---|---|
| 1 | Einleitung und Instruktionen (Startseite) |
| 2 | Einstiegsfragen zur Berufstätigkeit |
| 3 | Vorstellung des TS-Modells, Abfrage von Rollenvorbildern bzgl. TS |
| 4 | Erhebung dispositionaler Gründe für TS |
| 5 | Erhebung von situationalen Gründen und Bedingungen für TS |
| 6 | Interesseerhebung |
| 7 | Priorisierung von Hauptgründen |
| 8 | Erhebung soziodemografischer Daten |
| 9 | Feedback- und Kommentarmöglichkeit |
| 10 | Abfrage bzgl. Wunsch nach individueller Auswertung und Matching-Code-Angabe, um Teil 1 und Teil 2 zu verknüpfen |
| 11 | Danksagung und Instruktionen für 5DDP, Weiterleitung zum 5DDP |

*Anmerkungen.* TS = Topsharing. 5DDP = Fünf Dimensionen der Persönlichkeit (Eigene Darstellung).

Tabelle 44
*Anforderungen an eine Einleitung und Umsetzung im TS-FB*

| **Anforderungen an eine Einleitung eines (Online-) Fragebogens** | **Umsetzung im TS-FB** |
|---|---|
| Erklärung zum Aufbau der Umfrage | Kurze Erklärung zu Teil 1 und Teil 2 der Umfrage |
| Grobe Fragestellung nennen | Forschungsfrage grob formuliert (noch ohne Nennung des Wortes TS) |
| Bitte um vollständige, aufrichtige und möglichst spontane Beantwortung | Wie empfohlen umgesetzt |
| Hinweis darauf, dass es keine richtigen oder falschen Antworten gibt | Wie empfohlen umgesetzt |
| Nennung der durchschnittlichen Bearbeitungszeit | Die zu erwartende Bearbeitungszeit von ca. 20 bis 25 Minuten genannt |
| Hinweis auf Nutzen der Teilnahme | Hinweis auf die Möglichkeit einer individuellen Test-auswertung des 5DDP |
| Hinweis zum Umgang mit persönlichen Daten | Auf vertrauensvollen Umgang mit den persönlichen Daten hingewiesen; Hinweis auch darauf, dass für die Auswertung der Masterarbeit die persönlichen Daten anonymisiert werden |
| Im Voraus für die Teilnahme danken | Wie empfohlen umgesetzt |
| Kurzvorstellung der eigenen Person des Studienleiters | Hierauf wurde verzichtet, da bereits im E-Mail-Anhang zum Einladungsschreiben an Interessierte erfolgt. Eine Wiederholung wurde im Pretest als redundant empfunden. |
| Kontaktangabe zur Studienleitung | Angabe der E-Mail-Adresse der Autorin |

*Anmerkungen.* Quellen zu den Anforderungen einer Einleitung (Eigene Darstellung nach Döring & Bortz, 2016; Klöckner & Friedrichs, 2014 sowie Raab-Steiner & Benesch, 2015).

## Anhang F: Der 5DDP und seine Reliabilitätswerte

Startseite des 5DDP (Bulheller GmbH, 2017):

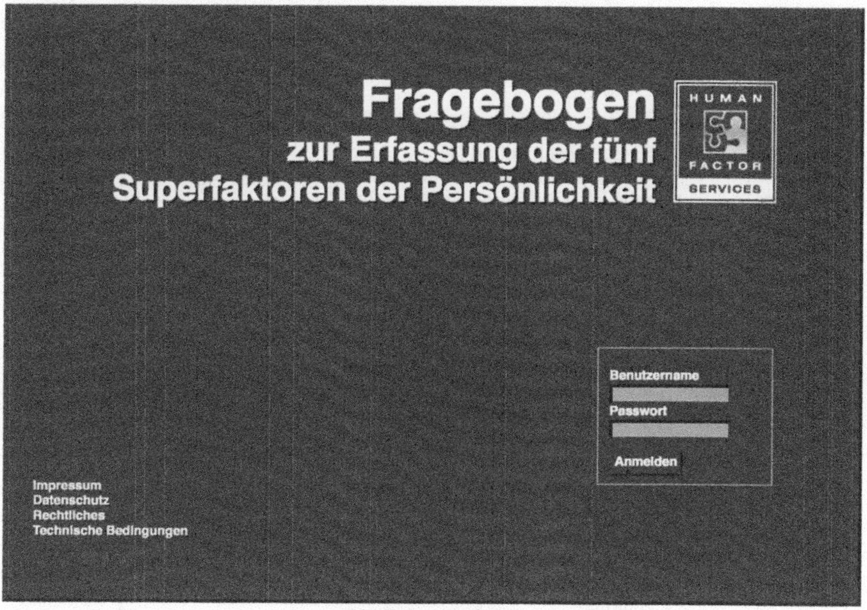


© 2014-2017 Human Factor Services

Tabelle 45

*Reliabilitätskoeffizienten der Superfaktoren im 5DDP (N = 1.648)*

| **Superfaktoren** | ***Cronbachs Alpha*** | $r_{tt}$ |
|---|---|---|
| Extraversion | .938 | .955 |
| Emotionalität | .932 | .935 |
| Gewissenhaftigkeit | .941 | .953 |
| Verträglichkeit | .936 | .945 |
| Offenheit | .917 | .936 |

*Anmerkungen. N* = Stichprobengröße. $r_{tt}$ = Spearman-Brown (Split-Half). Quelle: Ibrahimovic & Bulheller, 2008, S. 31.

## Anhang G: TS betreffende und soziodemografische Variablen/Items

Tabelle 46

*TS betreffende Variablen und Antwortitems (1/2)*

| Variable (TS-FB: Abschnitt) | Item (gek.) | Inhaltliche Aspekte der Antwortkategorien/ Items bzw. Ausprägungen | Art/ Skalenniveau der Variable |
|---|---|---|---|
| *Rollenvorbilder* (Abschnitt 3) | | **Ja**, ich kenne Personen, die im TS arbeiten oder habe von TS-Beispielen gehört (1)<br>**Nein**, ich kenne weder Personen, die im TS arbeiten, noch habe ich von TS-Beispielen gehört. (2) | UV Einfachauswahl/ nominalskaliert |
| *Dispositionale Gründe* (Abschnitt 4) | pG1 | Aufgrund gleicher Kompetenzen gegenseitige Vertretungsmöglichkeit reizvoll (pG1) | UVs/ ordinal- bzw. intervallskaliert |
| | pG2 | Konkurrenzrisiko hält von TS ab | |
| | pG3 | Gegenseitige Ergänzung reizvoll | |
| | pG4 | Auf Partner verlassen ist schwer vorstellbar | |
| | pG5 | Aufgabenaufteilung nach Interessen ist reizvoll | |
| | pG6 | Risiko widersprüchlicher Entscheidungen hält von TS ab | |
| | pG7 | Abstimmungsaufwand zu hoch | |
| | pG8 | Erörterungsmöglichkeit von Perspektiven reizvoll | |
| | pG9 | Abstimmungsaufwand gut realisierbar | |
| | pG10 | Teilen der LV ist schwer vorstellbar | |
| | pG11 | Karriere trotz Teilzeit möglich | |
| | pG12 | Aufteilung des zeitlichen Arbeitseinsatzes wenig reizvoll | |
| | pG13 | Mit TS schlechter nach der Arbeit abschalten | |
| | pG14 | Bessere Bewältigung zeitweise von höherem Arbeitsaufkommen | |
| | pG15 | Vertrauensvolle Beziehung zwischen Partnern gut vorstellbar | |
| | pG16 | Breiterer Erfahrungsschatz reizvoll | |
| *Situationale Gründe* (Abschnitt 5) | sG1 | Gut mit einem für TS angepassten (Teilzeit-) Gehalt leben können | UVs/ ordinal- bzw. intervallskaliert (5-stufige Likert-Skala) |
| | sG2 | Im TS arbeiten, um mehr Zeit außerhalb der Arbeit zur Verfügung zu haben | |
| | sG3 | Aktuelle Leitungsaufgaben lassen sich schlecht aufteilen. | |
| | sG4 | Angestrebte Leitungsaufgaben lassen sich schlecht aufteilen. | |
| | sG5 | Erwartungen von Kunden auch im TS erfüllbar | |
| | sG6 | Ausspielrisiko hält von TS ab | |
| | sG7 | Erwartungen der MA im TS erfüllbar | |
| | sG8 | Risiko eines evtl. genervten Umfelds hält von TS ab | |
| | sG9 | Zeit für gute Abstimmung würde fehlen | |
| | sG10 | Erwartungen von Kollegen auch im TS erfüllbar | |
| | sG11 | Erwartungen von Vorgesetzten im TS erfüllbar | |

*Anmerkungen.* pG = persönlicher Grund. sG = situationaler Grund. TS-FB = Topsharing-Fragebogen. UVs = unabhängige Variablen. Die farblich hinterlegten Items stellen negativ formulierte Items dar. Die genaue Formulierung der Variablen bzw. Items ist dem TS-FB zu entnehmen (siehe Anhang D). Quelle: Eigene Darstellung.

Tabelle 47
*TS betreffende Variablen und Antwortitems (2/2)*

| **Variable (TS-FB: Abschnitt)** | **Item (gek.)** | **Inhaltliche Aspekte der Antwortkategorien/ Items bzw. Ausprägungen** | **Art/ Skalenniveau der Variable** |
|---|---|---|---|
| *Bedingungen* (Abschnitt 5) | B1 | Volle Anerkennung des Arbeitsmodells seitens der Führungsriege | UVs/ ordinal- bzw. intervallskaliert (5-stufige Likert-Skala) |
| | B2 | Volle Unterstützung der Kollegen | |
| | B3 | Unterstützung des Modells durch die MA | |
| | B4 | Unterstützungsmaßnahmen der Organisation | |
| | B5 | Akzeptanz durch die Kunden | |
| | B6 | Ähnliche Werte mit Job-Partner teilen | |
| | B7 | Ähnliche Arbeitsweise der Job-Partner | |
| *Interesse* (Abschnitt 6) | I1 | TS ist grundsätzlich ein interessantes Arbeitsmodell | DA-Item/Ordinal-/ intervallskaliert |
| | I2 | Ich würde zurzeit gerne im TS arbeiten | AV-Basis-Items/ Ordinal- bzw. intervallskaliert (5-stufige Likert-Skala) |
| | I3 | TS evtl. für mich in den nächsten 1 bis 5 Jahre interessant | |
| | I4 | TS evtl. für mich in mehr als 5 Jahre interessant | |
| | I5 | Auch wenn mein Arbeitgeber mir dieses Modell anbieten würde, ist TS für mich persönlich kaum vorstellbar | |
| | I6 | Ich interessiere mich sehr für das Arbeitsmodell TS | |
| | I7 | Über TS nachzudenken hat positive Wirkung auf meine Stimmung | |
| | I8 | Über TS zu reden, macht mir wenig Spaß | |
| | I9 | Ich lese gerne Artikel zum Thema TS | |
| | I10 | TS würde die Entwicklung meiner Persönlichkeit positiv beeinflussen | |
| | I11 | Im TS zu arbeiten, hat für mich eigentlich recht wenig mit Selbstverwirklichung zu tun | |
| | I12 | Wenn ich ehrlich sein soll, ist mir TS eher gleichgültig | |
| | I13 | Ich bin mir sicher, dass TS zu mir persönlich passt | |
| *Priorisierung* (Abschnitt 7) | | Entfällt aufgrund zu hoher Methodenlimitation | |
| *Interessant weil neu oder spannend* (Abschnitt 7) | **Frage:** Welche der unten aufgeführten Ergänzungen zu folgendem Satz sind für Sie persönlich am ehesten zutreffend? "Für mich persönlich ist TS deshalb (eher) von Interesse, weil ...." | | UVs/ Ordinal- bzw. intervallskaliert |
| | | **Ausprägungen**:<br>... ich es mir spannend und interessant vorstelle, mir eine Vollzeit-Führungsposition mit jemand anderem zu teilen. (1)<br><br>... ich alles Neue grundsätzlich spannend finde (2) | |

*Anmerkungen.* AV = Abhängige Variable. DA = Durchführungsakzeptanz. I = Interesse. pG = persönlicher Grund. TS-FB = Topsharing-Fragebogen. UVs = unabhängige Variablen. Die farblich hinterlegten Items stellen negativ formulierte Items dar. Die genaue Formulierung der Variablen bzw. Items ist dem TS-FB zu entnehmen (siehe Anhang D). Quelle: Eigene Darstellung.

Tabelle 48

*Soziodemografische Variablen, Items und Antwortkategorien (1/2)*

| **Variable (Fragebogen: Abschnitt)** | **Antwortkategorie/ Item (Ausprägung)** | **Art/ Skalenniveau der Variable** |
|---|---|---|
| *Berufstätigkeit TN* (TS-FB: Abschnitt 2) | Ich bin aktuell berufstätig (1)<br>Ich befinde mich aktuell in Elternzeit (2)<br>Ich bin zur Zeit nicht berufstätig (3) | UV als Einfachauswahl/ nominalskaliert |
| *Vertragsart TN:* (TS-FB: Abschnitt 2) | Aktuelle Vertragsart TN (VZ_TZ_TN):<br>Vollzeit bzw. vollzeitähnlich (1), Teilzeit (2)<br><br>Bevorzugte Vertragsart TN (VZ_TZ_bevorzugt):<br>Vollzeit bzw. vollzeitähnlich (1), Teilzeit (2) | UV als Einfachauswahl/ nominalskaliert |
| *LV aktuell* (TS-FB: Abschnitt 2) | Ja, projektbezogene Leitungsverantwortung (akt_projekt_LV)<br>Ja, fachliche Leitungsverantwortung (akt_fachl_LV)<br>Ja, Personalverantwortung (akt_Personal_LV)<br>Nein, ich trage zurzeit keine Leitungs- oder Personalverantwortung (akt_keine_LV) | UV als Mehrfachauswahl/ nominalskaliert |
| *LV angestrebt* (TS-FB: Abschnitt 2) | Ja, ich strebe projektbezogene LV an (projekt_ LV_angestrebt)<br>Ja, ich strebe fachliche LV an (fachl_LV_angestrebt)<br>Ja, ich strebe Personalverantwortung an (Personal_ LV_angestrebt)<br>Nein, ich strebe keine Position mit LV/PV an (keine_ LV_angestrebt) | UV als Mehrfachauswahl/ nominalskaliert |
| *Alter* (TS-FB: Abschnitt 8; 5DDP: Startseite) | Altersgruppen (TS-F):<br>21 – 30 Jahre (1); 31 – 40 Jahre (2); 41 – 50 Jahre (3); 51 – 60 Jahre (4); 61 – 70 Jahre (5)<br><br>Alter als Freitextfeld (5DDP) | UV als Einfachauswahl bzw. im 5DDP als Freitextfeld/ intervallskaliert |
| *Geschlecht* (TS-FB: Abschnitt 8; 5DDP: Startseite) | weiblich (1)<br>männlich (2) | UV als Einfachauswahl/ nominalskaliert |
| *Angestrebter/ abgeschlossener Bildungsabschluss* (5DDP: Startseite) | Hochschulabschluss (7)<br>Abitur/ Fachabitur (6)<br>Realschulabschluss (5)<br>Hauptschulabschluss (3)<br>Kein Abschluss (2) | UV als Einfachauswahl/ ordinalskaliert |
| *Familienstand* (TS-FB: Abschnitt 8) | Single (1)<br>Partnerschaft (2) | UV als Einfachauswahl/ nominalskaliert |
| *Kinder im Haushalt* (TS-FB: Abschnitt 8) | Mit keinem Kind (4); Mit 1 Kind (1); Mit 2 Kindern (2); Mit 3 oder mehr Kindern (3) | UV als Einfachauswahl/ nominalskaliert |

*Anmerkungen.* 5DDP = 5 Dimensionen der Persönlichkeit. LV = Leitungsverantwortung. TN = Teilnehmer. TS = Topsharing. TS-FB = Topsharing-Fragebogen. UV = Unabhängige Variable. Die genaue Formulierung der TS-FB- Items ist dem TS-FB zu entnehmen (siehe Anhang D). Quelle: SPSS Ausgabe TS-FB/5DDP.

Tabelle 49
*Soziodemografische Variablen, Items und Antwortkategorien (2/2)*

| **Variable (Fragebogen: Abschnitt)** | **Antwortkategorie/ Item (Ausprägung)** | **Art/ Skalenniveau der Variable** |
|---|---|---|
| *Berufstätigkeit Partner* (TS-FB: Abschnitt 8) | Ja, mein Partner/ meine Partnerin ist in Teilzeit berufstätig. (1)<br>Ja, mein Partner/ meine Partnerin ist in Vollzeit tätig. (2)<br>Ja, mein Partner/ meine Partnerin ist jedoch aktuell in Elternzeit. (3)<br>Nein: mein Partner/ meine Partnerin ist zurzeit nicht berufstätig. (4) | UV/ nominalskaliert |
| *Bundesland* (TS-FB: Abschnitt 8) | Baden-Württemberg (8), Bayern (7), Berlin (5), Brandenburg (4), Bremen (13), Hamburg (2), Hessen (16), Mecklenburg-Vorpommern (3), Niedersachsen (12), Nordrhein-Westfalen (11), Rheinland-Pfalz (9), Saarland (10), Sachsen (6), Sachsen-Anhalt (14), Schleswig-Holstein (1), Thüringen (15) | UV/ nominalskaliert |

*Anmerkungen.* TS-FB = Topsharing-Fragebogen. UV = Unabhängige Variable. Quelle: SPSS Ausgabe TS-FB/5DDP.

## Anhang H: Ergebnisdaten zur Stichprobe

Tabelle 50

*Teilnahmestatus des Gesamtsamples des TS-FB nach Geschlecht*

| Teilnahmestatus | Geschlecht | | | | Gesamt | |
|---|---|---|---|---|---|---|
| | Frauen | Prozent | Männer | Prozent | Gesamt | Prozent |
| Nicht teilgenommen | 8 | 4.9 % | 8 | 4.9 % | **16** | **9.8 %** |
| Abgebrochen | 1 | 0.6 % | 1 | 0.6 % | **2** | **1.2 %** |
| Beendet ohne Unterbrechung | 71 | 43.3 % | 72 | 43.9 % | **143** | **87.2 %** |
| Beendet nach Unterbrechung | 2 | 1.2 % | 1 | 0.6 % | **3** | **1.8 %** |
| **Beendet Gesamt** | **73** | 44.5 % | **73** | 44.5 % | **146** | **89.0 %** |
| **Gesamt** | **82** | 50 % | **82** | 50 % | **164** | **100.0 %** |

*Anmerkungen.* $N_{gültig}$ = 164. $N_{fehlend}$ = 0. Quelle: Unipark Teilnehmerstammdaten des TS-FB.

Tabelle 51

*Altersverteilung in der Stichprobe nach Geschlecht*

| | | | | Statistische Werte[a] | | | | | | |
|---|---|---|---|---|---|---|---|---|---|---|
| **Geschlecht** | **Altersgruppe** | **Häufigkeit** | **Prozent** (innerhalb Geschlecht) | **MW[a] (J)** | **sd (J)** | **Var** | **M (J)** | **IQB (J)** | **Schiefe** | **Std.-fehler Schiefe** |
| k. A. | 41 – 50 J. | 1 | 50.0 | | | | | | | |
| | 51 – 60 J. | 1 | 50.0 | --[b] | --[b] | --[b] | --[b] | --[b] | --[b] | --[b] |
| | Gesamt | 2 | 100.0 | | | | | | | |
| Frauen | 21 - 30 J. | 18 | 25.0 | | | | | | | |
| | 31 - 40 J. | 34 | 47.2 | | | | | | | |
| | 41 - 50 J. | 19 | 26.4 | | | | | | | |
| | 51 - 60 J. | 1 | 1.4 | | | | | | | |
| | 61 - 70 J. | 0 | 0 | | | | | | | |
| | Gesamt | 72 | 100.0 | 36.6 | 7.996 | 63.937 | 36.0 | 15 | 0.463 | .283 |
| Männer | 21 – 30 J. | 8 | 11.1 | | | | | | | |
| | 31 – 40 J. | 20 | 27.8 | | | | | | | |
| | 41 – 50 J. | 26 | 36.1 | | | | | | | |
| | 51 – 60 J. | 16 | 22.2 | | | | | | | |
| | 61 – 70 J. | 2 | 2.8 | | | | | | | |
| | Gesamt | 72 | 100.0 | 43.7 | 9.648 | 93.092 | 45.0 | 14 | -0.147 | .287 |
| Gesamt | | 144 | 100.0 | 40.1 | 9.521 | 90.654 | 38.5 | 15 | 0.246 | .203 |

*Anmerkungen.* $N_{gültig\ Frauen,\ Männer}$ = 144. $N_{k.\ A.}$ = 2. Das Item Geschlecht wurde im TS-FB erst nach Beginn der Feldphase zu einem Pflichtfeld deklariert. Sechs TN machten bis zu diesem Zeitpunkt hierzu keine Angabe. Dies konnte bei 4 TN jedoch durch die Zuordnung zum 5DDP nachträglich ergänzt werden. IQB = Interquartilbereich. J = Jahre. k. A. = keine Angabe. M = Median. MW = Mittelwert. sd = Standardabweichung, Var = Varianz. Quelle: SPSS-Ausgabe TS-FB/5DDP.

[a]Diese Werte resultieren aus den Altersangaben in Jahren im 5DDP, wobei $N_{Frauen}$ = 72 und $N_{Männer}$ = 70, da insgesamt 4 Personen den 5DDP nicht beantwortet bzw. nicht beendet haben.
[b]Angabe nicht möglich, da zu diesen Datensätzen kein 5DDP vorliegt.

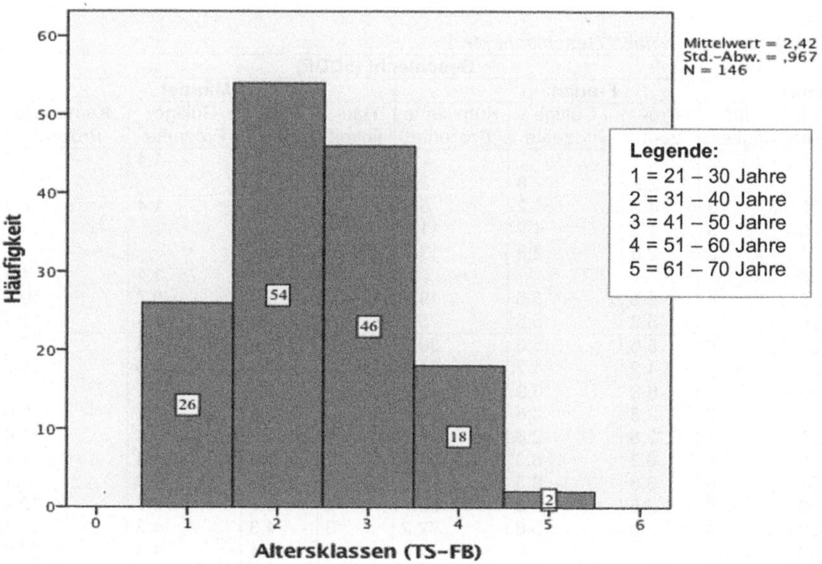


*Abbildung 10.* Altersverteilung in der Stichprobe (SPSS-Ausgabe des TS-FB/5DDP).

Tabelle 52

*Lebensalter in Jahren nach Geschlecht (1/2)*

| Lebens-alter in Jahren | Geschlecht (5DDP) | | | | | | | |
|---|---|---|---|---|---|---|---|---|
| | Frauen | | | | Männer | | | |
| | Häu-figkeit | Pro-zent | Gültige Prozente | Kumulierte Prozente | Häu-figkeit | Pro-zent | Gültige Prozente | Kumulierte Prozente |
| 21 | | | | | 1 | 1.4 | 1.4 | 1.4 |
| 24 | 2 | 2.8 | 2.8 | 2.8 | | | | |
| 25 | 3 | 4.2 | 4.2 | 6.9 | 1 | 1.4 | 1.4 | 2.9 |
| 26 | 3 | 4.2 | 4.2 | 11.1 | | | | |
| 27 | 2 | 2.8 | 2.8 | 13.9 | | | | |
| 28 | | | | | 1 | 1.4 | 1.4 | 4.3 |
| 29 | 4 | 5.6 | 5.6 | 19.4 | 4 | 5.7 | 5.7 | 10.0 |
| 30 | 4 | 5.6 | 5.6 | 25.0 | 1 | 1.4 | 1.4 | 11.4 |
| 31 | 4 | 5.6 | 5.6 | 30.6 | 1 | 1.4 | 1.4 | 12.9 |
| 32 | 3 | 4.2 | 4.2 | 34.7 | 2 | 2.9 | 2.9 | 15.7 |
| 33 | 5 | 6.9 | 6.9 | 41.7 | | | | |
| 34 | 2 | 2.8 | 2.8 | 44.4 | 3 | 4.3 | 4.3 | 20.0 |
| 35 | 2 | 2.8 | 2.8 | 47.2 | 1 | 1.4 | 1.4 | 21.4 |
| 36 | 6 | 8.3 | 8.3 | 55.6 | 1 | 1.4 | 1.4 | 22.9 |
| 37 | 6 | 8.3 | 8.3 | 63.9 | 3 | 4.3 | 4.3 | 27.1 |
| 38 | 2 | 2.8 | 2.8 | 66.7 | 4 | 5.7 | 5.7 | 32.9 |
| 39 | 4 | 5.6 | 5.6 | 72.2 | 3 | 4.3 | 4.3 | 37.1 |
| 40 | | | | | 1 | 1.4 | 1.4 | 38.6 |
| 42 | | | | | 1 | 1.4 | 1.4 | 40.0 |
| 43 | | | | | 4 | 5.7 | 5.7 | 45.7 |
| 44 | 2 | 2.8 | 2.8 | 75.0 | 2 | 2.9 | 2.9 | 48.6 |
| 45 | 4 | 5.6 | 5.6 | 80.6 | 3 | 4.3 | 4.3 | 52.9 |
| 46 | 4 | 5.6 | 5.6 | 86.1 | 3 | 4.3 | 4.3 | 57.1 |
| 47 | 1 | 1.4 | 1.4 | 87.5 | 5 | 7.1 | 7.1 | 64.3 |
| 48 | 2 | 2.8 | 2.8 | 90.3 | 3 | 4.3 | 4.3 | 68.6 |
| 49 | 4 | 5.6 | 5.6 | 95.8 | 2 | 2.9 | 2.9 | 71.4 |

*Anmerkungen.* $N_{Ges}$ = 142. $N_{fehlend}$ = 4. da 4 TN den 5DDP nicht beantwortet bzw. nicht beendet haben. Quelle: SPSS-Ausgabe der 5DDP-Basisdaten.

Tabelle 53

*Lebensalter in Jahren nach Geschlecht (2/2)*

| Lebens-alter in Jahren | Geschlecht (5DDP) | | | | | | | |
|---|---|---|---|---|---|---|---|---|
| | **Frauen** | | | | **Männer** | | | |
| | Häufigkeit | Prozent | Gültige Prozente | Kumulierte Prozente | Häufigkeit | Prozent | Gültige Prozente | Kumulierte Prozente |
| 50 | 2 | 2.8 | 2.8 | 98.6 | 1 | 1.4 | 1.4 | 72.9 |
| 51 | | | | | 3 | 4.3 | 4.3 | 77.1 |
| 52 | | | | | 1 | 1.4 | 1.4 | 78.6 |
| 53 | | | | | 3 | 4.3 | 4.3 | 82.9 |
| 54 | | | | | 2 | 2.9 | 2.9 | 85.7 |
| 55 | | | | | 3 | 4.3 | 4.3 | 90.0 |
| 56 | | | | | 1 | 1.4 | 1.4 | 91.4 |
| 57 | | | | | 1 | 1.4 | 1.4 | 92.9 |
| 58 | | | | | 2 | 2.9 | 2.9 | 95.7 |
| 59 | 1 | 1.4 | 1.4 | 100.0 | | | | |
| 60 | | | | | 1 | 1.4 | 1.4 | 97.1 |
| 63 | | | | | 2 | 2.9 | 2.9 | 100.0 |
| **Gesamt** (Tabelle 52 + Tabelle 53 | **72** | **100.0** | **100.0** | | **70** | **100.0** | **100.0** | |

*Anmerkungen.* $N_{Ges}$ = 142. $N_{fehlend}$ = 4, da 4 TN den 5DDP nicht beantwortet bzw. nicht beendet haben. Quelle: SPSS-Ausgabe der 5DDP-Basisdaten.

Tabelle 54

*Verteilung der Stichprobe nach Geschlecht und Altersklassen in 10-Jahres-Schritten*

| Altersklassen (10 Jahresschritte) | Geschlecht | | | | | | Gesamt | | |
|---|---|---|---|---|---|---|---|---|---|
| | **Frauen** | | | **Männer** | | | | | |
| | Anzahl | Prozent innerhalb von Geschlecht | Prozent innerhalb von Altersklassen | Anzahl | Prozent innerhalb von Geschlecht | Prozent innerhalb von Altersklassen | Anzahl | Prozent innerhalb von Geschlecht | Prozent innerhalb von Altersklassen |
| 21 - 30 J | 18 | 25.0 | 69.2 | 8 | 11.1 | 30.8 | 26 | 18.1 | 100.0 |
| 31 - 40 J | 34 | 47.2 | 63.0 | 20 | 27.8 | 37.0 | 54 | 37.5 | 100.0 |
| 41 - 50 J | 19 | 26.4 | 42.2 | 26 | 36.1 | 57.8 | 45 | 31.3 | 100.0 |
| 51 - 60 J | 1 | 1.4 | 5.9 | 16 | 22.2 | 94.1 | 17 | 11.8 | 100.0 |
| 61 - 70 J | 0 | 0.0 | 0.0 | 2 | 2.8 | 100.0 | 2 | 1.4 | 100.0 |
| **Gesamt** | **72** | **100.0** | **50.0** | **72** | **100.0** | **50.0** | **144** | **100.0** | **100.0** |

*Anmerkungen.* J = Jahre. $N_{Ges}$ = 144. $N_{fehlend}$ = 2, da 2 TN im TS-FB keine Angabe zum Geschlecht gemacht haben. Quelle: SPSS-Ausgabe TS-FB/5DDP.

Tabelle 55

*Verteilung der Stichprobe nach Geschlecht und Altersklassen in 5-Jahres-Schritten*

| | Geschlecht (5DDP) | | | | | | | | |
|---|---|---|---|---|---|---|---|---|---|
| | Frauen | | | Männer | | | Gesamt | | |
| **Alter in 5 Jahres-schritten** | An-zahl | % in-nerhalb von Ge-schlecht (5DDP) | % in-nerhalb von Alter in 5 res-schritten | An-zahl | % in-nerhalb von Ge-schlecht (5DDP) | % in-nerhalb von Alter in 5 res-schritten | An-zahl | % inner-halb von Ge-schlec ht (5DD P) | % in-nerhalb von Alter in 5 res-schritten |
| 20 - 24 J. | 2 | 2.8 | 66.7 | 1 | 1.4 | 33.3 | 3 | 2.1 | 100.0 |
| 25 - 29 J. | 12 | 16.7 | 66.7 | 6 | 8.6 | 33.3 | 18 | 12.7 | 100.0 |
| 30 - 34 J. | 18 | 25.0 | 72.0 | 7 | 10.0 | 28.0 | 25 | 17.6 | 100.0 |
| 35 - 39 J. | 20 | 27.8 | 62.5 | 12 | 17.1 | 37.5 | 32 | 22.5 | 100.0 |
| 40 - 44 J. | 2 | 2.8 | 20.0 | 8 | 11.4 | 80.0 | 10 | 7.0 | 100.0 |
| 45 - 49 J. | 15 | 20.8 | 48.4 | 16 | 22.9 | 51.6 | 31 | 21.8 | 100.0 |
| 50 - 54 J. | 2 | 2.8 | 16.7 | 10 | 14.3 | 83.3 | 12 | 8.5 | 100.0 |
| 55 - 59 J. | 1 | 1.4 | 12.5 | 7 | 10.0 | 87.5 | 8 | 5.6 | 100.0 |
| 60 - 64 J. | 0 | 0.0 | 0.0 | 3 | 4.3 | 100.0 | 3 | 2.1 | 100.0 |
| **Gesamt** | **72** | **100.0** | **50.7** | **70** | **100.0** | **49.3** | **142** | **100.0** | **100.0** |

*Anmerkungen.* $N_{Ges}$ = 142. $N_{fehlend}$ = 4, da 4 TN den 5DDP nicht beantwortet bzw. nicht beendet haben. Quelle: SPSS-Ausgabe 5DDP Basisdaten.

Tabelle 56

*Verteilung der Bildungsabschlüsse nach Geschlecht*

| Bildungsabschluss (5DDP) | | Geschlecht (5DDP) weiblich | männlich | Gesamt |
|---|---|---|---|---|
| Realschul-abschluss (5) | Anzahl | 2 | 3 | **5** |
| | % innerhalb von Bildungsabschluss | 40.0 % | 60.0 % | **100.0 %** |
| | % innerhalb von Geschlecht | **2.8 %** | **4.3 %** | **3.5 %** |
| | % der Gesamtzahl | 1.4 % | 2.1 % | **3.5 %** |
| Abitur/ Fach-abitur (6) | Anzahl | 9 | 9 | **18** |
| | % innerhalb von Bildungsabschluss | 50.0 % | 50.0 % | **100.0 %** |
| | % innerhalb von Geschlecht | **12.5 %** | **12.9 %** | **12.7 %** |
| | % der Gesamtzahl | 6.3 % | 6.3 % | **12.7 %** |
| Hochschul-abschluss (7) | Anzahl | 61 | 58 | **119** |
| | % innerhalb von Bildungsabschluss | 51.3 % | 48.7 % | **100.0 %** |
| | % innerhalb von Geschlecht | **84.7 %** | **82.9 %** | **83.8 %** |
| | % der Gesamtzahl | 43.0 % | 40.8 % | **83.8 %** |
| **Gesamt** | **Anzahl** | **72** | **70** | **142** |
| | % innerhalb von Bildungsabschluss | 50.7 % | 49.3 % | 100.0 % |
| | % innerhalb von Geschlecht | 100.0 % | 100.0 % | 100.0 % |
| | % der Gesamtzahl | 50.7 % | 49.3 % | 100.0 % |
| | **Median** | **7 (Hochschulabschluss)** | | |

*Anmerkungen.* Differenz zu $N_{ges}$ vom TS-FB basiert auf 4 TN, die den 5DDP nicht beantwortet bzw. nicht beendet haben. Die Kategorien *kein Abschluss (2)* und *Hauptschulabschluss (3)* wurden von keinem TN gewählt. Quelle: SPSS-Ausgabe 5DDP Basisdaten.

Tabelle 57

*Angaben zur Berufstätigkeit der TN nach Geschlecht*

| | Berufstätigkeit der TN | Geschlecht Frauen | Männer | Gesamt |
|---|---|---|---|---|
| Ich bin aktuell berufstätig. | **Anzahl** | **62** | **70** | **132** |
| | % innerhalb von Berufstätigkeit der TN | 47.0 % | 53.0 % | **100.0 %** |
| | % innerhalb von Geschlecht | 84.9 % | 95.9 % | **90.4 %** |
| | % der Gesamtzahl | 42.5 % | 47.9 % | **90.4 %** |
| Ich befinde mich aktuell in Eltern-zeit. | **Anzahl** | **7** | **1** | **8** |
| | % innerhalb von Berufstätigkeit der TN | 87.5 % | 12.5 % | **100.0 %** |
| | % innerhalb von Geschlecht | 9.6 % | 1.4 % | **5.5 %** |
| | % der Gesamtzahl | 4.8 % | 0.7 % | **5.5 %** |
| Ich bin zurzeit nicht berufstätig. | **Anzahl** | **4** | **2** | **6** |
| | % innerhalb von Berufstätigkeit der TN | 66.7 % | 33.3 % | **100.0 %** |
| | % innerhalb von Geschlecht | 5.5 % | 2.7 % | **4.1 %** |
| | % der Gesamtzahl | 2.8 % | 1.4 % | **4.2 %** |
| **Gesamt** | **Anzahl** | **73** | **73** | **146** |
| | % innerhalb von Berufstätigkeit der TN | 50.0 % | 50.0 % | **100.0 %** |
| | % innerhalb von Geschlecht | 100.0 % | 100.0 % | **100.0 %** |
| | % der Gesamtzahl | 50.0 % | 50.0 % | **100.0 %** |

*Anmerkungen.* TN = Teilnehmer. Quelle: Angepasste SPSS-Daten TS-FB/5DDP.

[a]Da insgesamt 132 Personen angaben, berufstätig zu sein und 73 Männer sowie 73 Frauen den TS-FB beendet haben, wurden die beiden ursprünglich dem Geschlecht nicht zuzuordnenden Angaben mit jeweils 1 der Anzahl der berufstätigen Frauen und Männer hinzugezählt und die Prozentwerte korrigiert.

Tabelle 58

*Bevorzugte Art der Berufstätigkeit der aktuell nicht berufstätigen TN nach Geschlecht*

| Bevorzugte Art der Berufstätigkeit (Vollzeit oder Teilzeit) | | Geschlecht Frauen | Männer | Gesamt |
|---|---|---|---|---|
| **eine Vollzeit- bzw. Vollzeit-ähnliche Stelle** (mehr als 32 Stunden pro Woche) | **Anzahl** | **2** | **1** | **3** |
| | % innerhalb von Vollzeit oder Teilzeit interessiert | 66.7 % | 33.3 % | 100.0 % |
| | % innerhalb von Geschlecht | 50.0 % | 50.0 % | 50.0 % |
| | % der Gesamtzahl | 33.3 % | 16.7 % | 50.0 % |
| **eine Teilzeitstelle** (maximal 32 Stunden pro Woche) | **Anzahl** | **2** | **1** | **3** |
| | % innerhalb von Vollzeit- oder Teilzeit interessiert | 66.7 % | 33.3 % | 100.0 % |
| | % innerhalb von Geschlecht | 50.0 % | 50.0 % | 50.0 % |
| | % der Gesamtzahl | 33.3 % | 16.7 % | 50.0 % |
| **Gesamt** | **Anzahl** | **4** | **2** | **6** |
| | % innerhalb von Vollzeit- oder Teilzeit interessiert | 66.7 % | 33.3 % | 100.0 % |
| | % innerhalb von Geschlecht | 100.0 % | 100.0 % | 100.0 % |
| | % der Gesamtzahl | 66.7 % | 33.3 % | 100.0 % |

*Anmerkungen.* Aufgrund der sehr geringen Anzahl nicht berufstätiger TN wird hier auf die Angabe eines Maßes der zentralen Tendenz verzichtet. Quelle: SPSS-Ausgabe TS-FB/5DDP.

Tabelle 59

*Häufigkeiten: angestrebte LV nicht berufstätiger TN sowie derjenigen, die keine LV/PV tragen*

| Angestrebte LV oder PV[a] | Antworten N | Antworten Prozent | Prozent der Fälle |
|---|---|---|---|
| Anstreben projektbezogener LV | 13 | 31.7 | 61.9 |
| Anstreben fachlicher LV | 16 | 39.0 | 76.2 |
| Anstreben PV | 12 | 29.3 | 57.1 |
| **Gesamt** | **41** | **100.0** | **195.2** |

*Anmerkungen*. $N_{gültig}$ = 21. $N_{fehlend}$ = 125. $N_{gültig}$ ergibt sich, da 15 TN angaben, aktuell keine LV/PV zu tragen und sechs nicht berufstätige TN. Mehrfachnennungen möglich. Das Item *keine_LV_angestrebt* wird nicht angezeigt, da hierfür keine Werte mit 1 vorliegen. LV = Leitungsverantwortung. PV = Personalverantwortung. Quelle: SPSS-Ausgabe TS-FB/5DDP.

[a]Dichotomie-Gruppe des Mehrfachantwortensets tabellarisch dargestellt bei Wert 1.

Tabelle 60

*Häufigkeiten bzgl. der Art der aktuellen und angestrebten LV und PV nach Altersklassen*

| Altersklassen (TS-FB) | Leitungsverantwortung[a] | Antworten N | Antworten Prozent | Prozent der Fälle |
|---|---|---|---|---|
| 21 - 30 Jahre | aktuell projektbezogene LV | 12 | 22.2 | 46.2 |
| | aktuell fachliche LV | 10 | 18.5 | 38.5 |
| | aktuell PV | 8 | 14.8 | 30.8 |
| | aktuell weder LV noch PV | 5 | 9.3 | 19.2 |
| | Ja, ich strebe projektbezogene LV an. | 6 | 11.1 | 23.1 |
| | Ja, ich strebe PV an. | 6 | 11.1 | 23.1 |
| | Ja, ich strebe fachliche LV an. | 7 | 13.0 | 26.9 |
| | Gesamt | 54 | 100.0 | 207.7 |
| 31 - 40 Jahre | aktuell projektbezogene LV | 29 | 30.2 | 53.7 |
| | aktuell fachliche LV | 29 | 30.2 | 53.7 |
| | aktuell PV | 18 | 18.8 | 33.3 |
| | aktuell weder LV noch PV | 5 | 5.2 | 9.3 |
| | Ja, ich strebe projektbezogene LV an. | 6 | 6.3 | 11.1 |
| | Ja, ich strebe PV an. | 5 | 5.2 | 9.3 |
| | Ja, ich strebe fachliche LV an. | 4 | 4.2 | 7.4 |
| | Gesamt | 96 | 100.0 | 177.8 |
| 41 - 50 Jahre | aktuell projektbezogene LV | 24 | 27.0 | 52.2 |
| | aktuell fachliche LV | 31 | 34.8 | 67.4 |
| | aktuell PV | 24 | 27.0 | 52.2 |
| | aktuell weder LV noch PV | 4 | 4.5 | 8.7 |
| | Ja, ich strebe projektbezogene LV an. | 1 | 1.1 | 2.2 |
| | Ja, ich strebe PV an. | 1 | 1.1 | 2.2 |
| | Ja, ich strebe fachliche LV an. | 4 | 4.5 | 8.7 |
| | Gesamt | 89 | 100.0 | 193.5 |
| 51 - 60 Jahre | aktuell projektbezogene LV | 12 | 26.7 | 66.7 |
| | aktuell fachliche LV | 16 | 35.6 | 88.9 |
| | aktuell PV | 15 | 33.3 | 83.3 |
| | aktuell weder LV noch PV | 1 | 2.2 | 5.6 |
| | Ja, ich strebe fachliche LV an. | 1 | 2.2 | 5.6 |
| | Gesamt | 45 | 100.0 | 250.0 |
| 61 – 70 Jahre | aktuell projektbezogene LV | 2 | ---- | ---- |
| | aktuell fachliche LV | 1 | ---- | ---- |
| | Gesamt | 3 | | |

*Anmerkungen.* LV = Leitungsverantwortung. PV = Personalverantwortung. Wegen zu geringer Anzahl der über 61 Jährigen hier keine Prozentangaben dazu. Quelle: SPSS-Ausgabe TS-FB/5DDP.

[a]Dichotomie-Gruppe des Variablensets *akt_angestr_LV* tabellarisch dargestellt bei Wert 1.

Tabelle 61
*Angaben zum Familienstand nach Geschlecht*

| Familienstand | | Geschlecht Frauen | Männer | Gesamt |
|---|---|---|---|---|
| Ich bin Single. (1) | **Anzahl** | **14** | **3** | **17** |
| | % innerhalb von Familienstand | 82.4 % | 17.6 % | 100.0 % |
| | % innerhalb von Geschlecht | 19.4 % | 4.2 % | 11.7 % |
| | % der Gesamtzahl | 9.6 % | 2.0 % | 11.6 % |
| Ich lebe in einer Partnerschaft. (2) | **Anzahl** | **59** | **70** | **129** |
| | % innerhalb von Familienstand | 45.7 % | 54.3 % | 100.0 % |
| | % innerhalb von Geschlecht | 80.8 % | 95.9 % | 88.3 % |
| | % der Gesamtzahl | 40.4 % | 47.9 % | 88.4 % |
| **Gesamt** | **Anzahl** | **73** | **73** | **146** |
| | % innerhalb von Familienstand | 50.0 % | 50.0 % | 100.0 % |
| | % innerhalb von Geschlecht | 100.0 % | 100.0 % | 100.0 % |
| | % der Gesamtzahl | 50.0 % | 50.0 % | 100.0 % |

*Anmerkungen.* Frauen: $N_{gültig\ ursprünglich} = 72$. Männer: $N_{gültig\ ursprünglich} = 72$. $N_{gültig\ keine\ Angabe} = 2$. Quelle: SPSS-Daten TS-FB/5DDP.

[a]Da die TN der fehlenden Angaben in einer Partnerschaft leben und insgesamt jeweils 73 Frauen und 73 Männer die Umfrage beendet haben, konnten die ursprünglichen Werte korrigiert werden.

Tabelle 62
*Angaben zur Anzahl von Kindern im Haushalt*

| Kinder im Haushalt | | Geschlecht Frauen | Männer | Gesamt |
|---|---|---|---|---|
| Mit 1 Kind. | **Anzahl** | **10** | **13** | **23** |
| | % innerhalb von Kinder_Haushalt | 43.5 % | 56.5 % | 100.0 % |
| | % innerhalb von Geschlecht | 13.9 % | 18.1 % | 16.0 % |
| | % der Gesamtzahl | 6.9 % | 9.0 % | 16.0 % |
| Mit 2 Kindern. | **Anzahl** | **15** | **21** | **36** |
| | % innerhalb von Kinder_Haushalt | 41.7 % | 58.3 % | 100.0 % |
| | % innerhalb von Geschlecht | 20.8 % | 29.2 % | 25.0 % |
| | % der Gesamtzahl | 10.4 % | 14.6 % | 25.0 % |
| Mit 3 oder mehr Kindern. | **Anzahl** | **1** | **5** | **6** |
| | % innerhalb von Kinder_Haushalt | 16.7 % | 83.3 % | 100.0 % |
| | % innerhalb von Geschlecht | 1.4 % | 6.9 % | 4.2 % |
| | % der Gesamtzahl | 0.7 % | 3.5 % | 4.2 % |
| Mit keinem Kind. | **Anzahl** | **46** | **33** | **79** |
| | % innerhalb von Kinder_Haushalt | 58.2 % | 41.8 % | 100.0 % |
| | % innerhalb von Geschlecht | 63.9 % | 45.8 % | 54.9 % |
| | % der Gesamtzahl | 31.9 % | 22.9 % | 54.9 % |
| **Gesamt** | **Anzahl** | **72** | **72** | **144** |
| | % innerhalb von Kinder_Haushalt | 50.0 % | 50.0 % | 100.0 % |
| | % innerhalb von Geschlecht | 100.0 % | 100.0 % | 100.0 % |
| | % der Gesamtzahl | 50.0 % | 50.0 % | 100.0 % |

*Anmerkungen.* $N_{fehlend\ Gesamt} = 2$, da keine Angabe zum Geschlecht. Diese teilen sich jeweils auf die Items *Mit 2 Kindern* und *Mit keinem Kind* auf. Quelle: SPSS-Ausgabe TS-FB/5DDP.

Tabelle 63

*Aggregierte Angaben zu keinem Kind, einem Kind sowie zwei Kindern oder mehr*

| **Kinder** (Kein Kind, 1 Kind, 2 Kinder oder mehr) | | **Geschlecht** | | |
|---|---|---|---|---|
| | | **Frauen** | **Männer** | **Gesamt** |
| 1 Kind | **Anzahl** | **10** | **13** | **23** |
| | % innerhalb von Variable Kinder | 43.5 % | 56.5 % | 100.0 % |
| | % innerhalb von Geschlecht | 13.9 % | 18.1 % | 16.0 % |
| | % der Gesamtzahl | 6.9 % | 9.0 % | 16.0 % |
| 2 Kinder oder mehr | **Anzahl** | **16** | **26** | **42** |
| | % innerhalb von Variable Kinder | 38.1 % | 61.9 % | 100.0 % |
| | % innerhalb von Geschlecht | 22.2 % | 36.1 % | 29.2 % |
| | % der Gesamtzahl | 11.1 % | 18.1 % | 29.2 % |
| ohne Kind | **Anzahl** | **46** | **33** | **79** |
| | % innerhalb von Variable Kinder | 58.2 % | 41.8 % | 100.0 % |
| | % innerhalb von Geschlecht | 63.9 % | 45.8 % | 54.9 % |
| | % der Gesamtzahl | 31.9 % | 22.9 % | 54.9 % |
| **Gesamt** | **Anzahl** | **72** | **72** | **144** |
| | % innerhalb von Variable Kinder | 50.0 % | 50.0 % | 100.0 % |
| | % innerhalb von Geschlecht | 100.0 % | 100.0 % | 100.0 % |
| | % der Gesamtzahl | 50.0 % | 50.0 % | 100.0 % |

*Anmerkungen.* $N_{keine\ Angabe}$ = 2, da keine Angabe zum Geschlecht. Diese teilen sich jeweils auf die Kategorien *Mit 2 Kindern oder mehr* und *ohne Kind* auf, bleiben hier jedoch unberücksichtigt. Quelle: SPSS-Ausgabe TS-FB/5DDP.

Tabelle 64

*Angaben zur Berufstätigkeit des Partners nach Geschlecht*

| **Berufstätigkeit des Partners** | | **Geschlecht** | | |
|---|---|---|---|---|
| | | **Frauen** | **Männer** | **Gesamt** |
| Ja, P. in Teilzeit berufstätig | **Anzahl** | **2** | **20** | **22** |
| | % innerhalb von Berufstätigkeit des Partners | 9.1 % | 90.9 % | 100.0 % |
| | % innerhalb von Geschlecht | 5.0 % | 37.7 % | 23.7 % |
| | % der Gesamtzahl | 2.2 % | 21.5 % | 23.7 % |
| Ja, P. in Vollzeit berufstätig | **Anzahl** | **35** | **24** | **59** |
| | % innerhalb von Berufstätigkeit des Partners | 59.3 % | 40.7 % | 100.0 % |
| | % innerhalb von Geschlecht | 87.5 % | 45.3 % | 63.4 % |
| | % der Gesamtzahl | 37.6 % | 25.0 % | 63.4 % |
| Ja, P. aktuell in Elternzeit | **Anzahl** | **2** | **4** | **6** |
| | % innerhalb von Berufstätigkeit des Partners | 33.3 % | 66.7 % | 100.0 % |
| | % innerhalb von Geschlecht | 5.0 % | 7.5 % | 6.5 % |
| | % der Gesamtzahl | 2.2 % | 4.3 % | 6.5 % |
| Nein, P. aktuelle nicht berufstätig | **Anzahl** | **1** | **5** | **6** |
| | % innerhalb von Berufstätigkeit des Partners | 16.7 % | 83.3 % | 100.0 % |
| | % innerhalb von Geschlecht | 2.5 % | 9.4 % | 6.5 % |
| | % der Gesamtzahl | 1.1 % | 5.4 % | 6.5 % |
| **Gesamt** | **Anzahl** | **40** | **53** | **93** |
| | % innerhalb von Berufstätigkeit des Partners | 43.0 % | 57.0 % | 100.0 % |
| | % innerhalb von Geschlecht | 100.0 % | 100.0 % | 100.0 % |
| | % der Gesamtzahl | 43.0 % | 57.0 % | 100.0 % |

*Anmerkungen.* $N_{gültig}$ = 94 (64.4 %). $N_{fehlend}$ = 52 (35.6 %), da dieses Item nachträglich während der Feldphase hinzugefügt wurde. P. = Partner. Quelle: SPSS-Ausgabe TS-FB/5DDP.

Tabelle 65

*Angaben zum Bundesland des Wohnorts*

| | Bundesland | Häufigkeit | Prozent | Gültige Prozente | Kumulierte Prozente |
|---|---|---|---|---|---|
| Gültig | Schleswig-Holstein | 3 | 2.1 | 2.1 | 2.1 |
| | Hamburg | 2 | 1.4 | 1.4 | 3.4 |
| | Brandenburg | 5 | 3.4 | 3.4 | 6.8 |
| | Berlin | 3 | 2.1 | 2.1 | 8.9 |
| | Bayern | 8 | 5.5 | 5.5 | 14.4 |
| | Baden-Württemberg | 5 | 3.4 | 3.4 | 17.8 |
| | Rheinland-Pfalz | 5 | 3.4 | 3.4 | 21.2 |
| | Nordrhein-Westfalen | 107 | 73.3 | 73.3 | 94.5 |
| | Niedersachsen | 4 | 2.7 | 2.7 | 97.3 |
| | Hessen | 4 | 2.7 | 2.7 | 100.0 |
| | **Gesamt** | **146** | **100.0** | **100.0** | |

*Anmerkung*. Quelle: SPSS-Daten TS-FB/5DDP.

# Anhang I: Topsharing-Ergebnisdaten

Tabelle 66
*Rollenvorbilder zu TS kennen oder nicht*

| **Rollenvorbilder_TS:** Personen im TS kennen oder nicht | | **Geschlecht** Frauen | **Geschlecht** Männer | **Gesamt** |
|---|---|---|---|---|
| **Ja**, ich kenne Personen, die im TS arbeiten oder habe von TS-Beispielen gehört. | **Anzahl** | **33** | **20** | **53** |
| | % innerhalb von Rollenvorbilder | 62.3 % | 37.7 % | 100.0 % |
| | % innerhalb von Geschlecht | 45.2 % | 27.4 % | 36.3 % |
| | % der Gesamtzahl | 22.6 % | 13.7 % | 36.3 % |
| **Nein**, ich kenne weder Personen, die im TS arbeiten, noch habe ich von TS-Beispielen gehört. | **Anzahl** | **40** | **53** | **93** |
| | % innerhalb von Rollenvorbilder | 42.9 % | 57.1 % | 100.0 % |
| | % innerhalb von Geschlecht | 54.8 % | 72.6 % | 63.7 % |
| | % der Gesamtzahl | 27.4 % | 36.3 % | 63.7 % |
| **Gesamt** | **Anzahl** | **73** | **73** | **146** |
| | % innerhalb von Rollenvorbilder | 50.0 % | 50.0 % | 100.0 % |
| | % innerhalb von Geschlecht | 100.0 % | 100.0 % | 100.0 % |
| | % der Gesamtzahl | 50.0% | 50.0% | 100.0% |

*Anmerkungen.* $N_{gültig\ Gesamt}$ = 146. $N_{fehlend}$ = 0. Die ursprünglich im TS-FB nicht dem Geschlecht zuzuordnenden zwei Nein-Angaben wurden jeweils mit dem Wert 1 den Neinstimmen der Frauen und der Männer hinzugezählt, da die TS-Stammdaten zeigen, dass 73 Männer und 73 Frauen den TS-FB beendet haben. Quelle: SPSS-Ausgabe TS-FB/5DDP.

Tabelle 67

*Deskriptive Statistik bzgl. der dispositionalen Gründe (Gesamt)*

| Pos | Item (gek.) | Inhaltlicher Aspekt der dispositionalen Gründe (Frauen und Männer) | Deskriptive Statistik | | | | | | | |
|---|---|---|---|---|---|---|---|---|---|---|
| | | | $N_{gültig}$ | $N_{fehlend}$ | MW[a] | M[a] | sd | IQB[a] | Min[a] | Max[a] |
| 1 | pG1 | Gegenseitige Vertretungsmöglichkeit reizvoll | 139 | 0 | 4.06 | 4 | 0.984 | 1 | 1 | 5 |
| 2 | pG2 | Konkurrenzrisiko hält von TS ab | 139 | 0 | 2.34 | 2 | 1.025 | 1 | 1 | 5 |
| 3 | pG3 | Gegenseitige Ergänzung reizvoll | 139 | 0 | 4.32 | 5 | 0.933 | 1 | 1 | 5 |
| 4 | pG4 | Auf Partner verlassen ist schwer vorstellbar | 139 | 0 | 2.53 | 2 | 1.024 | 1 | 1 | 5 |
| 5 | pG5 | Aufgabenaufteilung nach Interessen ist reizvoll | 139 | 0 | 4.13 | 4 | 0.962 | 1 | 1 | 5 |
| 6 | pG6 | Risiko widersprüchlicher Entscheidungen der Partner hält von TS ab | 139 | 0 | 2.88 | 3 | 1.139 | 2 | 1 | 5 |
| 7 | pG7 | Abstimmungsaufwand zu hoch | 139 | 0 | 2.74 | 3 | 1.086 | 1 | 1 | 5 |
| 8 | pG8 | Erörterungsmöglichkeit unterschiedlicher Perspektiven ist reizvoll | 139 | 0 | 4.05 | 4 | 0.919 | 1 | 1 | 5 |
| 9 | pG9 | Abstimmungsaufwand gut realisierbar | 139 | 0 | 3.45 | 4 | 0.964 | 1 | 1 | 5 |
| 10 | pG10 | Teilen der LV ist schwer vorstellbar | 139 | 0 | 2.55 | 2 | 1.241 | 2 | 1 | 5 |
| 11 | pG11 | Karriere trotz Teilzeit möglich | 139 | 0 | 3.62 | 4 | 1.206 | 2 | 1 | 5 |
| 12 | pG12 | Aufteilung des zeitlichen Arbeitseinsatzes wenig reizvoll | 139 | 0 | 2.28 | 2 | 1.186 | 2 | 1 | 5 |
| 13 | pG13 | Mit TS schlechter nach der Arbeit abschalten | 139 | 0 | 1.79 | 2 | 1.011 | 1 | 1 | 5 |
| 14 | pG14 | Bessere Bewältigung zeitweise von höherem Arbeitsaufkommen | 139 | 0 | 3.87 | 4 | 0.797 | 1 | 1 | 5 |
| 15 | pG15 | Vertrauensvolle Beziehung zwischen Partnern gut vorstellbar | 139 | 0 | 4.27 | 4 | 0.832 | 1 | 1 | 5 |
| 16 | pG16 | Breiterer Erfahrungsschatz reizvoll | 139 | 0 | 4.11 | 4 | 0.946 | 1 | 1 | 5 |

*Anmerkungen.* Die Ausformulierung der Items dieser dispositionalen Gründe ist im TS-FB (Abschnitt 4) zu finden (siehe Anhang D). Die farblich hinterlegten Zeilen stellen negativ formulierte Items dar. IQB = Interquartilbereich. M = Median. MW = arithmetischer Mittelwert. sd = Standardabweichung. Quelle: SPSS-Daten des TS-FB/5DDP, gefiltert nach plausiblen Datensätzen bzgl. der Gründe. Sortiert wie im TS-FB abgefragt.

[a]Wert orientiert sich an der verwendeten Likert-Skala: stimme überhaupt nicht zu (1), stimme eher nicht zu (2), stimme teilweise zu, teilweise nicht (3), stimme eher zu (4), stimme sehr zu (5).

Tabelle 68

*Deskriptive Statistik bzgl. der dispositionalen Gründe inklusive umcodierten Variablen (nach Geschlecht)*

| Pos | Item (gek.) | Inhaltliche Aspekte der Items bzgl. der dispositionalen Gründe inkl. umcodierte Items | Deskriptive Statistik[a] Frauen | | | | | Männer | | | | |
|---|---|---|---|---|---|---|---|---|---|---|---|---|
| | | | MW | M | sd | IQB, Min-Max | Schiefe, Stdf. Schiefe | MW | M | sd | IQB, Min - Max | Schiefe, Stdf. Schiefe |
| 1 | pG1 | gegenseitige Vertretungsmöglichkeit ist reizvoll | 4.29 | 4.<br>5 | 0.865 | 1<br>1-5 | -1.330<br>.291 | 3.84 | 4 | 1.052 | 1<br>1-5 | -1.233<br>.289 |
| 2 | pG2u | Konkurrenzrisiko hält nicht von TS ab | 3.82 | 4 | 0.961 | 1.75<br>1-5 | -0.777<br>.291 | 3.49 | 4 | 1.080 | 2<br>1-5 | -0.378<br>.289 |
| 3 | pG3 | gegenseitige Ergänzung ist reizvoll | 4.53 | 5 | 0.701 | 1<br>2-5 | -1.446<br>.291 | 4.09 | 4 | 1.081 | 1<br>1-5 | -1.472<br>.289 |
| 4 | pG4u | auf P. verlassen ist vorstellbar | 3.51 | 4 | 1.044 | 1<br>1-5 | -0.446<br>.291 | 3.38 | 4 | 0.987 | 1.5<br>2-5 | -0.071<br>.289 |
| 5 | pG5 | Aufgabenaufteilung nach Interessen ist reizvoll | 4.32 | 5 | 0.871 | 1<br>2-5 | -1.247<br>.291 | 3.99 | 4 | 0.962 | 1<br>1-5 | -1.194<br>.289 |
| 6 | pG6u | Risiko widersprüchlicher Entscheidungen hält nicht von TS ab | 3.32 | 4 | 1.085 | 1<br>1-5 | -0.540<br>.291 | 2.93 | 3 | 1.167 | 2<br>1-5 | -0.084<br>.289 |
| 7 | pG7u | Abstimmungsaufwand nicht zu hoch | 3.34 | 3 | 1.114 | 1<br>1-5 | -0.379<br>.291 | 3.16 | 3 | 1.066 | 2<br>1-5 | -0.103<br>.289 |
| 8 | pG8 | Reizvolle Erörterungsmöglichkeit von Perspektiven | 4.15 | 4 | 0.758 | 1 | -0.678<br>.291 | 3.94 | 4 | 1.056 | 2<br>1-5 | -1.118<br>.289 |
| 9 | pG9 | Abstimmungsaufwand gut realisierbar | 3.57 | 4 | 0.935 | 1<br>1-5 | -0.614<br>.291 | 3.29 | 3 | 0.972 | 1 | -0.322<br>.289 |
| 10 | pG10u | Teilen der LV ist vorstellbar | 3.71 | 4 | 1.160 | 2<br>1-5 | -0.757<br>.291 | 3.17 | 3 | 1.271 | 2<br>1-5 | -0.248<br>.289 |
| 11 | pG11 | Karriere trotz Teilzeit | 4.03 | 4 | 1.119 | 1<br>1-5 | -1.244<br>.291 | 3.20 | 3 | 1.158 | 2<br>1-5 | -0.469<br>.289 |
| 12 | pG12u | den zeitlichen Arbeitseinsatz gemeinsam festzulegen ist reizvoll | 3.99 | 4 | 1.044 | 1<br>1-5 | -1.106<br>.291 | 3.43 | 4 | 1.266 | 2<br>1-5 | -0.521<br>.289 |
| 13 | pG13u | Mit TS nach der Arbeit nicht schlechter abschalten | 4.22 | 4 | 1.034 | 1<br>1-5 | -1.795<br>.291 | 4.17 | 4 | 0.999 | 1<br>1-5 | -1.180<br>.289 |
| 14 | pG14 | bessere Bewältigung von zeitweise höherem Arbeitsaufkommen | 3.78 | 4 | 0.878 | 1<br>1-5 | -0.364<br>.291 | 3.96 | 4 | 0.695 | 0<br>2-5 | -0.753<br>.289 |
| 15 | pG15 | vertrauensvolle Beziehung zum Job-Partner gut vorstellbar | 4.43 | 5 | 0.779 | 1<br>2-5 | -1.311<br>.291 | 4.12 | 4 | 0.867 | 1<br>1-5 | -1.067<br>.289 |
| 16 | pG16 | Breiterer Erfahrungsschatz reizvoll | 4.31 | 5 | 0.902 | 1<br>1-5 | -1.540<br>.291 | 3.88 | 4 | 0.948 | 2<br>1-5 | -0.830<br>.289 |

*Anmerkungen.* $N_{gültig\ Frauen}$= 68. $N_{gültig\ Männer}$ = 69. $N_{fehlend\ beide}$ = 0. Das jeweilige $N_{gültig}$ ergibt sich aus den beendeten Datensätzen des TS-FB abzüglich der nicht plausiblen Datensätze sowie abzüglich von jeweils einer Frau und einem Mann, die keine Angabe zum Geschlecht gemacht haben. Die farblich hinterlegten Zeilen stellen die ursprünglich, bzgl. TS negativ formulierten Items dar. IQB = Interquartilbereich. M = Median. MW = arithmetischer Mittelwert. sd = Standardabweichung. Quelle: SPSS-Daten des TS-FB/5DDP, gefiltert nach plausiblen Gründedaten, sortiert nach TS-FB-Reihenfolge.

[a]Werte orientieren sich an der verwendeten Likert-Skala: stimme überhaupt nicht zu (1), stimme eher nicht zu (2), stimme teilweise zu, teilweise nicht (3), stimme eher zu (4), stimme sehr zu (5).

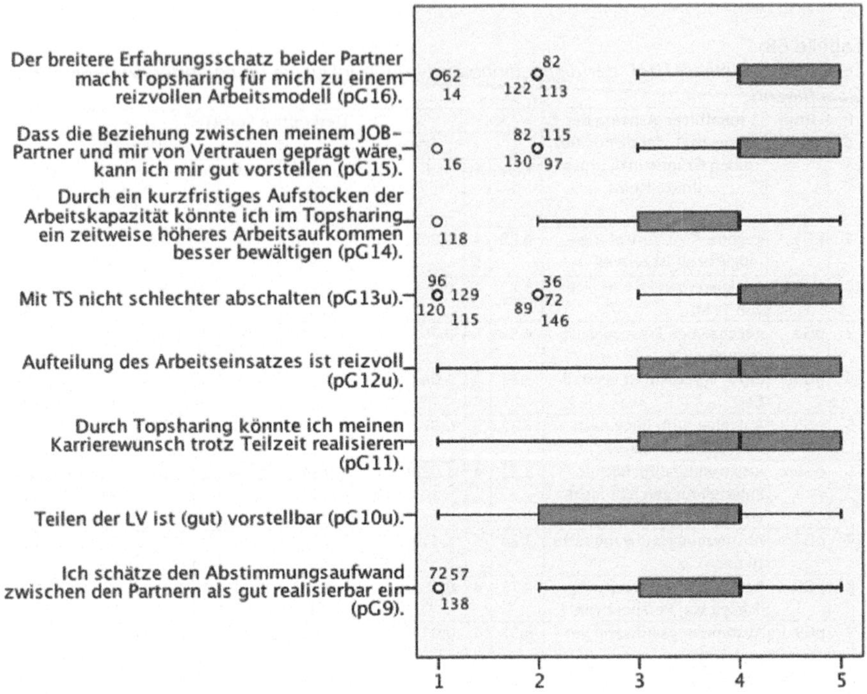


*Abbildung 11.* Box Plot zu den dispositionalen Gründen. N = 139 (SPSS-Ausgabe TS-FB/5DDP).

Tabelle 69

*Deskriptive Statistik bzgl. der situationalen Gründe (Gesamt)*

| Pos | Item (gek.) | Inhaltlicher Aspekt der dispositionalen Gründe | Deskriptive Statistik | | | | | | |
|---|---|---|---|---|---|---|---|---|---|
| | | | MW[a] | M[a] | sd[a] | IQB[a] | Min-Max[a] | Schiefe | Stdf.-Schiefe |
| 1 | sG1 | Gut mit einem für TS angepassten (Teilzeit-) Gehalt leben können | 3.24 | 4 | 1.227 | 2 | 1-5 | -0.288 | .206 |
| 2 | sG2 | Im TS arbeiten, um mehr Zeit außerhalb der Arbeit zur Verfügung zu haben. | 3.65 | 4 | 1.267 | 2 | 1-5 | -0.777 | .206 |
| 3 | sG3[b] | Aktuelle Leitungsaufgaben lassen sich schlecht aufteilen. | 2.48 | 2 | 1.174 | 1 | 1-5 | 0.722 | .221 |
| 4 | sG4[c] | Angestrebte Leitungsaufgaben lassen sich schlecht aufteilen. | 2.05 | 2 | 0.911 | 1 | 1-4 | 0.873 | .524 |
| 5 | sG5 | Erwartungen von Kunden auch im TS erfüllbar | 3.55 | 4 | 0.972 | 1 | 1-5 | -0.614 | .206 |
| 6 | sG6 | Ausspielrisiko hält von TS ab | 2.48 | 2 | 1.059 | 1 | 1-5 | 0.642 | .206 |
| 7 | sG7 | Erwartungen der MA im TS erfüllbar | 3.46 | 4 | 1.023 | 1 | 1-5 | -0.818 | .206 |
| 8 | sG8 | Risiko eines eventuell genervten Umfelds hält von TS ab. | 2.68 | 2 | 1.193 | 2 | 1-5 | 0.314 | .206 |
| 9 | sG9 | Zeit für gute Abstimmung würde fehlen | 2.59 | 2 | 1.020 | 1 | 1-5 | 0.604 | .206 |
| 10 | sG10 | Erwartungen von Kollegen auch im TS erfüllbar | 3.59 | 4 | 0.923 | 1 | 1-5 | -0.717 | .206 |
| 11 | sG11 | Erwartungen von Vorgesetzten im TS erfüllbar | 3.65 | 4 | 0.954 | 1 | 1-5 | -0.710 | .206 |

*Anmerkungen.* $N_{gültig\ jeweils}$ = 139 (außer bei separater Anmerkung). $N_{fehlend\ jeweils}$ = 0 (außer bei separater Anmerkung). Die Ausformulierung der Items der situationalen Gründe ist im TS-FB zu finden (siehe Anhang D). Die farblich hinterlegten Zeilen stellen negativ formulierte Items dar. IQB = Interquartilbereich. M = Median. MW = arithmetischer Mittelwert. sd = Standardabweichung. Stdf. = Standardfehler. Quelle: SPSS-Daten TS-FB/5DDP, gefiltert nach plausiblen Gründedaten. Sortiert wie im TS-FB abgefragt.

[a]Wert orientiert sich an der verwendeten Likert-Skala: stimme überhaupt nicht zu (1), stimme eher nicht zu (2), stimme teilweise zu, teilweise nicht (3), stimme eher zu (4), stimme sehr zu (5). [b]$N_{gültig}$ = 120, $N_{fehlend}$ = 19. N ergibt sich aus den Personen, die aktuell LV ausüben. [c]$N_{gültig}$ = 19, $N_{fehlend}$ = 120, was sich aus den Personen, die aktuell keine LV ausüben sowie denen, die nicht berufstägig sind, ergibt.

Tabelle 70

*Deskriptive Statistik bzgl. der situationalen Gründe (nach Geschlecht)*

| Pos | Item (gek.) | Inhaltliche Aspekte der Items bzgl. der dispositionalen Gründe inkl. umcodierte Items | Deskriptive Statistik[a] | | | | | | | | | |
|---|---|---|---|---|---|---|---|---|---|---|---|---|
| | | | Frauen | | | | | Männer | | | | |
| | | | MW | M | sd | IQB,<br>Min-Max | Schiefe,<br>Stdf. Schiefe | MW | M | sd | IQB,<br>Min-Max | Schiefe,<br>Stdf. Schiefe |
| 1 | sG1 | Gut mit einem für TS angepassten (Teilzeit-) Gehalt leben können | 3.50 | 4 | 1.228 | 1.75<br>1-5 | -0.548<br>.291 | 2.96 | 3 | 1.169 | 2<br>1-5 | -0.084<br>.289 |
| 2 | sG2 | Im TS arbeiten, um mehr Zeit außerhalb der Arbeit zur Verfügung zu haben. | 3.94 | 4 | 1.157 | 1<br>1-5 | -1.251<br>.291 | 3.36 | 4 | 1.317 | 2<br>1-5 | -0.428<br>.289 |
| 3 | sG3u[b] | Aktuelle Leitungsaufgaben lassen sich gut aufteilen. | 3.80 | 4 | 1.052 | 1.75<br>1-5 | -0.952<br>.319 | 3.23 | 3 | 1.220 | 1<br>1-5 | -0.506<br>.304 |
| 4 | sG4u[c] | Angestrebte Leitungsaufgaben lassen sich gut aufteilen. | 3.58 | 4 | 0.900 | 1<br>2-5 | -0.745<br>.637 | 4.57 | 5 | 0.535 | 1<br>4-5 | -0.374<br>.794 |
| 5 | sG5 | Erwartungen von Kunden auch im TS erfüllbar | 3.74 | 4 | 0.908 | 1<br>1-5 | -0.922<br>.291 | 3.35 | 3 | 1.012 | 1<br>1-5 | -0.315<br>.289 |
| 6 | sG6u | Ausspielrisiko hält nicht von TS ab | 3.62 | 4 | 1.037 | 1<br>1-5 | -0.986<br>.291 | 3.39 | 4 | 1.074 | 1<br>1-5 | -0.333<br>.289 |
| 7 | sG7 | Erwartungen der MA im TS erfüllbar | 3.56 | 4 | 0.983 | 1<br>1-5 | -1.140<br>.291 | 3.35 | 3 | 1.069 | 1<br>1-5 | -0.520<br>.289 |
| 8 | sG8u | Risiko eines eventuell genervten Umfelds hält nicht von TS ab. | 3.50 | 4 | 1.191 | 1<br>1-5 | -0.683<br>.291 | 3.12 | 3 | 1.170 | 2<br>1-5 | 0.052<br>.289 |
| 9 | sG9u | Genug Zeit für gute Abstimmung | 3.32 | 4 | 1.112 | 1.75<br>1-5 | -0.545<br>.291 | 3.45 | 4 | 0.900 | 1<br>1-5 | -0.654<br>.289 |
| 10 | sG10 | Erwartungen von Kollegen auch im TS erfüllbar | 3.69 | 4 | 0.950 | 1<br>1-5 | -0.948<br>.291 | 3.48 | 4 | 0.901 | 1<br>1-5 | -0.492<br>.289 |
| 11 | sG11 | Erwartungen von Vorgesetzten im TS erfüllbar | 3.84 | 4 | 0.956 | 1<br>1-5 | -0.933<br>.291 | 3.45 | 4 | 0.932 | 1<br>1-5 | -0.578<br>.289 |

*Anmerkungen.* $N_{gültig\ Frauen}$= 68. $N_{gültig\ Männer}$ = 69. $N_{fehlend\ beide}$ = 0 (außer bei separater Anmerkung). $N_{gültig}$ ergibt sich aus den beendeten Datensätzen des TS-FB abzüglich der nicht plausiblen Datensätze sowie abzüglich von jeweils einer Frau und einem Mann, die keine Angabe zum Geschlecht gemacht haben. Die farblich hinterlegten Zeilen stellen die ursprünglich, negativ formulierten Items dar, die umcodiert wurden. IQB = Interquartilbereich. M = Median. MW = arithmetischer Mittelwert. sd = Standardabweichung. Stdf. Schiefe = Standardfehler der Schiefe. Quelle: SPSS-Daten TS-FB/5DDP, sortiert nach TS-FB-Reihenfolge.

[a]Werte orientieren sich an der verwendeten Likert-Skala: stimme überhaupt nicht zu (1), stimme eher nicht zu (2), stimme teilweise zu, teilweise nicht (3), stimme eher zu (4), stimme sehr zu (5). [b]$N_{gültig\ Frauen}$= 56, $N_{fehlend\ Frauen}$ = 12, $N_{gültig\ Männer}$ = 62, $N_{fehlend\ Männer}$ = 7. [c]$N_{gültig\ Frauen}$= 12, $N_{fehlend\ Frauen}$ = 56, $N_{gültig\ Männer}$ = 7, $N_{fehlend\ Männer}$ = 62.

Tabelle 71

*Zustimmungsgrad zum Gehaltsaspekt nach Geschlecht*

| | | Mit einem für TS angepassten (Teilzeit-) Gehalt könnte ich gut leben. | | | | | |
|---|---|---|---|---|---|---|---|
| | | stimme überhaupt nicht zu (1) | stimme eher nicht zu (2) | stimme teilweise zu, teilweise nicht (3) | stimme eher zu (4) | stimme sehr zu (5) | Gesamt |
| Frauen | Anzahl | 5 | 12 | 10 | 26 | 15 | 68 |
| | % innerhalb von Geschlecht | 7.4 % | 17.6 % | 14.7 % | 38.2 % | 22.1 % | 100.0 % |
| | % innerhalb von angepasstes Teilzeitgehalt | 38.5 % | 38.7 % | 40.0 % | 54.2 % | 75.0 % | 49.6 % |
| Männer | Anzahl | 8 | 19 | 15 | 22 | 5 | 69 |
| | % innerhalb von Geschlecht | 11.6 % | 27.5 % | 21.7 % | 31.9 % | 7.2 % | 100.0 % |
| | % innerhalb von angepasstes Teilzeitgehalt | 61.5 % | 61.3 % | 60.0 % | 45.8 % | 25.0 % | 50.4 % |
| Gesamt | Anzahl | 13 | 31 | 25 | 48 | 20 | 137 |
| | % innerhalb von Geschlecht | 9.5 % | 22.6 % | 18.2 % | 35.0 % | 14.6 % | 100.0 % |
| | % innerhalb von angepasstes Teilzeitgehalt | 100.0 % | 100.0 % | 100.0 % | 100.0 % | 100.0 % | 100.0 % |

*Anmerkungen.* N = 137. $N_{fehlend}$ = 9, da 2 TN keine Angabe zum Geschlecht gemacht haben und 7 Datensätze in Bezug auf die Gründe unplausibel erscheinen. TN = Teilnehmer. Quelle: SPSS-Daten TS-FB/5DDP.

Tabelle 72

*Zuordnung sonstiger Zeitnutzungsaussagen zu vorab formulierten Zeitnutzungsvariablen*

| Datensatz Nr. | Sonstige Aussage zur Zeitnutzung | Zuordnung zu Zeitnutzungsvariable | Geschlecht |
|---|---|---|---|
| 34 | Komposition, Organisation und Spielen mit meinen Bands | für Freizeitaktivitäten | Mann |
| 42 | Ausübung eines Ehrenamts | für soziales, politisches oder kulturelles Engagement | Frau |
| 60 | Zweitjob als Berater & Coach,<br><br>Freizeit,<br><br>christliches Engagement | für eine andere berufliche Tätigkeit<br><br>für Freizeitaktivitäten<br><br>für soziales, politisches oder kulturelles Engagement | Mann |
| 81 | Zeit für mich in unterschiedlichen Ausprägungen | Keine eindeutige Zuordnung möglich | Frau |

*Anmerkungen.* N = 4, $N_{fehlend}$ = 135. Quelle: SPSS-Daten zum TS-FB/5DDP, gefiltert nach plausiblen Datensätzen bzgl. Gründe und Bedingungen.

Tabelle 73

*Zeitgewinnnutzungsangaben aktueller Teilzeitkräfte nach Geschlecht*

| **Nutzung des Zeitgewinns (aktuell TZ)**[a] | | **Geschlecht** | | **Gesamt** |
|---|---|---|---|---|
| | | **Frauen** | **Männer** | |
| Für meine Familie | Anzahl | 15 | 2 | 17 |
| | Innerhalb Zeitnutzung_akt_TZ% | 88.2 % | 11.8 % | |
| | Innerhalb Geschlecht_TS% | 100.0 % | 100.0 % | |
| | % vom Gesamtwert | 88.2 % | 11.8 % | 100.0 % |
| Für Freizeitaktivitäten | Anzahl | 5 | 0 | 5 |
| | Innerhalb Zeitnutzung_akt_TZ% | 100.0 % | 0.0 % | |
| | Innerhalb Geschlecht_TS% | 33.3 % | 0.0 % | |
| | % vom Gesamtwert | 29.4 % | 0.0 % | 29.4 % |
| Für berufliche Weiterbildung | Anzahl | 1 | 0 | 1 |
| | Innerhalb Zeitnutzung_akt_TZ% | 100.0 % | 0.0 % | |
| | Innerhalb Geschlecht_TS% | 6.7 % | 0.0 % | |
| | % vom Gesamtwert | 5.9 % | 0.0 % | 5.9 % |
| Für eine andere berufliche Tätigkeit | Anzahl | 0 | 1 | 1 |
| | Innerhalb $Zeitnutzung_akt_TZ% | 0.0 % | 100.0 % | |
| | Innerhalb Geschlecht_TS% | 0.0 % | 50.0 % | |
| | % vom Gesamtwert | 0.0 % | 5.9 % | 5.9 % |
| Für soziales, politisches oder kulturelles Engagement | Anzahl | 1 | 0 | 1 |
| | Innerhalb Zeitnutzung_akt_TZ% | 100.0 % | 0.0 % | |
| | Innerhalb Geschlecht_TS% | 6.7 % | 0.0 % | |
| | % vom Gesamtwert | 5.9 % | 0.0 % | 5.9 % |
| Für Gesundheitsförderung | Anzahl | 2 | 0 | 2 |
| | Innerhalb Zeitnutzung_akt_TZ% | 100.0 % | 0.0 % | |
| | Innerhalb Geschlecht_TS% | 13.3 % | 0.0 % | |
| | % vom Gesamtwert | 11.8 % | 0.0 % | 11.8 % |
| Sonstiges (Freitextfeld) | Anzahl | 2 | 1 | 3 |
| | Innerhalb Zeitnutzung_akt_TZ% | 66.7 % | 33.3 % | |
| | Innerhalb Geschlecht_TS% | 13.3 % | 50.0 % | |
| | % vom Gesamtwert | 11.8 % | 5.9 % | 17.6 % |
| **Gesamt** | **Anzahl** | **15** | **2** | **17** |
| | **% vom Gesamtwert** | **88.2 %** | **11.8 %** | **100.0 %** |

*Anmerkungen.* $N_{gültig}$ = 17 von 19 aktuellen Teilzeitkräften mit plausiblen Daten. $N_{fehlend}$ = 122. $N_{gültig}$ resultiert aus den aktuellen Teilzeitkräften, für die der Zeitgewinn ein eher oder sehr zugestimmter Grund für TS darstellt. Prozentsätze und Gesamtwerte beruhen auf den Befragten. Bei dieser Frage handelt es sich um eine Filterfrage für diejenigen, die dem Zeitgewinnaspekt eher oder sehr zustimmen. Daher zeigt die Tabelle gleichzeitig, dass 17 (ca. 90 %) der 19 aktuellen Teilzeitkräfte (mit plausiblen Daten) dem Zeitgewinnaspekt als Grund für TS eher oder sehr zugestimmt haben. Quelle: SPSS-Daten TS-FB/5DDP gefiltert nach plausiblen Datensätzen bzgl. der Gründe.

[a]Dichotomie-Gruppe tabellarisch dargestellt bei Wert 1.

Tabelle 74

*Zeitgewinnnutzungsangaben von Nicht-Teilzeitkräften nach Geschlecht*

| Nutzung des Zeitgewinns (keine TZ akt)[a] | | Geschlecht | | Gesamt |
|---|---|---|---|---|
| | | **Frauen** | **Männer** | |
| Für meine Familie | Anzahl | 25 | 29 | 54 |
| | Innerhalb Zeitnutzung_akt_nicht_TZ % | 46.3 % | 53.7 % | |
| | Innerhalb Geschlecht_TS % | 67.6 % | 80.6 % | |
| | % vom Gesamtwert | 34.2 % | 39.7 % | 74.0 % |
| Für Freizeitaktivitäten | Anzahl | 20 | 17 | 37 |
| | Innerhalb Zeitnutzung_akt_nicht_TZ % | 54.1 % | 45.9 % | |
| | Innerhalb Geschlecht_TS % | 54.1 % | 47.2 % | |
| | % vom Gesamtwert | 27.4 % | 23.3 % | 50.7 % |
| Für berufliche Weiterbildung | Anzahl | 8 | 7 | 15 |
| | Innerhalb Zeitnutzung_akt_nicht_TZ % | 53.3 % | 46.7 % | |
| | Innerhalb Geschlecht_TS % | 21.6 % | 19.4 % | |
| | % vom Gesamtwert | 11.0 % | 9.6 % | 20.5 % |
| Für eine andere berufliche Tätigkeit | Anzahl | 4 | 3 | 7 |
| | Innerhalb Zeitnutzung_akt_nicht_TZ % | 57.1 % | 42.9 % | |
| | Innerhalb Geschlecht_TS % | 10.8 % | 8.3 % | |
| | % vom Gesamtwert | 5.5 % | 4.1 % | 9.6 % |
| Für soziales, politisches oder kulturelles Engagement | Anzahl | 7 | 5 | 12 |
| | Innerhalb Zeitnutzung_akt_nicht_TZ% | 58.3 % | 41.7 % | |
| | Innerhalb Geschlecht_TS % | 18.9 % | 13.9 % | |
| | % vom Gesamtwert | 9.6 % | 6.8 % | 16.4 % |
| Für Gesundheitsförderung | Anzahl | 7 | 8 | 15 |
| | Innerhalb Zeitnutzung_akt_nicht_TZ % | 46.7 % | 53.3 % | |
| | Innerhalb Geschlecht_TS % | 18.9 % | 22.2 % | |
| | % vom Gesamtwert | 9.6 % | 11.0 % | 20.5 % |
| Sonstiges (Freitextfeld) | Anzahl | 0 | 1 | 1 |
| | Innerhalb Zeitnutzung_akt_nicht_TZ % | 0.0 % | 100.0 % | |
| | Innerhalb Geschlecht_TS % | 0.0 % | 2.8 % | |
| | % vom Gesamtwert | 0.0 % | 1.4 % | 1.4 % |
| **Gesamt** | **Anzahl** | **37** | **36** | **73** |
| | **% vom Gesamtwert** | **50.7 %** | **49.3 %** | **100.0 %** |

*Anmerkungen*. Prozentsätze und Gesamtwerte beruhen auf den Befragten. Von den hier ursprünglich 74 Betroffenen, kann eine befragte Person keinem Geschlecht zugeordnet werden, so dass hier $N_{gültig}$ = 73, für die der Zeitgewinn ein eher oder sehr zugestimmter Grund für TS darstellt. $N_{fehlend}$ = 66. Gleichzeitig zeigt die Tabelle auch, dass die ursprünglichen 74 (ca. 65 %) der 114 aktuellen Vollzeitkräfte (mit plausiblen Daten) dem Zeitgewinnaspekt als Grund für TS eher oder sehr zugestimmt haben. Quelle: SPSS-Daten TS-FB/5DDP, gefiltert nach plausiblen Daten bzgl. der Gründe.

[a]Dichotomie-Gruppe tabellarisch dargestellt bei Wert 1.

Tabelle 75

*Zeitgewinnnutzungsangaben Gesamt nach Geschlecht*

| Nutzung des Zeitgewinns[a] | | Geschlecht Frauen | Männer | Gesamt |
|---|---|---|---|---|
| für die Familie (Gesamt) | Anzahl | 40 | 31 | 71 |
| | Innerhalb Zeitnutzung_Gesamt_neu % | 56.3 % | 43.7 % | |
| | Innerhalb Geschlecht_TS % | 76.9 % | 81.6 % | |
| | % vom Gesamtwert | 44.4 % | 34.4 % | 78.9 % |
| für Freizeitaktivitäten (Gesamt) | Anzahl | 25 | 17 | 42 |
| | Innerhalb Zeitnutzung_Gesamt_neu % | 59.5 % | 40.5 % | |
| | Innerhalb Geschlecht_TS % | 48.1 % | 44.7 % | |
| | % vom Gesamtwert | 27.8 % | 18.9 % | 46.7 % |
| für berufliche Weiterbildung (Gesamt) | Anzahl | 9 | 7 | 16 |
| | Innerhalb $Zeitnutzung_Gesamt_neu % | 56.3 % | 43.8 % | |
| | Innerhalb Geschlecht_TS % | 17.3 % | 18.4 % | |
| | % vom Gesamtwert | 10.0 % | 7.8 % | 17.8 % |
| für eine andere berufliche Tätigkeit (Gesamt) | Anzahl | 4 | 4 | 8 |
| | Innerhalb $Zeitnutzung_Gesamt_neu % | 50.0 % | 50.0 % | |
| | Innerhalb Geschlecht_TS % | 7.7 % | 10.5 % | |
| | % vom Gesamtwert | 4.4 % | 4.4 % | 8.9 % |
| für soziales, politisches oder kulturelles Engagement (Gesamt) | Anzahl | 8 | 5 | 13 |
| | Innerhalb Zeitnutzung_Gesamt_neu % | 61.5 % | 38.5 % | |
| | Innerhalb Geschlecht_TS % | 15.4 % | 13.2 % | |
| | % vom Gesamtwert | 8.9 % | 5.6 % | 14.4 % |
| für Gesundheitsvorsorge (Gesamt) | Anzahl | 9 | 8 | 17 |
| | Innerhalb $Zeitnutzung_Gesamt_neu % | 52.9 % | 47.1 % | |
| | Innerhalb Geschlecht_TS % | 17.3 % | 21.1 % | |
| | % vom Gesamtwert | 10.0 % | 8.9 % | 18.9 % |
| für Sonstiges (Gesamt) | Anzahl | 2 | 2 | 4 |
| | Innerhalb Zeitnutzung_Gesamt_neu % | 50.0 % | 50.0 % | |
| | Innerhalb Geschlecht_TS % | 3.8 % | 5.3 % | |
| | % vom Gesamtwert | 2.2 % | 2.2 % | 4.4 % |
| **Gesamt** | **Anzahl** | **52** | **38** | **90** |
| | **% vom Gesamtwert** | **57.8 %** | **42.2%** | **100.0 %** |

*Anmerkungen.* Prozentsätze und Gesamtwerte beruhen auf den Befragten. Von den hier ursprünglich 91 Betroffenen, kann eine befragte Person keinem Geschlecht zugeordnet werden, so dass hier N = 90. Bei dieser Frage handelt es sich um eine Filterfrage für diejenigen, die dem Zeitgewinnaspekt eher oder sehr zustimmen. Daher zeigt die Tabelle gleichzeitig, dass 52 (ca. 75 %) der 69 Frauen (mit plausiblen Daten) und 38 (54 %) der 70 Männer (mit plausiblen Daten) dem Zeitgewinnaspekt als Grund für TS eher oder sehr zugestimmt haben. Quelle: SPSS-Daten TS-FB/5DDP gefiltert nach plausiblen Datensätzen bzgl. der Gründe.

[a]Dichotomie-Gruppe tabellarisch dargestellt bei Wert 1.

Tabelle 76

*Deskriptive Statistik bzgl. der Bedingungen (nach Geschlecht)*

| Pos | Item (gek.) | Inhaltliche Aspekte der Items bzgl. Bedingungen | Deskriptive Statistik[a] | | | | | | | | | |
|---|---|---|---|---|---|---|---|---|---|---|---|---|
| | | | Frauen | | | | | Männer | | | | |
| | | | MW | M | sd | IQB,<br>Min-Max | Schiefe,<br>Stdf. Schiefe | MW | M | sd | IQB,<br>Min-Max | Schiefe,<br>Stdf. Schiefe |
| 1 | B1 | Volle Anerkennung des Arbeitsmodells seitens der Führungsriege | 4.3 | 5 | 0.984 | 1<br>2-5 | -1.376<br>.291 | 4.0 | 4 | 1.125 | 1<br>1-5 | -1.150<br>.298 |
| 2 | B2 | Volle Unterstützung der Kollegen | 3.9 | 4 | 0.979 | 2<br>2-5 | -0.574<br>.291 | 3.9 | 4 | 1.028 | 2<br>1-5 | -1.071<br>.298 |
| 3 | B3 | Unterstützung der MA | 4.1 | 4 | 1.012 | 2<br>2-5 | -0.774<br>.291 | 3.7 | 4 | 1.107 | 2<br>1-5 | -0.800<br>.298 |
| 4 | B4 | Unterstützungsmaßnahmen der Organisation | 3.8 | 4 | 1.002 | 2<br>1-5 | -0.675<br>.291 | 3.5 | 4 | 1.208 | 1<br>1-5 | -0.472<br>.298 |
| 5 | B5 | Akzeptanz durch die Kunden | 3.2 | 3 | 1.223 | 2<br>1-5 | -0.367<br>.291 | 3.3 | 3 | 1.118 | 1<br>1-5 | -0.342<br>.298 |
| 6 | B6 | Ähnliche Werte mit Job-Partner teilen | 4.6 | 5 | 0.527 | 1<br>3-5 | -0.617<br>.291 | 4.3 | 5 | 1.136 | 1<br>1-5 | -1.745<br>.298 |
| 7 | B7 | Ähnliche Arbeitsweise der Job-Partner | 4.0 | 4 | 1.022 | 2<br>2-5 | -0.518<br>.291 | 3.8 | 4 | 1.152 | 2<br>1-5 | -0.835<br>.298 |

*Anmerkungen.* $N_{gültig\ Frauen} = 68$. $N_{gültig\ Männer} = 69$. $N_{fehlend} = 2$, da keine Angabe zum Geschlecht. IQB = Interquartilbereich. M = Median. MA = Mitarbeitende(r). MW = arithmetischer Mittelwert. sd = Standardabweichung. Stdf. Schiefe = Standardfehler der Schiefe. Quelle: SPSS-Daten TS-FB/5DDP, sortiert nach TS-FB-Reihenfolge.

[a]Werte orientieren sich an der verwendeten Likert-Skala: stimme überhaupt nicht zu (1), stimme eher nicht zu (2), stimme teilweise zu, teilweise nicht (3), stimme eher zu (4), stimme sehr zu (5).

Tabelle 77
*Aggregierte Häufigkeiten der Zustimmungswerte in Bezug auf Bedingungsitems für TS (in Prozent)*

| Bedingungs-Item | | Überhaupt nicht oder eher nicht zugestimmt (1, 2) In Prozent | | | teils zugestimmt/ teils abgelehnt (3) In Prozent | | | eher oder sehr zugestimmt (4, 5) In Prozent | | |
|---|---|---|---|---|---|---|---|---|---|---|
| | | Fr | Männer | Ges | Fr | Männer | Ges | Fr | Männer | Ges |
| B6 | ähnliche Werte teilen | 0.0 | 10.1 | 5.1 | 1.5 | 5.8 | 3.6 | 98.5 | 84.1 | 91.2 |
| B1 | Anerkennung von TS durch die Führungsriege | 10.3 | 13.0 | 11.7 | 5.9 | 10.1 | 8.0 | 83.8 | 76.8 | 80.3 |
| B2 | Unterstützung durch Kollegen | 11.8 | 10.1 | 10.8 | 17.6 | 15.9 | 16.8 | 70.6 | 73.9 | 72.3 |
| B3 | Unterstützung durch MA | 10.3 | 11.6 | 10.9 | 16.2 | 24.6 | 20.1 | 73.5 | 63.8 | 68.6 |
| B7 | ähnliche Arbeitsweise | 8.8 | 14.5 | 11.7 | 25.0 | 18.8 | 21.9 | 66.2 | 66.7 | 66.4 |
| B4 | Unterstützungsmaßnahmen der Organisation | 11.8 | 21.7 | 16.8 | 19.1 | 23.2 | 21.2 | 69.1 | 55.1 | 62.0 |
| B5 | Akzeptanz der Kunden | 26.5 | 21.7 | 24.1 | 26.5 | 31.9 | 29.5 | 47.1 | 46.4 | 46.7 |

*Anmerkungen.* $N_{Ges}$ = 137. $N_{Frauen}$ = 68. $N_{Männer}$ = 69. $N_{fehlend\ Geschlecht}$ = 2, da keine Angabe zum Geschlecht. Fr = Frauen. Ges = Gesamt. Die Prozentangaben der Frauen und Männer beziehen sich auf die jeweilige Geschlechtergruppe. Quelle: SPSS-Daten TS-FB/5DDP, gefiltert nach plausiblen Datensätzen bzgl. Gründe, sortiert nach dem höchsten Zustimmungsgrad (Gesamt).

Tabelle 78
*Qualitative Inhaltsanalyse: Sonstige Bedingungen (1/3)*

| Oberkategorie/Subkategorie<br>Aspekte | Anzahl | Textnachweise (DS-Nr.) | TS-FB Bezug |
|---|---|---|---|
| **1 Auswahl eines passenden Tandempartners:** | | | |
| **1.1 Einfluss auf Auswahl des Partners** | | | |
| | **5** | wenn ich Einfluss bzw. Mitbestimmung haben kann, wer mein TS-Partner ist (DS 20); sich selber den TS-Partner aussuchen können (DS 63); Ich kann selbst meinen Partner auswählen (DS 81); Kennenlernen des Job-Partners *vor* Entscheidung für/gegen eine Partnerschaft (DS 112); Sorgfältige Auswahl der Tandem-Partner (DS 140) | neu |
| **1.2 Gute zwischenmenschliche Basis zwischen den Job-Partnern** | | | |
| Vertrauen, Transparenz, Offenheit Ehrlichkeit, sehr gutes Arbeitsklima, stimmige Chemie, Teilen ähnlicher Werte, Zuverlässigkeit des Partners, Persönlichkeit | **32** | Sehr gutes Arbeitsklima mit Sharing-Partner (DS 16); Es muss harmonieren (DS 17); stimmige zwischenmenschliche Beziehung (DS 19); persönliche Sympathie zum Job-Partner sollte vorhanden sein (DS 49); ähnliche Werte sind wichtig (DS 65); ein sehr gutes Verhältnis zum Kollegen (DS 104); Es muss eine persönliche Beziehung bestehen, die das zulässt (DS 107); Sympathie der beiden Partner (DS 115); die Werte müssen geteilt werden (DS 118); freundschaftliche Bindung an den Jobpartner (DS 119); "Chemie" zum Partner muss stimmen (DS 124); kongeniales Miteinander sind Voraussetzung (DS 129); Ein gutes persönliches Verhältnis zwischen den TS-Partnern (DS 137) | B6, pG15, pG4u |
| **1.3 Arbeitsauffassung und ähnlicher Anspruch an die Arbeitsqualität** | | | |
| | **3** | ähnliche Arbeitsauffassung (DS 19); Mein Job-Partner und ich müssten eine ähnliche Vorstellung von qualitativ hochwertiger Arbeit haben (DS 66); vergleichbares Engagement und Verantwortungsbewusstsein beider TS-Partner (DS 67) | B7 |
| **1.4 Know-how und Kompetenz** | | | |
| ähnlich hohes Niveau bzgl. Basis-Fachwissen bei beiden Partnern; sich ergänzende Kompetenzen | **4** | Gleichwohl aber auch Unterschiedlichkeit, um sich zu ergänzen (DS 65); Fachwissen sollte bei beiden (oder weiteren) Führungskräften rudimentär gleich sein (DS 33); kommt stark auf die Kompetenz des Partners an (DS 34); es sollte sichergestellt werden, dass beide Partner über das notwendige Know-how verfügen (DS 109) | pG1, pG3 |
| **1.5 Job-Partner/ die Arbeitsweise des anderen kennen** | | | |
| Arbeitsweise des anderen kennen und einschätzen können | **2** | Aktuell kann ich mir dieses Modell nur vorstellen, wenn ich meine Tandempartnerin schon länger aus dem beruflichen Kontext kennen würde (DS 42); TS käme für mich unter der Bedingung in Frage, wenn ich die Arbeitsweise meines potentiellen Job-Partners kennen würde, um ihn/sie besser einschätzen zu können (DS 118) | neu |

*Anmerkungen.* $N_{gültig}$ = 59. $N_{fehlend}$ = 87. DS = Datensatz Nr. Quelle: SPSS-Daten TS-FB/5DDP.

Tabelle 79

*Qualitative Inhaltsanalyse: Sonstige Bedingungen (2/3)*

| Aspekte | Anzahl | Nachweise | TS-FB Bezug |
|---|---|---|---|
| **Oberkategorie/Subkategorie** | | | |
| **2 Volle Unterstützung durch Führungsriege, Organisation und Kollegen** | | | |
| **2.1 volle, praktische Anerkennung von TS und Unterstützung durch Führung** | | | |
| | **6** | Wenn Führungsriege TS voll unterstützen würde (DS 9); klare Kommunikation ins Unternehmen seitens der Führung (DS 18); Anerkennung als vollwertige Führungskraft (DS 22); unbedingte Unterstützung des Vorgesetzten/der Führungsebene (DS 24); Neben der vollen Akzeptanz der Führungskräfte (DS 30); Geschäftsleitung (oberste Führungsebene) müsste TS eindeutig befürworten und kommunizieren. GL sollte Verantwortung zur Schaffung einer Kultur für TS übernehmen (DS 127) | B1 |
| **2.2 Unterstützung durch Organisation** | | | |
| z. B. Ressourcen, Tools und Begleitung | **4** | notwendige IT-Lösungen um Absprachen, Dokumentenaustausch, etc. gut bewältigen zu können (DS 60); Tools: niedrigschwellige asynchrone (flüchtige) Kommunikationsinfrastruktur (z. B. Slack), niedrigschwellige synchrone (flüchtige) Kolaborationsinfrastruktur (z. B. Skype for Business mit Kamera), Zwei Arbeitsplätze, Gemeinsamer Arbeitsraum mit TS-Partner und an gleicher Location (für einfach persönliche/direkte Interaktion/Austausch), Zeit für regelmäßige + moderierte Retrospektiven mit dem TS-Partner bzgl. der Zusammenarbeit (DS 87); passende Strukturen innerhalb der Organisation (DS 108); Begleitung durch einen Coach verstärkt vor und zu Beginn der Partnerschaft, später in größeren Abständen als Feedback sowie räumliche Nähe = Teilen eines Büros (DS 112) | B4 |
| **2.3 Mehraufwand von TS bei Stellenprofil berücksichtigen** | | | |
| | 1 | Der entstehende Mehraufwand für Kommunikation müsste bei der Anforderungserfassung der Stelle berücksichtigt werden (DS 135) | neu |
| **2.4 Unterstützung durch Kollegen** | | | |
| | 1 | Absolute Zuverlässigkeit, Loyalität und Vertrauen in die Arbeitskollegen, die in dem Arbeitsmodell integriert sind (DS 55) | B2 |

*Anmerkungen.* $N_{gültig}$ = 59. $N_{fehlend}$ = 87. DS = Datensatz. GL = Geschäftsleitung. Quelle: SPSS-Daten TS-FB/5DDP.

Tabelle 80
*Qualitative Inhaltsanalyse: Sonstige Bedingungen (3/3)*

| Aspekte | Anzahl | Nachweise | TS-FB Bezug |
|---|---|---|---|
| **3 Gute Gestaltung der Tandempartnerschaft/** | | | |
| **3.1 Sicherstellen eines sehr guten Abstimmungsprozesses** | | | |
| geregelte/ sehr gute Kommunikation zwischen den Partnern; klare Regelung und Transparenz zur Entscheidungsfindung; genug Zeit für Abstimmung | 16 | extrem gute Absprachen bzgl. Aufgaben und Führung (DS 10); geregelter und kontrollierter Informationsfluss (DS 22); Es sind seitens des Arbeitgebers klare Kommunikationsregeln nötig (DS 41); regelmäßige Absprache der Job-Partner (DS 68); abgestimmte Kommunikation (DS 84); Zeit für regelmäßige moderierte Retrospektiven mit dem TS-Partner bzgl. der Zusammenarbeit (DS 87); Klare Kommunikationsrichtlinien (DS 109); offener Dialog (DS 119); gute Kommunikation zu allen Betroffenen (DS 143); klare Regelung zur Entscheidungsfindung (DS 18); klar definierte Prozesse (DS 23); Es wird ein elektronisches Genehmigungssystem gebraucht, so dass die TS-Partner instanten Einblick haben, was vom anderen genehmigt worden ist oder abgelehnt (DS 41); Wenn beide TS-Partner gemeinsame Wege finden, Entscheidungen zu treffen und beide zu tragen, auch wenn sie anderer Meinung sind (DS 142); ausreichende Abstimmungszeiten einplanen (DS 9); Zeit für Abstimmung (DS 16); genügend Zeit, die Übergabe zu machen (DS 81); Einräumen zusätzlicher Arbeitszeit zur Abstimmung (DS 100) | pG6u pG9 sG9u |
| **3.2 faires Gehalt** | | | |
| überproportional hohes Teilzeitgehalt/ faire Gewinnbeteiligung der Partner | 5 | gleiches Entgelt (DS 16); Ein Gehalt, das oberhalb des proportionalen Teilzeitanteils liegt (DS 31); In der Regel sind Führungskräfte am erwirtschafteten Gewinn beteiligt. Dies wird bei einer Doppelspitze zu einem komplizierten Rechenwerk führen (DS 41); gerechte Entlohnung (DS 108); Wenn es nicht zu stark mein Einkommen schmälert (DS 136) | sG1 |
| **3.3 klare Rollenverteilung zwischen den Partnern** | | | |
| | 3 | klare Rollenverteilung (DS 24); Klarheit in der Aufteilung (DS 84); klare Aufgabenverteilung (DS 111) | sG3us G4u |
| **3.4 Gemeinsame Führungsverantwortung** | | | |
| | 2 | gemeinsames MA-Gespräch/Führungsgespräch (DS 18); gemeinsame Verantwortung für Entscheidungen (DS 46) | pG10u |
| Klare Zieldokumentation | 1 | klare Dokumentation der Ziele, um auch selbst als Team die eigene Leistung evaluieren zu können (DS 33) | neu |
| **3.5 klare Vertretungsregelung** | | | |
| z. B. bzgl. Urlaub | 1 | Es bedarf auch einer klaren Regelung bzgl. Urlaub, um zum Teil auch gleichzeitigen Urlaub wie z. B. Weihnachten zu ermöglichen (DS 41) | |
| **3.6 Trial-And-Error-Möglichkeit** | | | |
| | 2 | Die Chance es mal auszuprobieren mit einem Plan B, wenn es nicht klappt (DS 69); Möglichkeit, dieses Modell wieder zu beenden und zurück in einen Vollzeitjob zu gehen (DS 121) | neu |
| **3.7 Flexibilität in Zeitmodellen** | | | |
| | 4 | Anpassung unterjährig möglich (DS 59); Vereinbarung der jeweiligen Wunsch-Arbeitszeiten (DS 77); Wenn ich 100 % arbeiten kann, auch wenn ich nur in Teilzeit für Führungsaufgaben tätig bin (DS 26); Vollzeit - nicht Teilzeit (DS 96) | Zum Teil pG12u |

*Anmerkungen.* $N_{gültig}$ = 59. $N_{fehlend}$ = 87. DS = Datensatz Nr. Quelle: SPSS-Daten TS-FB/5DDP.

**Formel 7: Berechnung der Plausibilitätscheck-Variable Interesse in Excel**

*v_Plausicheck_I* = WENN(UND(ODER(I2 > 3; I3 > 3; I4 > 3); I5 > 3); 1;
WENN(UND(I2 < 3; I3 < 3; I4 < 3; I5 < 3); 2; 3)). (7)

Quelle: Eigene Darstellung.

*Anmerkungen.* Vollständige Variablennamen: I2 = I2_zur_Zeit_gerne_TS_SV. I3 = I3_interessant_ein_fuenf_Jahren_SV. I4 = I4_interessant_mehr_als_fuenf_Jahren_SV. I5 = I5_auch_wenn_AG_TS_anbietet_TS_kaum_vorstellbar.

Der hier zu generierende Wert 1 entspricht einer nicht-plausiblen Zustimmung, der zu generierende Wert 2 einer nicht-plausiblen Ablehnung und der zu generierende Wert 3 einer plausiblen Zustimmung bzw. Ablehnung.

Tabelle 81
*Plausibilitätsprüfung für die Interessenserhebung in SPSS*

| | | Häufigkeit | Prozent | Gültige Prozente | Kumulierte Prozente |
|---|---|---|---|---|---|
| Gültig | unplausibel zugestimmt (1) | 2 | 1.4 | 1.4 | 1.4 |
| | unplausibel abgelehnt (2) | 3 | 2.1 | 2.1 | 3.4 |
| | plausibel zugestimmt oder abgelehnt (3) | 141 | 96.6 | 96.6 | 100.0 |
| | Gesamt | 146 | 100.0 | 100.0 | |

*Anmerkungen.* $N_{gültig}$ = 146. $N_{fehlend}$ = 0. Quelle: SPSS-Ausgabe TS-FB/5DDP.

Tabelle 82

*Deskriptive Statistik bzgl. der Interesse-Items (Gesamt)*

| Pos | Item gek. | Inhaltlicher Aspekt der Interesse-Items | Deskriptive Statistik | | | | | | |
|---|---|---|---|---|---|---|---|---|---|
| | | | MW[a] | M[a] | sd[a] | IQB[a] | Min-Max[a] | Schiefe | Stdf.-Schiefe |
| 1 | I1 | TS ist grundsätzlich ein interessantes Arbeitsmodell | 4.29 | 5 | 0.914 | 1 | 1-5 | -1.578 | .204 |
| 2 | I2 | Ich würde zurzeit gerne im TS arbeiten | 2.98 | 3 | 1.349 | 2 | 1-5 | 0.039 | .204 |
| 3 | I3 | TS ist ein Arbeitsmodell, das für mich innerhalb der nächsten 1 bis 5 Jahre interessant werden könnte | 3.47 | 4 | 1.407 | 3 | 1-5 | -0.519 | .204 |
| 4 | I4 | TS ist ein Arbeitsmodell, das für mich in mehr als 5 Jahren interessant werden könnte | 3.39 | 4 | 1.372 | 2 | 1-5 | -0.549 | .204 |
| 5 | I5 | Auch wenn mein Arbeitgeber mir dieses Modell anbieten würde, ist TS für mich persönlich kaum vorstellbar | 1.97 | 2 | 1.213 | 1 | 1-5 | 1.323 | .204 |
| 6 | I6 | Ich interessiere mich persönlich sehr für das Arbeitsmodell TS | 3.38 | 4 | 1.291 | 2 | 1-5 | -0.485 | .204 |
| 7 | I7 | Wenn ich über TS nachdenke, wirkt sich dies positiv auf meine Stimmung aus | 3.24 | 3 | 1.177 | 2 | 1-5 | -0.481 | .204 |
| 8 | I8 | Über TS zu reden, macht mir wenig Spaß | 2.12 | 2 | 1.010 | 2 | 1-5 | 0.639 | .204 |
| 9 | I9 | Wenn mir Artikel zum Thema TS begegnen (z. B. online oder in Zeitschriften), lese ich diese gerne | 3.25 | 3 | 1.050 | 1 | 1-5 | -0.326 | .204 |
| 10 | I10 | Ich bin mir sicher, dass die Entwicklung meiner Persönlichkeit durch TS positiv beeinflusst werden würde | 3.51 | 4 | 1.131 | 1 | 1-5 | -0.537 | .204 |
| 11 | I11 | Im TS zu arbeiten, hat für mich eigentlich recht wenig mit Selbstverwirklichung zu tun | 2.27 | 2 | 1.082 | 2 | 1-5 | 0.715 | .204 |
| 12 | I12 | Wenn ich ehrlich sein soll, ist mir TS eher gleichgültig | 2.16 | 2 | 1.228 | 2 | 1-5 | 0.856 | .204 |
| 13 | I13 | Ich bin mir sicher, dass TS zu mir persönlich passt | 3.45 | 4 | 1.124 | 1 | 1-5 | -0.707 | .204 |

*Anmerkungen.* $N_{gültig\ jeweils}$ = 141. $N_{fehlend\ jeweils}$ = 0. Die farblich hinterlegten Zeilen stellen negativ formulierte Items dar. IQB = Interquartilbereich. M = Median. MW = arithmetischer Mittelwert. sd = Standardabweichung. Stdf. = Standardfehler. Quelle: SPSS-Daten TS-FB/5DDP, gefiltert nach plausiblen Datensätzen bzgl. Interesse. Sortiert wie im TS-FB abgefragt.

[a]Wert orientiert sich an der verwendeten Likert-Skala: stimme überhaupt nicht zu (1), stimme eher nicht zu (2), stimme teilweise zu, teilweise nicht (3), stimme eher zu (4), stimme sehr zu (5).

Tabelle 83
*Qualitative Inhaltsanalyse: Sonstige Gründe für TS*

| **Oberkategorie/Subkategorie** | | | |
|---|---|---|---|
| Aspekte | Anzahl | Textnachweise (DS-Nr.) | TS-FB Bezug |
| **1 Kompetenzen** | | | |
| **1.1 Kompetenzen erweitern** | | | |
| Voneinander lernen, sich gegenseitig ergänzen | **5** | Lernen von Methoden, Führungsstil (DS 18); Erweiterung der Kompetenz des Duos (DS 41); Tandem zwischen Erfahrenem und Junior (DS 96); Lernen/Know-how-Transfer (DS 106); Kompetenzen und Stärken können einander ergänzen (DS 129) | pG3, pG16 |
| **1.2 Steigerung der Innovativität** | | | |
| | 1 | innovative Ideen durch Austausch (DS 4) | Neu |
| **1.3 Sparringspartnerschaft** | | | |
| bessere Entscheidungen durch Austausch | **3** | Gemeinsame Diskussion von Problemen (DS 18); andere Sichtweisen, nicht der Single-Point of .... sein (DS 106); Sparring bei verantwortungsvollen Entscheidungen (DS 146) | pG8 |
| **2 Zeitfaktor: Vereinbarkeit von Berufs- und Privatleben** | | | |
| **2.1 Weiterentwicklung/Karriere und Familie vereinbaren** | | | |
| | **3** | weiterentwickeln, ohne auf Teilzeit und Familienzeit zu verzichten (DS 10); Stelle trotz Kind solide ausfüllen (DS 20); Führungskraft sein und Zeit für Familie haben (DS 37) | pG11 |
| **2.2 Zeit für das Leben außerhalb des (Haupt-) Job** | | | |
| | **2** | Möglichkeit, nebenberuflich oder ehrenamtlich tätig zu werden, ohne Führungsposition aufgeben zu müssen (DS 40); Zeit für das Leben außerhalb des Jobs (DS 125) | sG2 |
| **3 Steigerung der Motivation** | | | |
| **3.1 Verteilung der Arbeit nach Interessen** | | | |
| | 1 | Verteilung der Interessen (DS 118) | pG5 |
| **3.3 Neue Erfahrungen** | | | |
| | **2** | Neue Erfahrungen ausprobieren DS 59); ich finde es spannend, dieses Modell einmal auszuprobieren (DS 84) | Neu |
| **4 Entlastung** | | | |
| **4.1 Burnout-Prävention, Überlastung vermeiden** | | | |
| | 1 | gutes Arbeitszeitmodell um Überlastungen zu vermeiden und mit über 50 noch gerne eine Führungsfunktion zu übernehmen (Burnout Prävention) (DS 127) | pG14, pG1 |
| **4.2 Ausklang aus der Arbeitswelt** | | | |
| | 1 | Ausklang aus der Arbeitswelt (DS 133) | Neu |
| | 1 | die Kollegen hätten immer einen Ansprechpartner selbst wenn ich in Teilzeit arbeite (DS 53) | sG8u |

*Anmerkungen.* N = 18. Quelle: SPSS-Daten TS-FB/5DDP.

Tabelle 84
*Qualitative Inhaltsanalyse: Kommentarfeld*

| Aspekte | Anzahl | Textnachweise (DS-Nr.) TS-FB Bezug |
|---|---|---|
| **Oberkategorie/Subkategorie** | | |
| **1 Feedback zur Qualität des TS-FB** | | |
| **1.1 Positives Feedback** | | |
| Struktur, Antwortkategorien, Formulierung der Fragen | 7 | gute Struktur (DS 29); sehr übersichtlich aufgebaut, hat Spaß gemacht (DS 39); gut, dass Antwortkategorien auch kritische Haltung zulassen (DS 72); Danke (DS 101); sehr gute Umsetzung, Kompliment (DS 103); sehr gut formulierte Fragen, nicht zu lang und ausgewogen (DS 104); Beantwortung hat Spaß gemacht (DS 119) |
| **1.2 Negatives Feedback** | | |
| | 6 | manchmal neutrale Aussage gewählt, da Antwortmöglichkeiten nicht immer passend (DS 12); fehlende Ausweichkategorie (DS 33); Wiederholung unterschiedlich formulierter aber gleicher Inhalte sind irritierend bis nervig, auch wenn es vielleicht zur Datenvalidierung dienlich ist (DS 54); die (eher) Fragen habe ich nicht verstanden (DS 66); die Antworten passen z. T. schlecht zu den Fragen (DS 90); zum Teil waren die letzten Fragen schwer zu beantworten, da Modell für mich schwer vorstellbar, ein Ausweichbutten hat hier gefehlt (DS 115) |
| **2 Feedback zum Inhalt des TS-FB** | | |
| **2.1 Antworten beeinflusst durch Familienplanungsabsichten** | | |
| | 2 | Im Sommer bekommen wir unser erstes Kind. Dieser Horizont hat meine Antworten stark mitgeprägt (DS 20); Ich habe noch keine Kinder, aber eben die Perspektive der besseren Vereinbarkeit, wenn es dann so weit wäre, macht TS für mich interessant (DS 49) |
| **2.2 Feedback zur Fragestellung bzw. zum TS-Modell** | | |
| Spannendes Thema, evtl. vorstellbar | 6 | TS finde ich spannend, in Teilzeit kenne ich es noch nicht (DS 26); interessantes Thema, tolles Arbeitsmodell. Stelle ich mir sehr spannend vor, auch wenn ich bisher noch nie davon gehört habe (DS 68); TS könnte Frauen helfen, Familie und Beruf besser zu vereinbaren (DS 73); Hypothese: TS Erfolg ist abhängig von Komplexitätsgrad der Aufgabe. Je weniger komplex, desto eher möglich (DS 81); arbeite selbst bereits in einem TS-Modell (DS 100); interessante Fragestellung (DS 103) |
| Spannend aber nicht zu realisieren | 2 | interessantes Thema, wenn auch aus meiner Sicht nicht zu realisieren (DS 72); Modell schwer vorstellbar (DS 115) |

*Anmerkungen.* N = 22. Quelle: SPSS-Daten TS-FB/5DDP.

## Anhang J: Ergebnisdaten zum 5DDP

**Formel 8: Berechnung der Datenbasis N zur Persönlichkeitsbetrachtung**

146 beendete TS-FB-Datensätze
- *5 nicht plausible TS-Datensätze (enthält gleichzeitig 1 Datensatz, der nicht zum 5DDP zuzuordnen ist)*
- *7 weitere nicht eindeutig dem 5DDP zuzuordnende TS-Datensätze*
- *4 TN, die den 5DDP nicht beantwortet bzw. nicht beendet haben*

= 130 Datensätze (8)

Quelle: Eigene Darstellung.

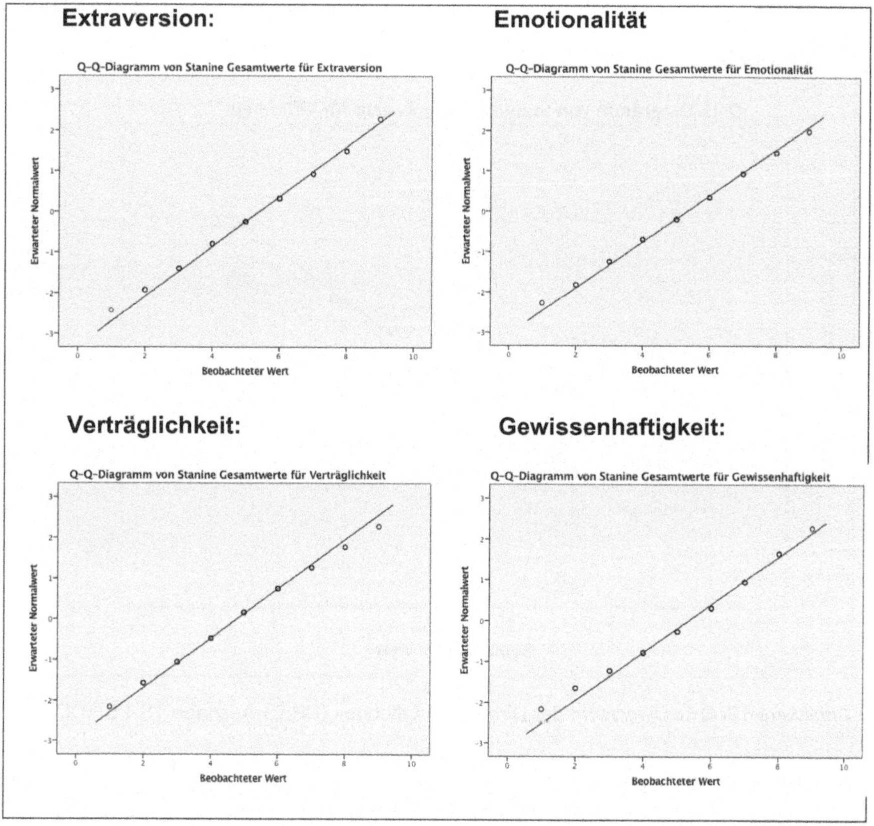


*Abbildung 12.* Q-Q-Diagramme der Dimensionen Extraversion, Emotionalität, Verträglichkeit und Gewissenhaftigkeit (SPSS-Ausgabe TS-FB/5DDP).

**Offenheit:**

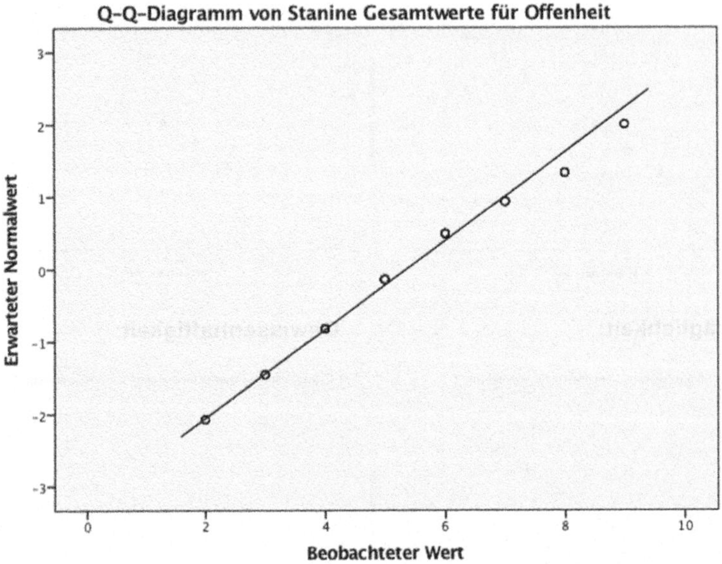


*Abbildung 13.* Q-Q-Diagramm der Dimension Offenheit (SPSS-Ausgabe TS-FB/5DDP).

## Anhang K: Ergebnisdaten zur Interessemaß-Berechnung

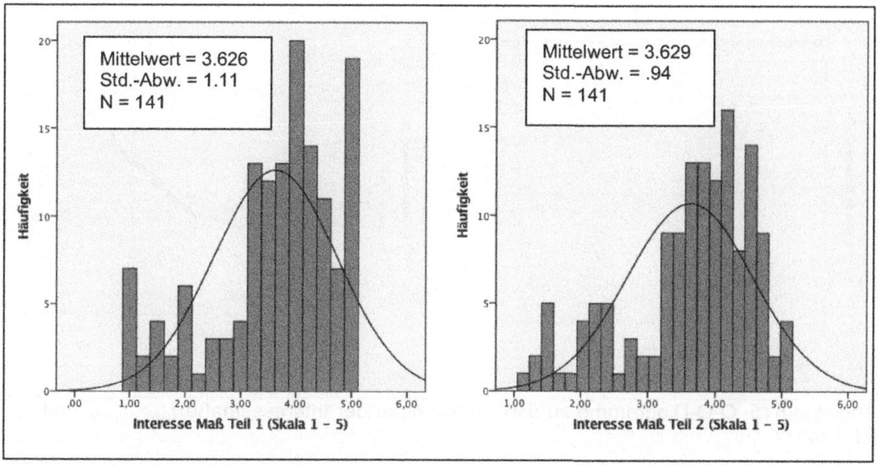


*Abbildung 14.* Vergleich der Interessemaße Teil 1 ($I_1$) und Teil 2 ($I_2$). (SPSS-Auswertung der TS-FB-Daten).

**Formel 9: Berechnung des Interessemaßes Gesamt (IGes)**

$$I_{Ges} = \frac{I_1 + I_2}{2} \qquad (9)$$

Quelle: Eigene Darstellung.

**Interessemaß Gesamt gerundet:** **Interessemaß Gesamt (genau):**

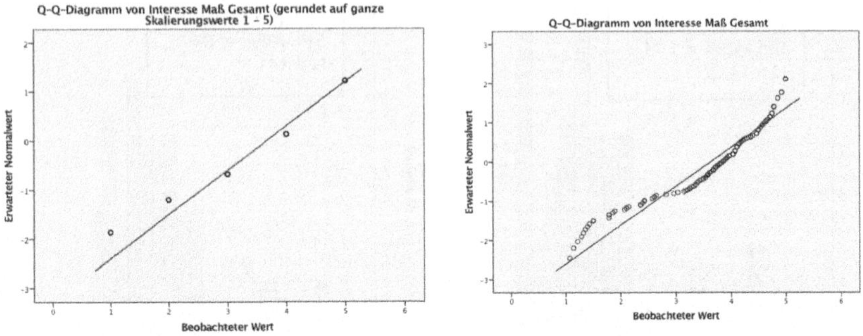


*Abbildung 15.* Q-Q-Diagramme zu den Verteilungen der Interessemaße $I_{Ges,\ gerundet}$ und $I_{Ges}$ (N = 141).

**Interessemaß Gesamt Gerundet:** **Interessemaß Gesamt Genau:**

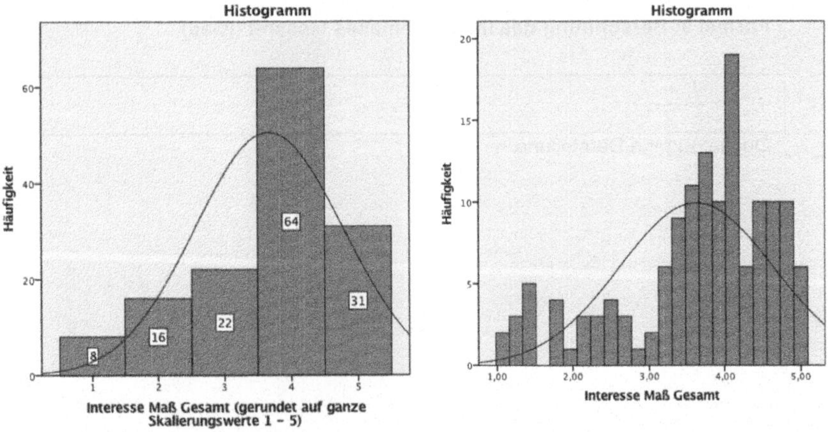


*Abbildung 16.* Histogramme zu den Verteilungen der Interessemaße $I_{Ges\ gerundet}$ und $I_{Ges}$ bei N = 141 (SPSS-Ausgabe TS-FB/5DDP).

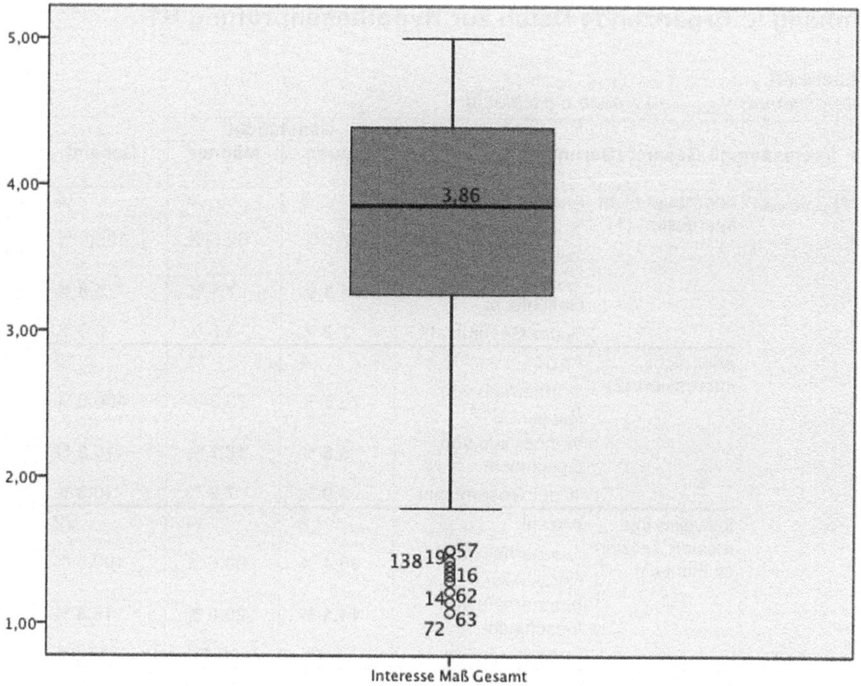


*Abbildung 17.* Boxplot zum Interessemaß Gesamt Genau bei N = 141 (SPSS-Daten TS-FB/5DDP).

## Anhang L: Ergänzende Daten zur Hypothesenprüfung H1

Tabelle 85

*Interessemaß $I_{Ges,\ gerundet}$ nach Geschlecht*

| Interessemaß Gesamt (Gerundet) | | | Geschlecht | | Gesamt |
|---|---|---|---|---|---|
| | | | **Frauen** | **Männer** | |
| $I_{Ges.\ gerundet}$ | überhaupt nicht interessiert (1) | Anzahl | 3 | 5 | 8 |
| | | % innerhalb von $I_{Ges.\ gerundet}$ | 37.5 % | 62.5 % | 100.0 % |
| | | % innerhalb von Geschlecht | **4.3 %** | **7.1 %** | **5.8 %** |
| | | % der Gesamtzahl | 2.2 % | 3.6 % | 5.8 % |
| | eher nicht interessiert (2) | Anzahl | 4 | 11 | 15 |
| | | % innerhalb von $I_{Ges.\ gerundet}$ | 26.7 % | 73.3 % | 100.0 % |
| | | % innerhalb von Geschlecht | **5.8 %** | **15.7 %** | **10.8 %** |
| | | % der Gesamtzahl | 2.9 % | 7.9 % | 10.8 % |
| | teilweise interessiert, teilweise nicht (3) | Anzahl | 8 | 14 | 22 |
| | | % innerhalb von $I_{Ges.\ gerundet}$ | 36.4 % | 63.6 % | 100.0 % |
| | | % innerhalb von Geschlecht | **11.6 %** | **20.0 %** | **15.8 %** |
| | | % der Gesamtzahl | 5.8% | 10.1% | 15.8% |
| | eher interessiert (4) | Anzahl | 33 | 31 | 64 |
| | | % innerhalb von $I_{Ges.\ gerundet}$ | 51.6 % | 48.4 % | 100.0 % |
| | | % innerhalb von Geschlecht | **47.8 %** | **44.3 %** | **46.0 %** |
| | | % der Gesamtzahl | 23.7 % | 22.3 % | 46.0 % |
| | sehr interessiert (5) | Anzahl | 21 | 9 | 30 |
| | | % innerhalb von $I_{Ges.\ gerundet}$ | 70.0 % | 30.0 % | 100.0 % |
| | | % innerhalb von Geschlecht | **30.4 %** | **12.9 %** | **21.6 %** |
| | | % der Gesamtzahl | 15.1 % | 6.5 % | 21.6 % |
| **Gesamt** | | **Anzahl** | **69** | **70** | **139** |
| | | % innerhalb von $I_{Ges.\ gerundet}$ | 49.6% | 50.4% | 100.0% |
| | | % innerhalb von Geschlecht | 100.0% | 100.0% | 100.0% |
| | | **% der Gesamtzahl** | **49.6%** | **50.4%** | **100.0%** |

*Anmerkungen.* $N_{gültig}$ = 139. $N_{fehlend}$ = 2, da keine Angabe zum Geschlecht. Quelle: SPSS-Daten TS-FB/5DDP, gefiltert nach plausiblen Datensätzen bzgl. Interesse.

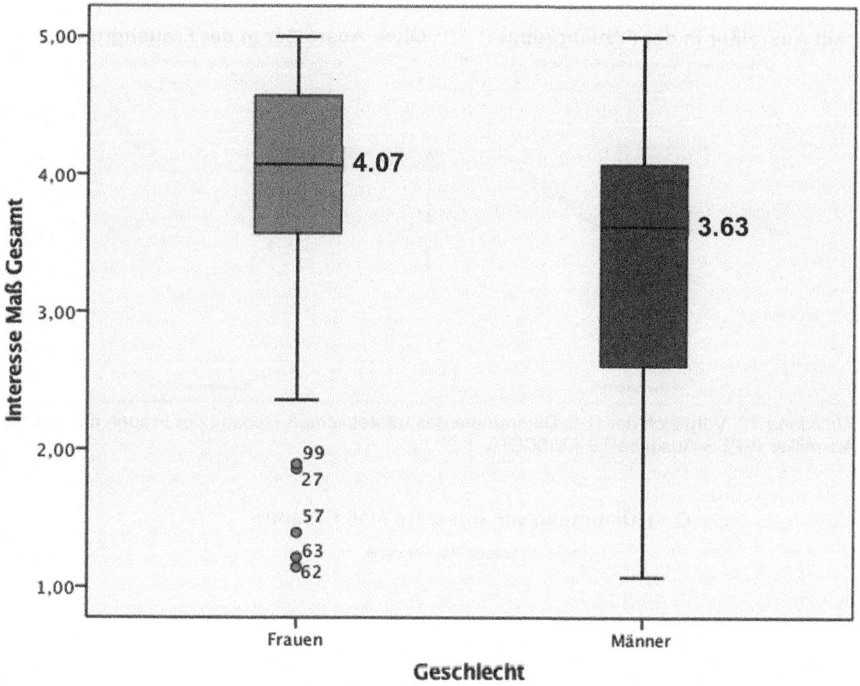


*Abbildung 18.* Boxplot zur Verteilung des Interesses $I_{Ges}$ in den Gruppen Frauen und Männer (SPSS-Ausgabe TS-FB/5DDP).

Tabelle 86

*Tests auf Normalverteilung in Bezug auf das Interesse an TS von Frauen und Männern*

| | | Kolmogorov-Smirnov[a] | | | Shapiro-Wilk | | |
|---|---|---|---|---|---|---|---|
| | Geschlecht | Statistik | df | Signifikanz | Statistik | df | Signifikanz |
| $I_{Ges.}$ | Frauen | .121 | 69 | .014 | .860 | 69 | < .001 |
| | Männer | .126 | 70 | .008 | .942 | 70 | .003 |

*Anmerkungen.* $N_{gültig\ Frauen}$= 69. $N_{gültig\ Männer}$ = 70. $N_{fehlend}$ = 2, da keine Angabe zum Geschlecht. Die Signifikanzwerte ergeben p < .05, was aussagt, dass die Daten signifikant von einer Normalverteilung abweichen. Quelle: SPSS-Daten TS-FB/5DDP, gefiltert nach plausiblen Interessedaten.

[a]Signifikanzkorrektur nach Lilliefors.

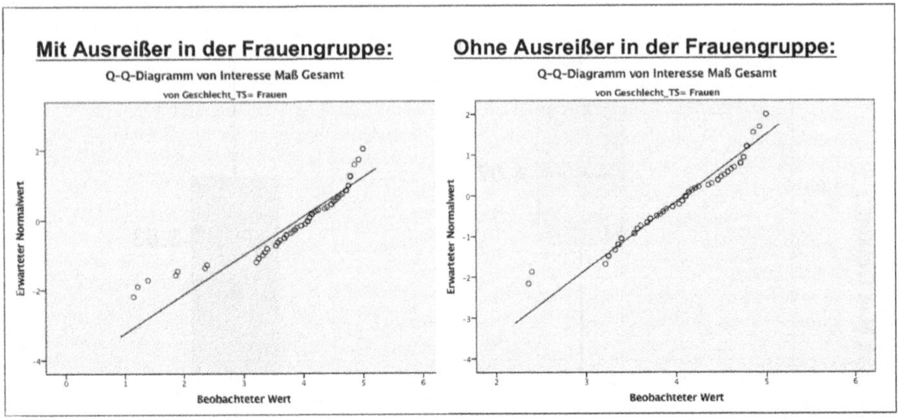


*Abbildung 19.* Vergleich der Q-Q-Diagramme des Interessemaß Gesamt der Frauen mit und ohne Ausreißer (SPSS-Ausgabe TS-FB/5DDP).

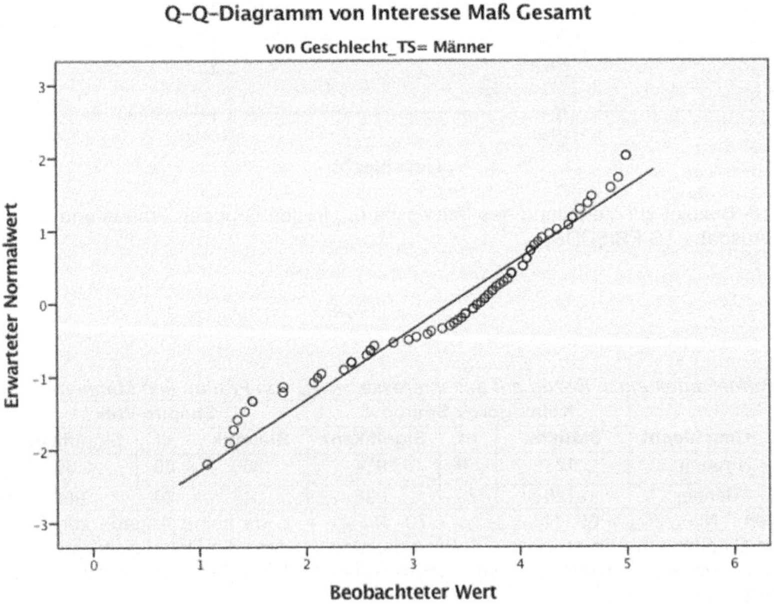


*Abbildung 20.* Q-Q-Diagramm zum Interessemaß Gesamt der Männer (SPSS-Ausgabe TS-FB/5DDP).

**Formel 10: Berechnung der Effektstärke r am Beispiel des Geschlechterunterschieds im TS-Interesse**

$$r = \left|\frac{z}{\sqrt{N_{Ges}}}\right| \quad (10)$$

$$N_{Ges} = N_{Gruppe\ 1} + N_{Gruppe\ 2} \quad (10a)$$

$$N_{Gruppe\ 1} = 69 \quad \text{(Frauen)} \quad (10b)$$

$$N_{Gruppe\ 2} = 70 \quad \text{(Männer)} \quad (10c)$$

$$r = \left|\frac{-3.365}{\sqrt{69+70}}\right| \quad (10d)$$

$$r = .29 \quad (10e)$$

Dabei gilt laut Cohen (1992):

$$r = .10 \rightarrow \text{schwacher Effekt} \quad (10f)$$

$$r = .30 \rightarrow \text{mittlerer Effekt} \quad (10g)$$

$$r = .50 \rightarrow \text{starker Effekt} \quad (10h)$$

Quelle: Eigene Darstellung auf Basis der SPSS-Daten des TS-FB/5DDP sowie in Anlehnung an Cohen (1992).

## Anhang M: Ergänzende Daten zur Hypothesenprüfung H2

Tabelle 87

*Interessemaß Gesamt (gerundet auf ganze Skalierungswerte 1 - 5) nach den Gruppen mit Kind und ohne*

| **Interessemaß Gesamt Gerundet** | | | **Mit Kind oder ohne** | | **Gesamt** |
|---|---|---|---|---|---|
| | | | Mit mind. 1 Kind[a] | ohne Kinder[a] | |
| $I_{Ges\ gerundet}$ | überhaupt nicht interessiert (1) | Anzahl | 1 | 7 | 8 |
| | | % innerhalb von $I_{Ges\ gerundet}$ | 12.5 % | 87.5 % | 100.0 % |
| | | % innerhalb von Mit Kind oder ohne | **1.6 %** | **9.1 %** | **5.7 %** |
| | | % der Gesamtzahl | 0.7 % | 5.0 % | 5.7 % |
| | eher nicht interessiert (2) | Anzahl | 7 | 9 | 16 |
| | | % innerhalb von $I_{Ges\ gerundet}$ | 43.8 % | 56.3 % | 100.0 % |
| | | % innerhalb von Mit Kind oder ohne | **10.9 %** | **11.7 %** | **11.3 %** |
| | | % der Gesamtzahl | 5.0 % | 6.4 % | 11.3 % |
| | teilweise interessiert, teilweise nicht (3) | Anzahl | 10 | 12 | 22 |
| | | % innerhalb von $I_{Ges\ gerundet}$ | 45.5 % | 54.5 % | 100.0 % |
| | | % innerhalb von Mit Kind oder ohne | **15.6 %** | **15.6 %** | **15.6 %** |
| | | % der Gesamtzahl | 7.1 % | 8.5 % | 15.6 % |
| | eher interessiert (4) | Anzahl | 28 | 36 | 64 |
| | | % innerhalb von $I_{Ges\ gerundet}$ | 43.8 % | 56.3 % | 100.0 % |
| | | % innerhalb von Mit Kind oder ohne | **43.8 %** | **46.8 %** | **45.4 %** |
| | | % der Gesamtzahl | 19.9 % | 25.5 % | 45.4 % |
| | sehr interessiert (5) | Anzahl | 18 | 13 | 31 |
| | | % innerhalb von $I_{Ges\ gerundet}$ | 58.1 % | 41.9 % | 100.0 % |
| | | % innerhalb von Mit Kind oder ohne | **28.1 %** | **16.9 %** | **22.0 %** |
| | | % der Gesamtzahl | 12.8 % | 9.2 % | 22.0 % |
| Gesamt | | Anzahl | 64 | 77 | 141 |
| | | % innerhalb von $I_{Ges\ gerundet}$ | 45.4 % | 54.6 % | 100.0 % |
| | | % innerhalb von Mit Kind oder ohne | **100.0 %** | **100.0 %** | **100.0 %** |
| | | % der Gesamtzahl | 45.4 % | 54.6 % | 100.0 % |

*Anmerkungen.* $N_{gültig\ Gesamt}$ = 141. $N_{fehlend}$ = 0. Quelle: SPSS-Daten TS-FB/5DDP, gefiltert nach plausiblen Interessedaten.

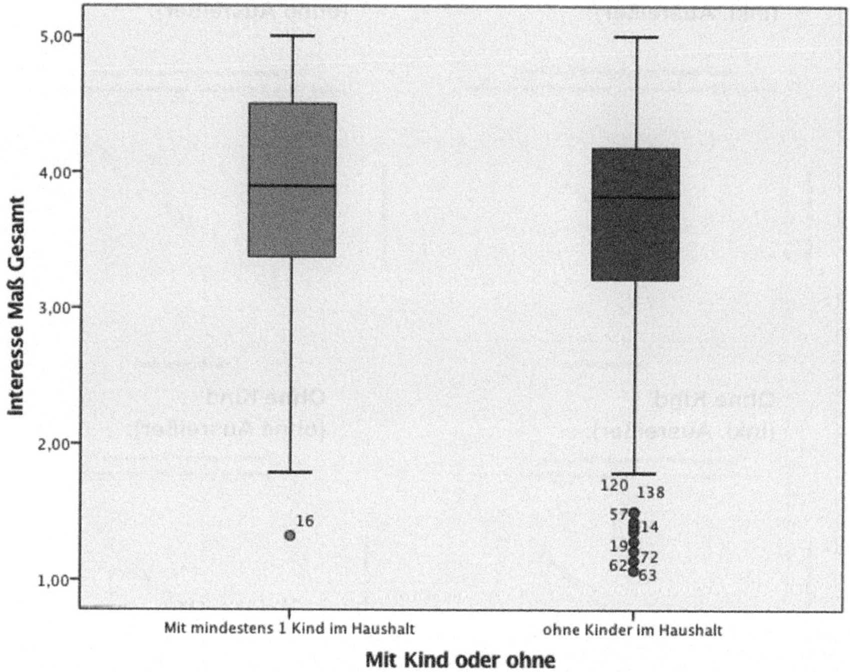


*Abbildung 21*. Verteilung des Interessemaßes Gesamt (Genau) bei Personen mit und ohne Kinder (SPSS-Ausgabe TS-FB/5DDP).

Tabelle 88

*Tests auf Normalverteilung des TS-Interesses Gesamt (genau) in den Gruppen mit und ohne Kind (inklusive Ausreißer)*

| Interessemaß Gesamt (genau) | Mit Kind oder ohne | Kolmogorov-Smirnov[a] Statistik | df | Signifikanz | Shapiro-Wilk Statistik | df | Signifikanz |
|---|---|---|---|---|---|---|---|
| $I_{Ges.}$ | Mit Kind | .101 | 64 | .173 | .935 | 64 | .002 |
| | ohne Kind | .147 | 77 | < .001 | .885 | 77 | < .001 |

*Anmerkungen*. $N_{\text{gültig mit Kind}}$ = 64. $N_{\text{gültig ohne Kind}}$ = 77. $N_{\text{fehlend}}$ = 0. Der Kolmogorov-Smirnov-Test bestätigt eine Normalverteilung nur in der Gruppe mit Kind (p > .05). Shapiro-Wilk-Test lehnt die Normalverteilung jeweils ab ($p < .05$). Quelle: SPSS-Daten TS-FB/5DDP, gefiltert nach plausiblen Interessedaten, inklusive Ausreißer je Gruppe.

[a]Signifikanzkorrektur nach Lilliefors.

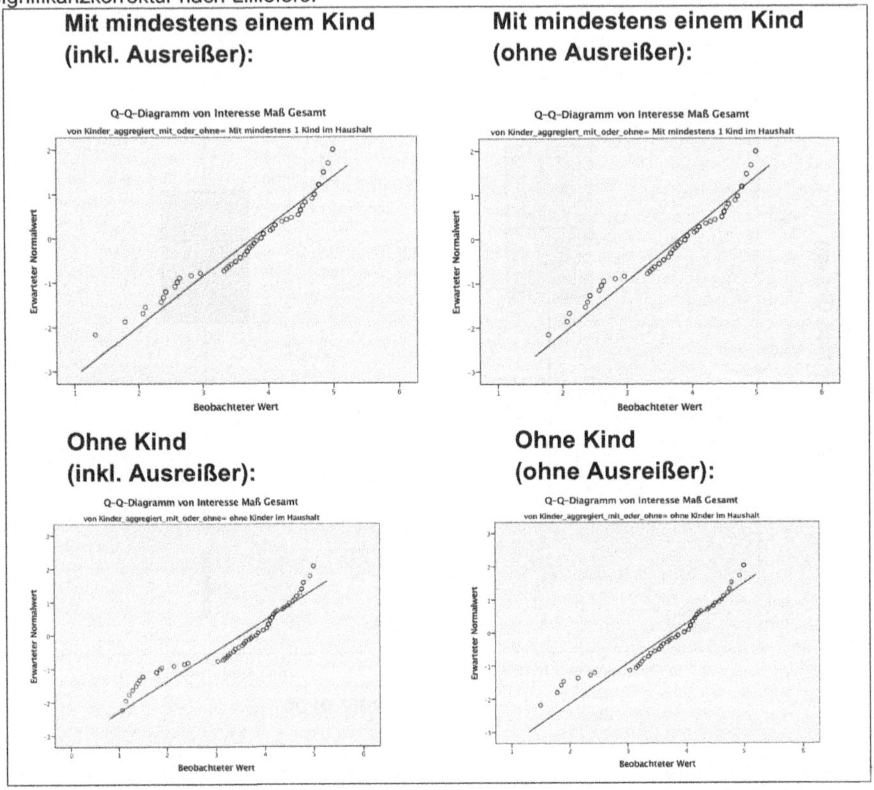


*Abbildung 22.* Vergleich der Q-Q-Diagramme bzgl. des TS-Interesses Gesamt (genau) in den Gruppen mit und ohne Kind sowie inkl. und ohne Ausreißer (SPSS-Ausgabe TS-FB/5DDP).

*Anmerkungen.* Oben: Mit Kind. Unten: ohne Kind. Links: inkl. Ausreißer. Rechts: ohne Ausreißer. Quelle: SPSS-Daten des TS-FB/5DDP, gefiltert nach plausiblen Interesse-Daten.

Tabelle 89

*Normalverteilungstests: TS-Interesse Gesamt in den Gruppen mit/ohne Kind (ohne Ausreißer)*

| | Mit Kind oder ohne | Kolmogorov-Smirnov[a] | | | Shapiro-Wilk | | |
|---|---|---|---|---|---|---|---|
| | | Statistik | df | Signifikanz | Statistik | df | Signifikanz |
| Interessemaß Gesamt | Mit Kind(ern) | .099 | 63 | **.198** | .937 | 63 | .003 |
| | ohne Kinder | .106 | 69 | **.054** | .917 | 69 | < .001 |

*Anmerkungen.* $N_{gültig\ mit\ Kind} = 63$. $N_{gültig\ ohne\ Kind} = 69$. $N_{fehlend} = 0$. Der Kolmogorov-Smirnov-Test bestätigt eine Normalverteilung in beiden Gruppen ($p > .05$). Shapiro-Wilk-Test lehnt die Normalverteilung jeweils ab ($p < .05$). Quelle: SPSS-Daten TS-FB/5DDP, gefiltert nach plausiblen Interessedaten, ohne Ausreißer je Gruppe.

[a]Signifikanzkorrektur nach Lilliefors

Tabelle 90

*Gruppenstatistiken zum t-Test von unabhängigen Stichproben: kinderabhängiger Unterschied im TS-Interesse nach Geschlecht*

| Geschlecht | | Mit Kind oder ohne | N | Mittelwert | Standardabweichung | Stdf. des Mittelwertes |
|---|---|---|---|---|---|---|
| keine Angabe | $I_{Ges}$ | Mit mind. 1 Kind im Haushalt | 1 | 4.5000 | . | . |
| | | ohne Kinder im Haushalt | 1 | 1.7857 | . | . |
| Frauen | $I_{Ges}$ | Mit mind. 1 Kind im Haushalt | 26 | 4.2005 | 0.62687 | 0.12294 |
| | | ohne Kinder im Haushalt | 43 | 3.7334 | 0.99306 | 0.15144 |
| Männer | $I_{Ges}$ | Mit mind. 1 Kind im Haushalt | 37 | 3.4440 | 0.93016 | 0.15292 |
| | | ohne Kinder im Haushalt | 33 | 3.2727 | 1.14372 | 0.19910 |

*Anmerkungen.* $I_{Ges}$ = Interessemaß Gesamt (genau). Stdf. = Standardfehler. Quelle: SPSS-Daten TS-FB/5DDP, gefiltert nach plausiblen Interessedaten.

Tabelle 91

*Prüfstatistik zum t-Test von unabhängigen Stichproben: kinderabhängiger Unterschied im TS-Interesse nach Geschlecht*

| | | | **Levene-Test der Varianzgleichheit** | | **T-Test für die Mittelwertgleichheit** | | | | | | |
|---|---|---|---|---|---|---|---|---|---|---|---|
| | | | | | | | | | Standardfehler der Differenz | 95 % CI der Differenz | |
| **Geschlecht** | | | F | p | T | df | Sig. (2-seitig) | Mittlere Differenz | | Untere | Obere |
| k. A. | $I_{Ges}$ | Varianzen sind gleich | . | . | . | 0 | . | 2.714 | . | . | . |
| | | Varianzen sind nicht gleich | | | . | . | . | 2.714 | . | . | . |
| Frauen | $I_{Ges}$ | Varianzen sind gleich | 2.338 | .131 | 2.150 | 67 | **.035** | 0.467 | .21726 | 0.034 | 0.901 |
| | | Varianzen sind nicht gleich | | | 2.395 | 66.834 | .019 | 0.467 | .19506 | 0.078 | 0.857 |
| Männer | $I_{Ges}$ | Varianzen sind gleich | 1.568 | .215 | .690 | 68 | **.492** | 0.171 | .24809 | -0.324 | 0.666 |
| | | Varianzen sind nicht gleich | | | .682 | 61.780 | .498 | 0.171 | .25104 | -0.331 | 0.673 |

*Anmerkungen.* CI = Konfidenzintervall. $I_{Ges}$ = Interessemaß Gesamt (genau). $N_{Frauen}$ = 69. $N_{Männer}$ = 70. P = Signifikanzwert. Gruppenvariable: mit Kind oder ohne. Zwei TN habe keine Angabe zum Geschlecht gemacht. In der Gruppe der Frauen kann ein signifikanter kinderabhängiger Unterschied nachgewiesen werden ($p < .05$). Bei den Männern nicht. Quelle: SPSS-Daten des TS-FB/5DDP, gefiltert nach plausiblen Interessedaten.

Tabelle 92

*Prüfstatistik zum Mann-Whitney-U-Test: kinderabhängiger Unterschied im TS-Interesses nach Geschlecht (1/2)*

| Geschlecht | | Mit Kind oder ohne | N | Mittlerer Rang | Rangsumme |
|---|---|---|---|---|---|
| keine Angabe | $I_{Ges}$ | Mit mind. 1 Kind im Haushalt | 1 | 2.00 | 2.00 |
| | | ohne Kinder im Haushalt | 1 | 1.00 | 1.00 |
| | | Gesamt | 2 | | |
| Frauen | $I_{Ges}$ | Mit mind. 1 Kind im Haushalt | 26 | 41.31 | 1074.00 |
| | | ohne Kinder im Haushalt | 43 | 31.19 | 1341.00 |
| | | **Gesamt** | **69** | | |
| Männer | $I_{Ges}$ | Mit mind. 1 Kind im Haushalt | 37 | 36.30 | 1343.00 |
| | | ohne Kinder im Haushalt | 33 | 34.61 | 1142.00 |
| | | **Gesamt** | **70** | | |

*Anmerkungen.* $I_{Ges}$ = Interessemaß Gesamt (genau). Gruppenvariable: mit Kind oder ohne. Zwei TN habe keine Angabe zum Geschlecht gemacht. Quelle: SPSS-Daten TS-FB/5DDP, gefiltert nach plausiblen Interessedaten.

Tabelle 93

*Prüfstatistik zum Mann-Whitney-U-Test: kinderabhängiger Unterschied im TS-Interesse nach Geschlecht (2/2)*

| Geschlecht | | Interessemaß Gesamt (genau) |
|---|---|---|
| keine Angabe | Mann-Whitney-U | 0.000 |
| | Wilcoxon-W | 1.000 |
| | Z | -1.000 |
| | Asymptotische Signifikanz (2-seitig) | .317 |
| | Exakte Signifikanz [2*(1-seitige Sig.)] | 1.000[a] |
| Frauen | Mann-Whitney-U | 395.000 |
| | Wilcoxon-W | 1341.000 |
| | Z | -2.032 |
| | **Asymptotische Signifikanz (2-seitig)** | **.042** |
| Männer | Mann-Whitney-U | 581.000 |
| | Wilcoxon-W | 1142.000 |
| | Z | -.347 |
| | **Asymptotische Signifikanz (2-seitig)** | **.728** |

*Anmerkungen.* $N_{Frauen} = 69$. $N_{Männer} = 70$. Gruppenvariable: mit Kind oder ohne. Sig. = Signifikanzwert. Zwei TN habe keine Angabe zum Geschlecht gemacht. In der Gruppe der Frauen kann ein signifikanter kinderabhängiger Unterschied nachgewiesen werden ($p < .05$). Bei den Männern nicht ($p > .05$). Quelle: SPSS-Daten TS-FB/5DDP, gefiltert nach plausiblen Interessedaten.

[a]Nicht für Bindungen korrigiert.

## Anhang N: Ergänzende Daten zur Hypothesenprüfung H3

Tabelle 94
*Überprüfung des Vorhandenseins eines Matching-Codes zwischen dem TS-FB und dem 5DDP*

| | | **Häufigkeit** | **Prozent** | **Gültige Prozente** | **Kumulierte Prozente** |
|---|---|---|---|---|---|
| Gültig | kein Matching-Code vorhanden | 11 | 7.8 | 7.8 | 7.8 |
| | Matching-Code vorhanden | 130 | 92.2 | 92.2 | 100.0 |
| | **Gesamt** | **141** | **100.0** | **100.0** | |

*Anmerkungen.* Von 146 ursprünglichen TS-FB-Datensätzen sind 141 Datensätze bzgl. der Angaben zum Interesse an TS plausibel. Davon sind sieben Datensätze nicht dem 5DDP eindeutig zuzuordnen und für 4 Datensätze liegt kein abgeschlossener 5DDP vor, so dass von den insgesamt 141 plausiblen Datensätzen 11 keinen Matching-Code vorweisen.

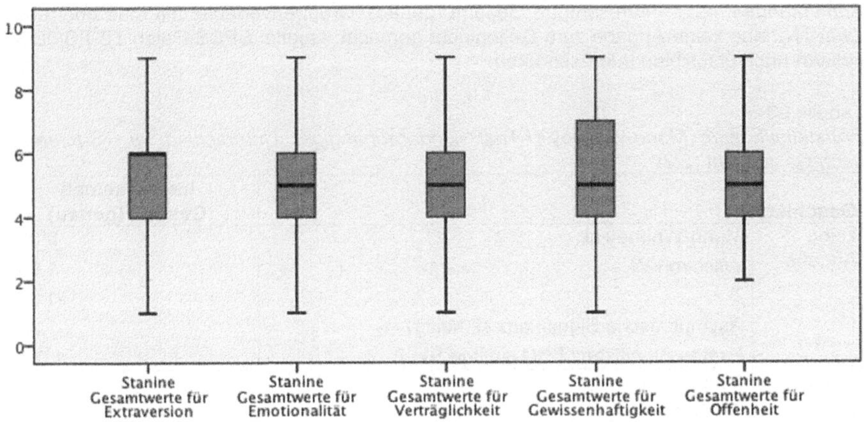


*Abbildung 23.* Box Plots zur Verteilung der Big Five Dimensionen bei N = 130 (SPSS-Ausgabe TS-FB/5DDP).

**Interessemaß Gesamt (genau) mit ursprünglichen Ausreißern (N = 130):**

**Interessemaß Gesamt (genau) ohne ursprüngliche Ausreißer (N = 123):**

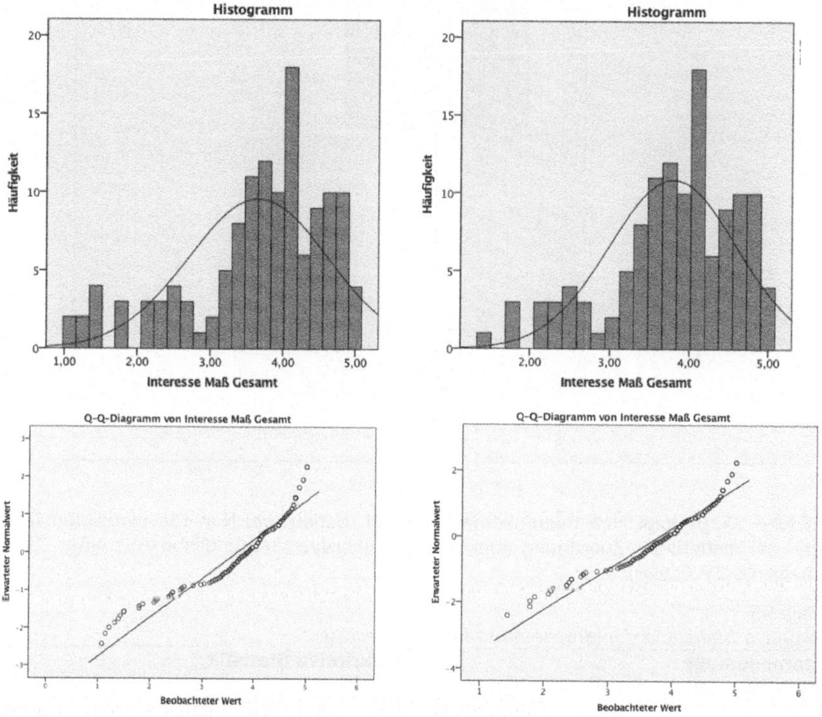


*Abbildung 24.* Verteilungen des Interessemaßes Gesamt mit (links) und ohne ursprüngliche Ausreißer (rechts) (SPSS-Ausgabe TS-FB/5DDP).

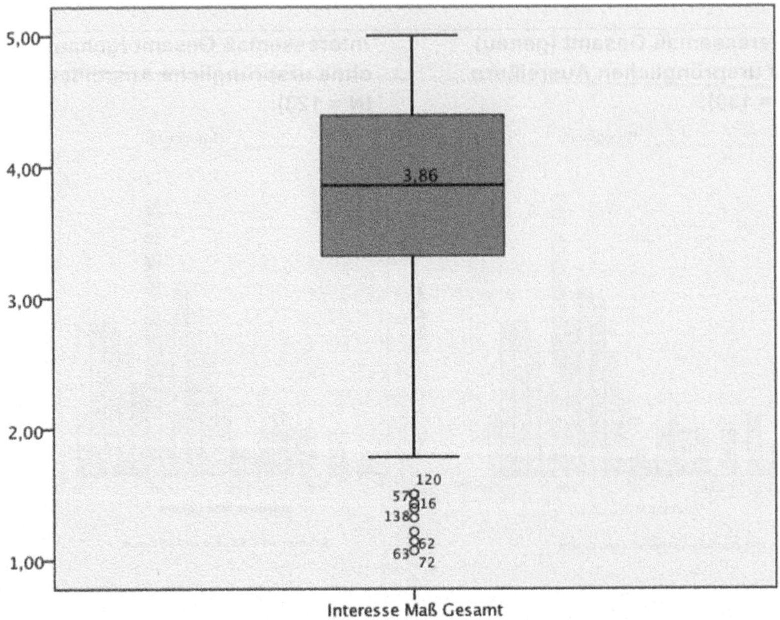


*Abbildung 25.* Boxplot zum Interessemaß Gesamt (genau) bei N = 130 plausiblen Datensätzen mit eindeutiger Zuordnung zum 5DDP) inklusive ursprüngliche Ausreißer (SPSS-Ausgabe TS-FB/5DDP).

Tabelle 95
*Deskriptive Statistik der Interessemaße $I_{Ges}$ bei N = 130.*

| **Interessemaße** | **Deskriptive Statistik** | | | | | | | | |
|---|---|---|---|---|---|---|---|---|---|
| | MW | Unter-grenze[a] / Ober-grenze[a] | M | Var | sd | Min-Max | IQB | Schiefe / Stdf. Schiefe | Kurtosis / Stdf. Kurtosis |
| Interessemaß $I_{Ges}$ | 3.66 | 3.50 / 3.83 | 3.9 | 0.94 | 0.97 | 1.07 5 | 1.1 | -0.980 / .212 | 0.311 / .422 |

*Anmerkungen.* $N_{gültig}$ = 130. $N_{fehlend}$ = 0. M = Median. MW = arithmetischer Mittelwert. sd = Standardabweichung. Stdf. = Standardfehler. Var = Varianz. Quelle: SPSS-Daten TS-FB/5DDP, gefiltert nach plausiblen Interessedatensätzen, die dem 5DDP eindeutig zuzuordnen sind. Inklusive ursprüngliche Ausreißer.

[a]Wert bezieht sich auf das 95 %ige Konfidenzintervall des MWs.

Tabelle 96

*Normalverteilungstests: TS-Interesse Gesamt (genau) bzgl. plausibler und dem 5DDP zuzuordnenden Datensätzen*

| | Kolmogorov-Smirnov[a] | | | Shapiro-Wilk | | |
|---|---|---|---|---|---|---|
| | Statistik | df | Signifikanz | Statistik | df | Signifikanz |
| Interessemaß Gesamt (genau) | .125 | 130 | < .001 | .910 | 130 | < .001 |

*Anmerkungen.* N = 130. Beide Tests lehnen hier mit einem signifikanten Ergebnis eine Normalverteilung des Interessemaßes Gesamt ab. Quelle: SPSS-Daten TS-FB/5DDP, gefiltert nach plausiblen Interessedaten, die mit einem Matching-Code eindeutig dem 5DDP zuzuordnen sind.

[a]Signifikanzkorrektur nach Lilliefors.

**Stanine quadriert von Extraversion: $R^2$ Linear = .003**

**Stanine quadriert von Emotionalität: $R^2$ Linear = .003**

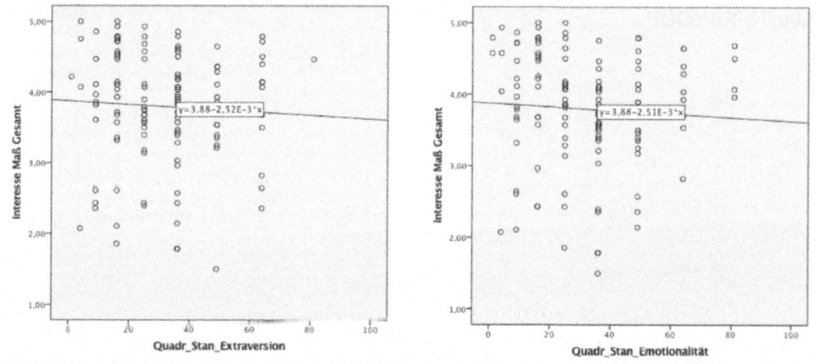


*Abbildung 26.* Streudiagramme der quadrierten Stanine Werte von Extraversion und Emotionalität in Bezug auf das TS-Interessemaß Gesamt (N = 123).

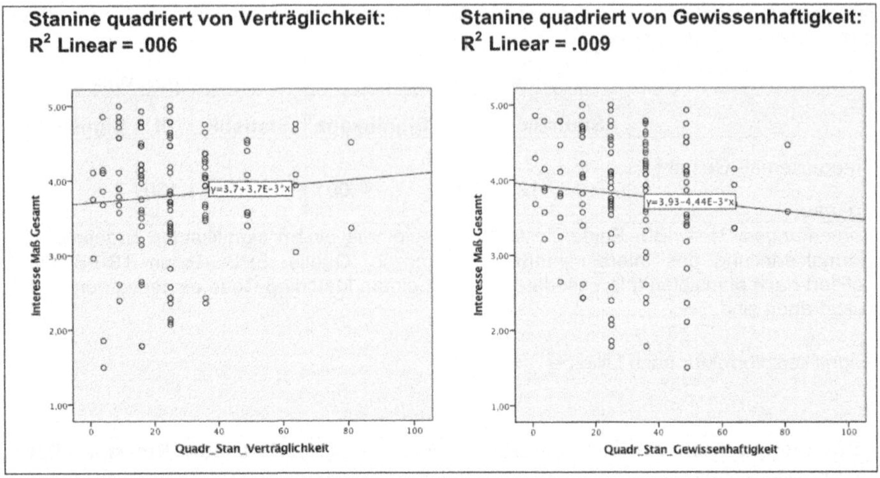


*Abbildung 27*. Streudiagramme der quadrierten Stanine Werte von Verträglichkeit und Gewissenhaftigkeit in Bezug auf das TS-Interessemaß Gesamt bei N = 123 (SPSS-Ausgabe TS-FB/5DDP).

Tabelle 97

*Nachweise zur Erfüllung der Regressionsvoraussetzungen für die Unterhypothese $H_{3.1}$*

| **Voraussetzung (Entscheidungsregel)** | **Erfüllt: ja/nein Nachweis** |
|---|---|
| Metrische AV[a] (eigene Beurteilung) | Ja, Likert-Skala |
| UVs mindestens kategorial[a] (eigene Beurteilung) | Ja, Likert-Skala |
| Linearer Zusammenhang zwischen UV und AV, (Kein eindeutiger nicht-linearer Zusammenhang zwischen UV und AV erkennbar[b]) | Annahme, da Entscheidungsregel erfüllt, Bzgl. Big Five: Streudiagramme in Abb. 26 und Abb. 27 im Anhang N. Bzgl. Kontrollvariable Geschlecht: rho = -.353 ($p < .001$ bei $\alpha = 5$ %) |
| Normalverteilung der Residuen[a] (Punkte liegen nahe an der Diagonalen) | Ja, Q-Q-Diagramm der Residuen (Anhang N: Abb. 28) |
| Unabhängigkeit der Residuen (Durbin-Watson Wert nahe 2, mind. zwischen 1 und 3[c]) | Ja, Durbin-Watson-Wert = 1.93 |
| Linearität und Homoskedastizität der Residuen (Kein Trichter im Streudiagramm der Residuen erkennbar[d]) | Ja, Streudiagramm der Residuen (Abb. 29 im Anhang N) |
| Keine Ausreißer in den Residuen (wertabhängig[c, e]) | Ja (statt max. 6 Residuen (5 %) > 2 hier mit 7 nur 1 mehr, was für akzeptabel erklärt wird) Siehe Anhang N: Tabelle 98 |
| Keine Multikollinearität[c] (VIF < 5, größter Konditionsindex < 30) | Ja, die Big Five-UVs gelten als voneinander unabhängig (Ibrahimovic & Bulheller, 2008) VIF < 1.58 < 5; größter Konditionsindex im Modell = 11.7 < 30 |

*Anmerkungen.* Quelle: In Anlehnung an genannte Literatur.

[a](Keller, 2016). [b](Backhaus et al., 2015). [c](Field, 2013). [d](Tabachnick & Fidell, 2014). [e]keine Werte > 3 und < -3; höchstens 1 % > 2.5 bzw. < -2.5, höchstens 5 % > 2 bzw. < -2.

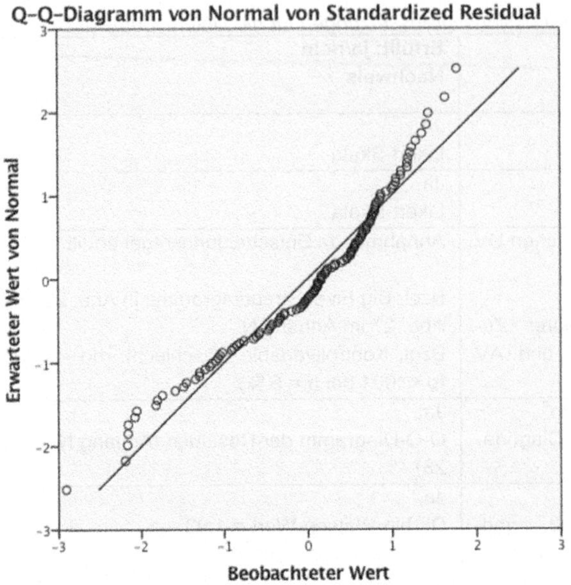


*Abbildung 28.* Q-Q-Diagramm der standardisierten Residuen von Interessemaß Gesamt bei N = 123 (SPSS-Ausgabe TS-FB/5DDP).

*Anmerkungen.* Da die Punkte relativ nahe an der Geraden liegen, wird hier von einer annähernden Normalverteilung der Residuen ausgegangen (siehe Keller, 2016). Quelle: SPSS-Ausgabe TS-FB/5DDP.

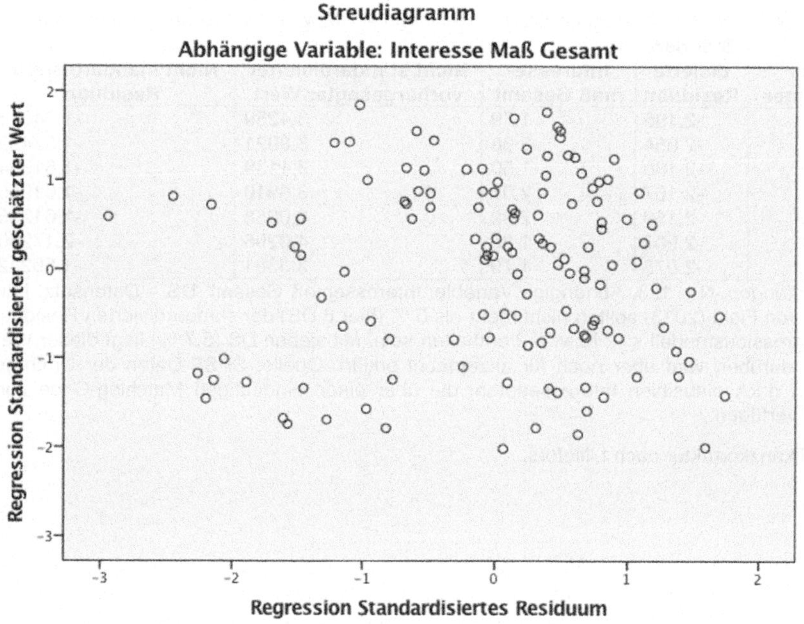


*Abbildung 29.* Streudiagramm der standardisierten Residuen bzgl. Interessemaß Gesamt bei N = 123 (SPSS-Ausgabe TS-FB/5DDP).

*Anmerkungen.* Da hier weder ein Trend noch ein Trichter zu erkennen ist, können hier Linearität und Homoskedastizität der Residuen angenommen werden (siehe Tabachnick & Fidell, 2014).

Tabelle 98

*Fallweise Diagnose der standardisierten Residuen > 2 bzw. < -2 im Regressionsmodell*

| DS-Nummer | Standardisierte Residuen | Interessemaß Gesamt | Nicht standardisierter vorhergesagter Wert | Nicht standardisierte Residuen |
|---|---|---|---|---|
| 50 | -2.195 | 1.79 | 3.4259 | -1.64016 |
| 56 | -2.054 | 2.36 | 3.8921 | -1.53499 |
| 82 | -2.160 | 1.50 | 3.1139 | -1.61394 |
| 95 | -2.167 | 2.07 | 3.6910 | -1.61955 |
| 97 | -2.159 | 2.39 | 4.0058 | -1.61295 |
| 99 | -2.907 | 1.86 | 4.0296 | -2.17250 |
| 126 | -2.078 | 1.79 | 3.3381 | -1.55242 |

*Anmerkungen*. N = 123. Abhängige Variable: Interessemaß Gesamt. DS = Datensatz. Laut Regel von Field (2013) sollten nicht mehr als 5 % (hier 6 DS) der standardisierten Residuen im Regressionsmodell < -2 bzw. > 2 enthalten sein. Mit sieben DS (5.7 %) liegt dieser Wert knapp darüber, wird aber noch für akzeptabel erklärt. Quelle: SPSS-Daten der Umfrage, gefiltert nach plausiblen Interessedaten, die über einen eindeutigen Matching-Code zum 5DDP verfügen.

[a]Signifikanzkorrektur nach Lilliefors.

# Anhang O: Ergänzende Daten zu sonstigen Zusammenhängen

Tabelle 99

*Interessemaß gerundet und aggregiert nach Altersklassen mit vier Gruppen*

| **Interessemaß gerundet und aggregiert** | | **Altersklassen mit 4 Gruppen** | | | | |
|---|---|---|---|---|---|---|
| | | **21 - 30 Jahre** | **31 - 40 Jahre** | **41 - 50 Jahre** | **51 - 70 Jahre** | **Gesamt** |
| überhaupt nicht oder eher nicht interessiert (1, 2) | Anzahl | 2 | 5 | 10 | 7 | 24 |
| | % innerhalb von Interessemaß | 8.3 % | 20.8 % | 41.7 % | 29.2 % | 100.0 % |
| | **% innerhalb von Altersklassen mit 4 Gruppen** | **8.3 %** | **9.3 %** | **23.3 %** | **35.0 %** | **17.0 %** |
| | % der Gesamtzahl | 1.4 % | 3.5 % | 7.1% | 5.0 % | 17.0 % |
| teilweise interessiert, teilweise nicht (3) | Anzahl | 5 | 4 | 8 | 5 | 22 |
| | % innerhalb von Interessemaß aggregiert | 22.7 % | 18.2 % | 36.4 % | 22.7 % | 100.0 % |
| | **% innerhalb von Altersklassen mit 4 Gruppen** | **20.8 %** | **7.4 %** | **18.6 %** | **25.0 %** | **15.6 %** |
| | % der Gesamtzahl | 3.5 % | 2.8 % | 5.7 % | 3.5 % | 15.6 % |
| eher oder sehr interessiert (4, 5) | Anzahl | 17 | 45 | 25 | 8 | 95 |
| | % innerhalb von Interessemaß aggregiert | 17.9 % | 47.4 % | 26.3 % | 8.4 % | 100.0 % |
| | **% innerhalb von Altersklassen mit 4 Gruppen** | **70.8 %** | **83.3 %** | **58.1 %** | **40.0 %** | **67.4 %** |
| | % der Gesamtzahl | 12.1 % | 31.9 % | 17.7 % | 5.7 % | 67.4 % |
| **Gesamt** | **Anzahl** | **24** | **54** | **43** | **20** | **141** |
| | % innerhalb von Interessemaß aggregiert | 17.0 % | 38.3 % | 30.5 % | 14.2 % | 100.0 % |
| | % innerhalb von Altersklassen mit 4 Gruppen | 100.0 % | 100.0 % | 100.0 % | 100.0 % | 100.0 % |
| | % der Gesamtzahl | 17.0 % | 38.3 % | 30.5 % | 14.2 % | 100.0 % |

*Anmerkungen.* N = 141. Quelle: SPSS-Daten TS-FB/5DDP, gefiltert nach plausiblen Interessedaten. Da nur zwei TN über 60 Jahre alt waren, wurden die beiden ursprünglichen Altersklassen der 51 bis 60 Jährigen und der 61 bis 70 Jährigen hier zu einer gemeinsamen Altersklasse zusammengefügt (51 – 70 Jahre).

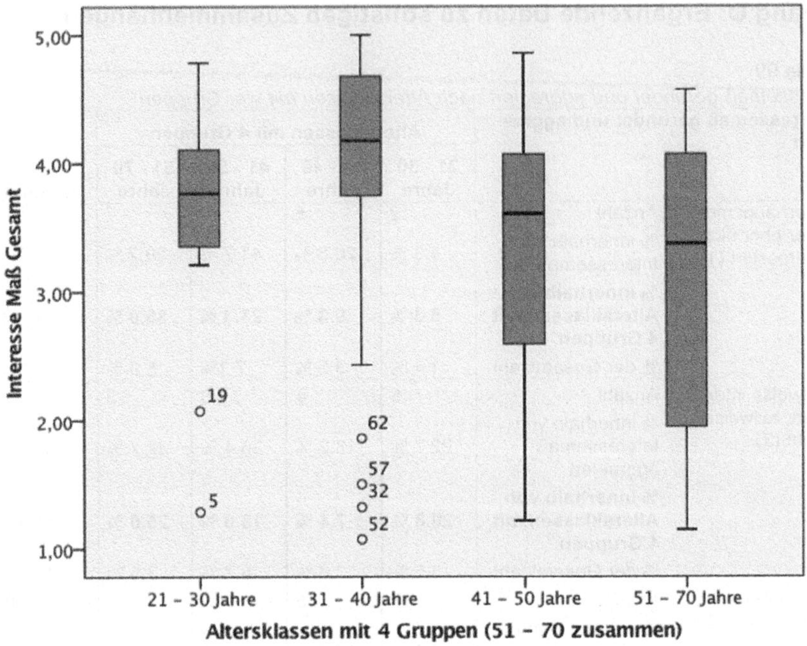


*Abbildung 30.* Verteilung des TS-Interessemaßes Gesamt (genau) nach Altersklassen bei N = 141 (SPSS-Ausgabe TS-FB/5DDP).

Tabelle 100

*Kruskal-Wallis-Test: TS-Interessemaß Gesamt nach Altersklassen (1/2)*

| | **Altersklassen mit 4 Gruppen** | **N** | **Mittlerer Rang** |
|---|---|---|---|
| Interessemaß Gesamt (genau) | 21 - 30 Jahre | 24 | 69.54 |
| | 31 - 40 Jahre | 54 | 89.27 |
| | 41 - 50 Jahre | 43 | 58.44 |
| | 51 - 70 Jahre | 20 | 50.43 |
| | **Gesamt** | **141** | |

*Anmerkungen.* Quelle: SPSS-Daten TS-FB/5DDP, gefiltert nach plausiblen Interessedaten. Da nur zwei TN über 60 Jahre alt waren, wurden alle über 60 Jährigen zu einer gemeinsamen Altersgruppe zusammengefasst (51 – 70 Jahre).

Tabelle 101

*Kruskal-Wallis-Test: TS-Interessemaß Gesamt nach Altersklassen (2/2)*

| | **Interessemaß Gesamt (genau)** |
|---|---|
| Chi-Quadrat | 19.979 |
| df | 3 |
| Asymptotische Signifikanz | < .001 |

*Anmerkungen.* N = 141. Gruppenvariable: Altersklassen mit 4 Gruppen (51 - 70 zusammen). Quelle: SPSS-Ausgabe TS-FB/5DDP, gefiltert nach plausiblen Interessedaten. Da nur zwei TN über 60 Jahre alt waren, wurden alle über 60 Jährigen zu einer gemeinsamen Altersgruppe zusammengefasst (51 – 70 Jahre). Da die asymptotische Signifikanz von SPSS hier ursprünglich mit .000 ausgegeben wird, liegt ein signifikantes Ergebnis mit p < .001 vor.

Tabelle 102

*Deskriptive Statistik des Interessemaßes $I_{Ges}$ nach LV-Gruppen*

| **Interessemaße** | **Deskriptive Statistik** | | | | | | | | |
|---|---|---|---|---|---|---|---|---|---|
| | MW | Untergrenze[a]<br>Obergrenze[a] | M | Var | sd | Min-Max | IQB | Schiefe<br>Stdf. Schiefe | Kurtosis<br>Stdf. Kurtosis |
| Projekt-LV | 3.68 | 3.47<br>3.88 | 3.95 | 0.955 | 0.977 | 1.07<br>5 | 1.13 | -0.988<br>.257 | 0.237<br>.508 |
| Fach-LV | 3.58 | 3.37<br>3.79 | 3.80 | 1.134 | 1.065 | 1.07<br>5 | 1.21 | -0.899<br>.244 | -0.103<br>.483 |
| PV | 3.54 | 3.15<br>3.93 | 3.77 | 1.199 | 1.095 | 1.14<br>5 | 1.61 | -0.869<br>.414 | -0.074<br>.809 |

*Anmerkungen.* $N_{Projekt\text{-}LV}$ = 88. $N_{Fach\text{-}LV}$= 98. $N_{Personal\text{-}LV}$ = 32. $N_{fehlend}$ = 0. LV = Leitungsverantwortung. M = Median. MW = arithmetischer Mittelwert. PV = Personalverantwortung. sd = Standardabweichung. Stdf. = Standardfehler. Var = Varianz. Da Mehrfachantworten möglich waren, übersteigt die Summe der N-Werte das $N_{Ges}$ von 141. Quelle: SPSS-Daten TS-FB/5DDP, gefiltert nach plausiblen Datensätzen bzgl. Interesse.

[a]Wert bezieht sich auf das 95 %ige Konfidenzintervall des MWs.

Tabelle 103

*TS-Interesse (gerundet) in Abhängigkeit von der LV-Art*

| Interessemaß Gesamt (gerundet) | | | Aktuelle oder angestrebte LV-Art[a] | | | Gesamt |
|---|---|---|---|---|---|---|
| | | | Aktuelle oder angestrebte **Projekt-LV** | Aktuelle oder angestrebte **Fach-LV** | Aktuelle oder angestrebte **PV** | |
| $I_{gerundet}$ | überhaupt nicht interessiert (1) | Anzahl | 4 | 8 | 6 | 8 |
| | | Innerhalb $I_{gerundet}$ | 50.0 % | 100.0 % | 75.0 % | |
| | | **Innerhalb LV-Art** | **4.5 %** | **8.2 %** | **8.1 %** | |
| | | % von Gesamtwert | 2.8 % | 5.7 % | 4.3 % | 5.7 % |
| | eher nicht interessiert (2) | Anzahl | 10 | 9 | 10 | 16 |
| | | Innerhalb $I_{gerundet}$ | 62.5 % | 56.3 % | 62.5 % | |
| | | **Innerhalb LV-Art** | **11.4 %** | **9.2 %** | **13.5 %** | |
| | | % von Gesamtwert | 7.1 % | 6.4 % | 7.1 % | 11.3 % |
| | teilweise interessiert, teilweise nicht (3) | Anzahl | 13 | 18 | 11 | 22 |
| | | Innerhalb $I_{gerundet}$ | 59.1 % | 81.8 % | 50.0 % | |
| | | **Innerhalb LV-Art** | **14.8 %** | **18.4 %** | **14.9 %** | |
| | | % von Gesamtwert | 9.2 % | 12.8 % | 7.8 % | 15.6 % |
| | eher interessiert (4) | Anzahl | 43 | 41 | 33 | 64 |
| | | Innerhalb $I_{gerundet}$ | 67.2 % | 64.1 % | 51.6 % | |
| | | **Innerhalb LV-Art** | **48.9 %** | **41.8 %** | **44.6 %** | |
| | | % von Gesamtwert | 30.5 % | 29.1 % | 23.4 % | 45.4 % |
| | sehr interessiert (5) | Anzahl | 18 | 22 | 14 | 31 |
| | | Innerhalb $I_{gerundet}$ | 58.1 % | 71.0 % | 45.2 % | |
| | | **Innerhalb LV-Art** | **20.5 %** | **22.4 %** | **18.9 %** | |
| | | % von Gesamtwert | 12.8 % | 15.6 % | 9.9 % | 22.0 % |
| **Gesamt** | | **Anzahl** | **88** | **98** | **74** | **141** |
| | | **% von Gesamtwert** | **62.4 %** | **69.5 %** | **52.5 %** | **100.0 %** |

*Anmerkungen.* $I_{gerundet}$ = Interessemaß Gesamt gerundet auf ganze Skalenwerte. Fach-LV = Fachliche LV. LV = Leitungsverantwortung. PV = Personalverantwortung. Prozentsätze und Gesamtwerte beruhen auf den Befragten.

[a]Dichotomie-Gruppe der LV-Art tabellarisch dargestellt bei Wert 1.

Tabelle 104
*Prüfstatistik zum Mann-Whitney-U-Test: Unterschied im TS-Interessemaß abhängig von Projekt-LV und PV (1/2)*

| | Projekt-LV oder PV (aktuell/angestrebt) | N | Mittlerer Rang | Rangsumme |
|---|---|---|---|---|
| $I_{Ges}$ | Projekt-LV | 88 | 61.70 | 5430.00 |
| | PV | 32 | 57.19 | 1830.00 |
| | Gesamt | 120 | | |

*Anmerkungen.* $I_{Ges}$ = Interessemaß Gesamt (genau). Mehrfachnennungen waren möglich. LV = Leitungsverantwortung. PV = Personalverantwortung. Quelle: SPSS-Daten TS-FB/5DDP, gefiltert nach plausiblen Interessedaten.

Tabelle 105
*Prüfstatistik zum Mann-Whitney-U-Test: Unterschied im TS-Interessemaß abhängig von Projekt-LV und PV (2/2)*

| | Interessemaß Gesamt (genau) |
|---|---|
| Mann-Whitney-U | 1302.000 |
| Wilcoxon-W | 1830.000 |
| Z | -.629 |
| **Asymptotische Signifikanz (2-seitig)** | **.529** |

*Anmerkungen.* $I_{Ges}$ = Interessemaß Gesamt (genau). Gruppenvariable: Projekt-LV oder PV (aktuell/angestrebt). LV = Leitungsverantwortung. PV = Personalverantwortung. Quelle: SPSS-Daten TS-FB/5DDP, gefiltert nach plausiblen Interessedaten.

Tabelle 106

*Interessemaß Gesamt (gerundet) in Abhängigkeit von Vollzeit- oder Teilzeitarbeit*

| **Interessemaß Gesamt Gerundet** | | | **Vollzeit oder Teilzeit (aktuell/bevorzugt)** | | |
|---|---|---|---|---|---|
| | | | Vollzeit | Teilzeit | **Gesamt** |
| **$I_{gerundet}$** | überhaupt nicht interessiert (1) | Anzahl | 7 | 1 | 8 |
| | | % innerhalb von Arbeitsmodell | **6.0 %** | **4.0 %** | **5.7 %** |
| | | % der Gesamtzahl | 5.0 % | 0.7 % | 5.7 % |
| | eher nicht interessiert (2) | Anzahl | 16 | 0 | 16 |
| | | % innerhalb von Arbeitsmodell | **13.8 %** | **0.0 %** | **11.3 %** |
| | | % der Gesamtzahl | 11.3 % | 0.0 % | 11.3 % |
| | teilweise interessiert, teilweise nicht (3) | Anzahl | 21 | 1 | 22 |
| | | % innerhalb von Arbeitsmodell | **18.1 %** | **4.0 %** | **15.6 %** |
| | | % der Gesamtzahl | 14.9 % | 0.7 % | 15.6 % |
| | eher interessiert (4) | Anzahl | 50 | 14 | 64 |
| | | % innerhalb von Arbeitsmodell | **43.1 %** | **56.0 %** | **45.4 %** |
| | | % der Gesamtzahl | 35.5 % | 9.9 % | 45.4 % |
| | sehr interessiert (5) | Anzahl | 22 | 9 | 31 |
| | | % innerhalb von Arbeitsmodell | **19.0 %** | **36.0 %** | **22.0 %** |
| | | % der Gesamtzahl | 15.6 % | 6.4 % | 22.0 % |
| **Gesamt** | | **Anzahl** | **116** | **25** | **141** |
| | | % innerhalb von Arbeitsmodell | 100.0 % | 100.0 % | 100.0 % |
| | | % der Gesamtzahl | 82.3 % | 17.7 % | 100.0 % |

*Anmerkungen.* $I_{gerundet}$ = Interessemaß Gesamt gerundet auf ganze Skalenwerte. Quelle: SPSS-Daten TS-FB/5DDP, gefiltert nach plausiblen Interessedaten.

Tabelle 107

*Deskriptive Statistik des Interessemaßes $I_{Ges}$ nach Arbeitsmodell Vollzeit oder Teilzeit*

| **Interessemaße** | **Deskriptive Statistik** | | | | | | | | |
|---|---|---|---|---|---|---|---|---|---|
| | MW | Untergrenze[a]<br><br>Obergrenze[a] | M | Var | sd | Min-Max | IQB | Schiefe<br><br>Stdf. Schiefe | Kurtosis<br><br>Stdf. Kurtosis |
| Vollzeit (aktuell oder angestrebt) | 3.52 | 3.33<br>3.70 | 3.71 | 1.054 | 1.027 | 1.075 | 1.26 | -0.760<br>.095 | -0.291<br>.446 |
| Teilzeit (aktuell oder angestrebt) | 4.20 | 3.84<br>3.46 | 4.12 | 0.556 | 0.746 | 1.365 | 0.93 | -2.19<br>.464 | 7.532<br>.902 |

*Anmerkungen.* $N_{Vollzeit}$= 116. $N_{Teilzeit}$ = 25. $N_{fehlend}$ = 0. M = Median. MW = arithmetischer Mittelwert. sd = Standardabweichung. Stdf. = Standardfehler. Var = Varianz. Die Angaben zum aktuellen und angestrebten Arbeitsmodell sind hier zusammengefasst. Quelle: SPSS-Daten TS-FB/5DDP, gefiltert nach plausiblen Datensätzen bzgl. Interesse.

[a]Wert bezieht sich auf das 95 %ige Konfidenzintervall des MWs.

Tabelle 108

*Prüfstatistik zum Mann-Whitney-U-Test: Unterschied im TS-Interessemaß Gesamt abhängig von aktueller/angestrebter Vollzeit- und Teilzeitarbeit (1/2)*

| | **Vollzeit oder Teilzeit (aktuell/bevorzugt)** | **N** | **Mittlerer Rang** | **Rangsumme** |
|---|---|---|---|---|
| $I_{Ges}$ | Vollzeit | 116 | 66.09 | 7666.00 |
| | Teilzeit | 25 | 93.80 | 2345.00 |
| | **Gesamt** | **141** | | |

*Anmerkungen.* $I_{Ges}$ = Interessemaß Gesamt (genau). Quelle: SPSS-Daten TS-FB/5DDP, gefiltert nach plausiblen Interessedaten.

Tabelle 109

*Prüfstatistik zum Mann-Whitney-U-Test: Unterschied im TS-Interessemaß Gesamt abhängig von aktueller/angestrebter Vollzeit- und Teilzeitarbeit (2/2)*

| | **Interessemaß Gesamt** |
|---|---|
| Mann-Whitney-U | 880.000 |
| Wilcoxon-W | 7666.000 |
| Z | -3.078 |
| **Asymptotische Signifikanz (2-seitig)** | **.002** |

*Anmerkungen.* Gruppenvariable: Vollzeit oder Teilzeit (aktuell oder bevorzugt). $I_{Ges}$ = Interessemaß Gesamt (genau). Quelle: SPSS-Daten TS-FB/5DDP, gefiltert nach plausiblen Interessedaten.

# Anhang P: Ergänzende Informationen zum Diskussionskapitel

Tabelle 110
*Zustimmungsgrad zum Item I3 nach Altersklassen und Geschlecht*

| Geschlecht und Altersklassen (AK) mit 4 Gruppen | | Zustimmungsgrad zum Item I3 (1) | (2) | (3) | (4) | (5) | Gesamt |
|---|---|---|---|---|---|---|---|
| **Frauen:** | | | | | | | |
| 21 - 30 Jahre | **Anzahl** | **0** | **3** | **1** | **6** | **7** | **17** |
| | % innerhalb v. AK | 0.0 % | 17.6 % | 5.9 % | 35.3 % | 41.2 % | 100.0 % |
| | % innerhalb v. I3 | 0.0 % | 33.3 % | 25.0 % | 31.6 % | 22.6 % | 24.6 % |
| 31 - 40 Jahre | **Anzahl** | **2** | **2** | **0** | **9** | **21** | **34** |
| | % innerhalb v. AK | 5.9 % | 5.9 % | 0.0 % | 26.5 % | 61.8 % | 100.0 % |
| | % innerhalb v. I3 | 33.3 % | 22.2 % | 0.0 % | 47.4 % | 67.7 % | 49.3 % |
| 41 - 50 Jahre | **Anzahl** | **3** | **4** | **3** | **4** | **3** | **17** |
| | % innerhalb v. AK | 17.6 % | 23.5 % | 17.6 % | 23.5 % | 17.6 % | 100.0 % |
| | % innerhalb v. I3 | 50.0 % | 44.4 % | 75.0 % | 21.1 % | 9.7 % | 24.6 % |
| 51 - 65 Jahre | **Anzahl** | **1** | **0** | **0** | **0** | **0** | **1** |
| | % innerhalb v. AK | 100.0 % | 0.0 % | 0.0 % | 0.0 % | 0.0 % | 100.0 % |
| | % innerhalb v. I3 | 16.7 % | 0.0 % | 0.0 % | 0.0 % | 0.0 % | 1.4 % |
| **Gesamt Frauen** | **Anzahl** | **6** | **9** | **4** | **19** | **31** | **69** |
| | % innerhalb v. AK | 8.7 % | 13.0 % | 5.8 % | 27.5 % | 44.9 % | 100.0 % |
| | % innerhalb v. I3 | 100.0 % | 100.0 % | 100.0 % | 100.0 % | 100.0 % | 100.0 % |
| **Männer:** | | | | | | | |
| 21 - 30 Jahre | **Anzahl** | **1** | **1** | **1** | **3** | **1** | **7** |
| | % innerhalb v. AK | 14.3 % | 14.3 % | 14.3 % | 42.9 % | 14.3 % | 100.0 % |
| | % innerhalb v. I3 | 8.3 % | 7.7 % | 8.3 % | 13.6 % | 9.1 % | 10.0 % |
| 31 - 40 Jahre | **Anzahl** | **4** | **3** | **1** | **5** | **7** | **20** |
| | % innerhalb von AK | 20.0 % | 15.0 % | 5.0 % | 25.0 % | 35.0 % | 100.0 % |
| | % innerhalb v. I3 | 33.3 % | 23.1 % | 8.3 % | 22.7 % | 63.6 % | 28.6 % |
| 41 - 50 Jahre | **Anzahl** | **4** | **5** | **6** | **9** | **1** | **25** |
| | % innerhalb von AK | 16.0 % | 20.0 % | 24.0 % | 36.0 % | 4.0 % | 100.0 % |
| | % innerhalb v. I3 | 33.3 % | 38.5 % | 50.0 % | 40.9 % | 9.1 % | 35.7 % |
| 51 - 65 Jahre | **Anzahl** | **3** | **4** | **4** | **5** | **2** | **18** |
| | % innerhalb von AK | 16.7 % | 22.2 % | 22.2 % | 27.8 % | 11.1 % | 100.0 % |
| | % innerhalb v. I3 | 25.0 % | 30.8 % | 33.3 % | 22.7 % | 18.2 % | 25.7 % |
| **Gesamt Männer** | **Anzahl** | **12** | **13** | **12** | **22** | **11** | **70** |
| | % innerhalb von AK | 17.1 % | 18.6 % | 17.1 % | 31.4 % | 15.7 % | 100.0 % |
| | % innerhalb v. I3 | 100.0 % | 100.0 % | 100.0 % | 100.0 % | 100.0 % | 100.0 % |

*Anmerkungen.* AK = Altersklassen. Das Item I3 lautet: TS ist ein Arbeitsmodell, das für mich innerhalb der nächsten 1 bis 5 Jahre interessant werden könnte. Von den insgesamt 141 plausiblen Datensätzen haben zwei TN keine Angabe zum Geschlecht gemacht. Der Zustimmungsgrad entspricht der verwendeten Likert-Skala: stimme überhaupt nicht zu (1), stimme eher nicht zu (2), stimme teilweise zu, teilweise nicht (3), stimme eher zu (4), stimme sehr zu (5). Quelle: SPSS-Daten TS-FB/5DDP, gefiltert nach plausiblen Interesse-Daten.

## Anhang Q: Informationen zur Verfahrens- und Methodenreflexion

Tabelle 111

*Reliabilitätswerte der ursprünglich geplanten Interesseskala (12 Items)*

| | **Skalenmittelwert,** wenn Item weggelassen | **Skalenvarianz,** wenn Item weggelassen | **Korrigierte Item-Skala-Korrelation** | **Cronbachs Alpha,** wenn Item weggelassen |
|---|---|---|---|---|
| Ich würde zurzeit gerne im TS arbeiten (I2). | 39.16 | 90.237 | .629 | .908 |
| TS könnte für mich in den nächsten 1 bis 5 Jahren interessant werden (I3) | 38.67 | 87.079 | .729 | .903 |
| TS könnte in mehr als 5 Jahren interessant werden (I4). | 38.75 | 96.302 | .372 | .921 |
| Bei einem TS-Angebot des Arbeitgebers wäre TS für mich vorstellbar (I5u) | 38.11 | 88.773 | .786 | .901 |
| Ich interessiere mich persönlich sehr für TS (I6). | 38.76 | 86.641 | .827 | .898 |
| Wenn ich über TS nachdenke, wirkt sich dies positiv auf meine Stimmung aus (I7). | 38.90 | 90.561 | .726 | .904 |
| Über TS zu reden, macht mir Spaß (I8u). | 38.26 | 96.195 | .554 | .911 |
| Wenn mir Artikel zu TS begegnen (z. B. online oder in Zeitschriften), lese ich diese gerne (I9). | 38.89 | 95.610 | .559 | .911 |
| Ich bin mir sicher, dass die Entwicklung meiner Persönlichkeit durch TS positiv beeinflusst werden würde (I10). | 38.63 | 93.349 | .620 | .908 |
| TS hat für mich mit Selbstverwirklichung zu tun (I11u). | 38,41 | 96.058 | .517 | .912 |
| TS ist mir wichtig (I12u). | 38.30 | 88.942 | .766 | .902 |
| Ich bin mir sicher, dass TS zu mir passt (I13). | 38.70 | 89.742 | .807 | .900 |

*Anmerkungen.* N = 141. Cronbachs Alpha der ursprünglich geplanten Interesse-Berechnungs-Skala (12 Items) = .914. Quelle: SPSS-Daten TS-FB/5DDP, gefiltert nach plausiblen Interessedaten.

Tabelle 112
*Reliabilitätswerte der revidierten Interesseskala (10 Items)*

| | **Skalenmittelwert**, wenn Item weggelassen | **Skalenvarianz**, wenn Item weggelassen | **Korrigierte Item-Skala-Korrelation** | **Cronbachs Alpha**, wenn Item weggelassen |
|---|---|---|---|---|
| Ich würde zurzeit gerne im TS arbeiten (I2). | 32.39 | 60.768 | .634 | .900 |
| TS könnte für mich in den nächsten 1 bis 5 Jahren interessant werden (I3). | 31.90 | 59.147 | .684 | .896 |
| Bei einem TS-Angebot des Arbeitgebers wäre TS für mich vorstellbar (I5u). | 31.34 | 60.412 | .745 | .892 |
| Wenn ich über TS nachdenke, wirkt sich dies positiv auf meine Stimmung aus (I7). | 32.13 | 61.255 | .721 | .893 |
| Über TS zu reden, macht mir Spaß (I8u). | 31.49 | 65.523 | .573 | .902 |
| Wenn mir Artikel zum Thema TS begegnen (z. B. online oder in Zeitschriften), lese ich diese gerne (I9). | 32.12 | 65.378 | .556 | .903 |
| Ich bin mir sicher, dass die Entwicklung meiner Persönlichkeit durch TS positiv beeinflusst werden würde (I10). | 31.86 | 63.108 | .641 | .898 |
| TS hat für mich mit Selbstverwirklichung zu tun (I11u). | 31.64 | 65.333 | .539 | .904 |
| Mir ist TS durchaus wichtig. (I12u). | 31.53 | 59.879 | .764 | .890 |
| Ich bin mir sicher, dass TS zu mir persönlich passt (I13). | 31.92 | 60.558 | .806 | .888 |

*Anmerkungen.* N = 141. Cronbachs Alpha der revidierten Interesse-Berechnungs-Skala (10 Items) = .906. Quelle: SPSS-Daten TS-FB/5DDP, gefiltert nach plausiblen Interessedaten.

## Literaturverzeichnis


Allport, G. W. (1966). Traits revisited. *American Psychologist, 21* (1), 1.

Amstutz, N. & Jochem, A. (2014). *Teilzeitarbeit und Jobsharing in der Schweiz.* (Fachhochschule Nordwestschweiz Hochschule für Wirtschaft, Hrsg.). Basel.

Au, C. von (2017). Impulse für eine Next-Practice-Führungskräfte-Auswahl: Persönlichkeit, Kompetenzen, Motive und sonstige Passungsdimensionen. In C. von Au (Hrsg.), *Auswahl und Onboarding von Führungspersönlichkeiten: Diagnose, Assessment und Integration.* (S. 1–26). Wiesbaden: Springer Fachmedien Wiesbaden.

Backhaus, K., Erichson, B., Plinke, W. & Weiber, R. (2015). *Multivariate Analysemethoden: Eine anwendungsorientierte Einführung* (14. Aufl.). Berlin, Heidelberg: Springer.

Baillod, J. (2001). Teilzeitarbeit und Job-Sharing in Führungspositionen. In E. Ulich (Hrsg.), *Beschäftigungswirksame Arbeitszeitmodelle.* (S. 287–330). Zürich: vdf Hochschulverlag an der ETH Zürich.

Baillod, J. (2002a). Formen von Teilzeitarbeit. In J. Baillod (Hrsg.), *Chance Teilzeitarbeit: Argumente und Materialien für Verantwortliche. Mit Arbeitsmaterialien auf CD-ROM.* (S. 9–34). Zürich: vdf Hochschulverlag an der ETH Zürich.

Baillod, J. (2002b). Teilzeitarbeit im Kader. In J. Baillod (Hrsg.), *Chance Teilzeitarbeit: Argumente und Materialien für Verantwortliche. Mit Arbeitsmaterialien auf CD- ROM.* (S. 107–132). Zürich: vdf Hochschulverlag an der ETH Zürich.

Bandilla, W., Kaczmirek, L., Blohm, M. & Neubarth, W. (2009). Coverage- und Non-response-Effekte bei Online-Bevölkerungsumfragen. In N. Jackob, H. Schoen & T. Zerback (Hrsg.), *Sozialforschung im Internet: Methodologie und Praxis der Online-Befragung.* (S. 129–144). Wiesbaden: VS Verlag für Sozialwissenschaften.

Barnard, C. I. (1938). *The Functions of the Executive.* Cambridge: Harvard University Press.




E. Himmen, *Topsharing*, BestMasters,
https://doi.org/10.1007/978-3-658-24413-2

Barrick, M. R. & Mount, M. K. (1991). The Big Five personality dimensions and job performance: a meta-analysis. *Personnel Psychology, 44* (1), 1–26.

Barrick, M. R. & Mount, M. K. (1993). Autonomy as a moderator of the relationships between the Big Five personality dimensions and job performance. *Journal of Applied Psychology, 78* (1), 111.

Beck, M. & Spörrle, M. (2012). Auch in Zukunft nicht nur eine Frage der Person: Persönlichkeitskonzepte im organisationalen Führungskontext. In S. Grote (Hrsg.), *Die Zukunft der Führung.* (S. 453–472). Berlin, Heidelberg: Springer.

Becker, M. (2010). *Personalwirtschaft: Lehrbuch für Studium und Praxis.* Stuttgart: Schäffer-Poeschel.

Beiersdorf AG (06.12.2016). *Beiersdorf fördert Jobsharing über neue Online-Plattform.* Pressemitteilung vom 06.12.2016. Abgerufen am 26.09.17, von https://www.beiersdorf.de/presse/pressemitteilungen/local/de/pressemitteilungen/ 2016/12/05-Beiersdorf-fordert-jobsharing-uber-neue-Online-Plattform.

Benit, N. & Soellner, R. (2012). Misst gut, ist gut? Vergleich eines abstrakten und eines berufsbezogenen Matrizentests. *Journal of Business and Media Psychology, 3* (1), 22–29.

Bergmann, C. & Eder, F. (2005). *Allgemeiner Interessen-Struktur-Test mit Umwelt-Struktur-Test (USTR): AIST-R* (3. Aufl.). Göttingen: Beltz.

Bergmann, N. & Gassler, H. (2016). Auf dem Weg zu mehr Zeit?: Arbeitszeitverkürzung unter unübersichtlichen Rahmenbedingungen. In N. Bergmann & C. Sorger (Hrsg.). *40 Jahre 40-Stunden-Woche in Österreich. Und jetzt? Impulse für eine geschlechtergerechte Arbeitszeitpolitik*, Sozialpolitik in Diskussion: Bd. 18. (S. 39–54). Wien: Arbeiterkammer.

Bessing, N. & Mahler Walther, K. (2011). Work-Life-Balance: Vorteile für Beschäftigte und Organisationen. In G. Krell, R. Ortlieb & B. Sieben (Hrsg.), *Chancengleichheit durch Personalpolitik. Gleichstellung von Frauen und Männern in Unternehmen und Verwaltungen. Rechtliche Regelungen - Problemanalysen - Lösungen.* 6. Aufl. (S. 497–510). Wiesbaden: Gabler Verlag.

Bischoff, S. (2010). *Wer führt in (die) Zukunft? Männer und Frauen in Führungspositionen der Wirtschaft in Deutschland - die 5. Studie.* DGFP-Praxis Edition: Bd. 97. Bielefeld: Bertelsmann.

Blau, P. M. (1964). *Exchange and power in social life.* New York: Wiley.

BMFSFJ Bundesministerium für Familie, Senioren, Frauen und Jugend (2016). *Familienbewusste Arbeitszeiten: Leitfaden für die praktische Umsetzung von flexiblen, familienfreundlichen Arbeitszeitmodellen.* Berlin.

Bolden, R. (2011). Distributed leadership in organizations: A review of theory and research. *International Journal of Management Reviews, 13* (3), 251–269.

Booth, J. & Horn, R. (2004). *Figure Reasoning Test.* Frankfurt am Main: Swets Test Services.

Brickenkamp, R. (1990). *Die Generelle Interessen-Skala (GIS).* Göttingen: Hogrefe.

Brocklebank, J. & Whitehouse, H. (2003). Job sharing in academic libraries at the senior management level: Experiences of job sharing at deputy and director level. *Library Management, 24* (4/5), 243–251.

Brodbeck, F. C. (2008). Leadership in organizations. In N. Chmiel (Hrsg.), *An Introduction to Work and Organizational Psychology: A European Perspective.* 2. Aufl. (S. 281–304). Malden, USA: Blackwell Publishing.

Brodbeck, F. C., Frese, M. & Javidan, M. (2002). Leadership made in Germany: Low on compassion, high on performance. *The Academy of Management Executive, 16* (1), 16–29.

Brunstein, J. C. (2003). Implizite Motive und motivationale Selbstbilder: zwei Prädiktoren mit unterschiedlichen Gültigkeitsbereichen. In J. Stiensmeier-Pelster & F. Rheinberg (Hrsg.), *Diagnostik von Motivation und Selbstkonzept.* (S. 59–88). Göttingen: Hogrefe.

Brunstein, J. C., Maier, G. W. & Schultheiß, O. (1999). Motivation und Persönlichkeit: Von der Analyse von Teilsystemen zur Analyse ihrer Interaktion. In M. Jerusalem & R. Pekrun (Hrsg.), *Emotion, Motivation und Leistung.* (S. 147–167). Göttingen: Hogrefe.

Bühner, M. & Ziegler, M. (2009). *Statistik für Psychologen und Sozialwissenschaftler.* München: Pearson Education Deutschland.

Bulheller GmbH (2017). *Fragebogen zur Erfassung der fünf Superfaktoren der Persönlichkeit.* Online-Version von Human Factor Services. Abgerufen am 30.09.17, von http://www.persönlichkeitsfragebogen.de.

Carter, N. T., Dalal, D. K., Boyce, A. S., O'Connell, M. S., Kung, M.-C. & Delgado, K. M. (2014). Uncovering curvilinear relationships between conscientiousness and job performance: How theoretically appropriate measurement makes an empirical difference. *Journal of Applied Psychology, 99* (4), 564.

Cattell, R. B. (1957). *Personality and Motivation: Structure and Measurement.* Yonkers-on-Hudson, New York: World Book Company.

Cohen, J. (1988). *Statistical Power Analysis for the Behavioral Sciences.* New Jersey: Lawrence Erlbaum Associates.

Cohen, J. (1992). A power primer. *Psychological Bulletin, 112* (1), 155.

Costa, P. T. & McCrae, R. R. (1985). *The NEO personality inventory: manual form S and form R* (2. Aufl.). Odessa, FL: PAR Psychological Assessment Resources.

Costa, P. T. & McCrae, R. R. (1992). *Revised NEO personality inventory (NEO PI-R) and NEO five-factor inventory (NEO-FFI): professional manual.* Odessa, FL: PAR Psychological Assessment Resources.

Cropanzano, R. & Mitchell, M. S. (2005). Social exchange theory: An interdisciplinary review. *Journal of Management, 31* (6), 874–900.

Csikszentmihalyi, M., Rathunde, K. & Whalen, S. (1997). *Talented teenagers: The roots of success and failure.* Cambridge: University Press.

Daniels, L. (2011). *Job sharing at senior level: Making it work: A summary of findings from the job share study: an investigation into the feasibility of job sharing in senior roles and recommendations for best practices for its implementation within global corporations.* Abgerufen am 22.02.2017, von https://houseofcadres.fr/wp-content/uploads/2016/03/jobsharekeyfindings.pdf.

DeMartino, R., Barbato, R. & Jacques, P. H. (2006). Exploring the career/achievement and personal life orientation differences between entrepreneurs and nonentrepreneurs: The impact of sex and dependents. *Journal of Small Business Management, 44* (3), 350–368.

Denis, J.-L., Langley, A. & Sergi, V. (2012). Leadership in the plural. *Academy of Management Annals, 6* (1), 211–283.

Derue, D. S., Nahrgang, J. D., Wellman, N. E. & Humphrey, S. E. (2011). Trait and behavioral theories of leadership: An integration and meta-analytic test of their relative validity. *Personnel Psychology, 64* (1), 7–52.

Dezsö, C. L. & Ross, D. G. (2012). Does female representation in top management improve firm performance? A panel data investigation. *Strategic Management Journal, 33* (9), 1072–1089.

Díaz-García, C., González-Moreno, A. & Jose Sáez-Martínez, F. (2013). Gender diversity within R & D teams: Its impact on radicalness of innovation. *Innovation, 15* (2), 149–160.

Dimitri, I. (2014). *Topsharing - als Form von Teilzeitarbeit in Führungsposition*. Diplomarbeit, ZHAW Oberglatt. Abgerufen am 01.02.2017, von http://www.go-for- jobsharing.ch.paragon.suiin-ter.net/js/kcfinder/upload/files/Diplomarbeit%20Irina%20Dimitri,%20Topsharing .pdf.

Domsch, M. E., Kleininger, K., Ladwig, D. H. & Strasse, C. (1994). *Teilzeitarbeit für Führungskräfte: eine empirische Analyse am Beispiel des hamburgischen öffentlichen Dienstes; eine Untersuchung im Auftrag des Senatsamts für die Gleichstellung*. München: Rainer Hampp Verlag.

Doppler, K. & Lauterburg, C. (2014). *Change Management: Den Unternehmenswandel gestalten* (13. Aufl.). Frankfurt am Main: Campus Verlag.

Döring, N. & Bortz, J. (2016). *Forschungsmethoden und Evaluation in den Sozial- und Humanwissenschaften* (5. Aufl.). Berlin, Heidelberg: Springer.

Dorozalla, F. (2013). *Strategisches Personalmanagement und demografischer Wandel: Integration der Forschungsfelder und Erfolgsauswirkungen altersorientierter Konzepte*. Dissertation. Wiesbaden: Springer Fachmedien Wiesbaden.

Dörr, S. L. (2008). *Motive, Einflussstrategien und transformationale Führung als Faktoren effektiver Führung*. Dissertation. München: Rainer Hampp Verlag.

Eberhardt, D. & Majkovic, A.-L. (2015). *Die Zukunft der Führung: Eine explorative Studie zu den Führungsherausforderungen von morgen*. Research. Wiesbaden: Springer Fachmedien Wiesbaden.

Eckstein, P. P. (2016). *Angewandte Statistik mit SPSS: Praktische Einführung für Wirtschaftswissenschaftler* (8. Aufl.). Wiesbaden: Springer Fachmedien.

Eilers, S., Möckel, K., Rump, J. & Schabel, F. (2015). *HR-Report 2014/2015. Schwerpunkt Führung: Eine empirische Studie des Instituts für Beschäftigung und Employability IBE im Auftrag von Hays für Deutschland, Österreich und die Schweiz.* (IBE, Hrsg.). Mannheim.

Eisenberger, R., Stinglhamer, F., Vandenberghe, C., Sucharski, I. L. & Rhoades, L. (2002). Perceived supervisor support: Contributions to perceived organizational support and employee retention. *Journal of Applied Psychology, 87* (3), 565–573.

Ekrod, S. (2016). Eins und Eins sind mehr als Zwei. *Harvard Business Manager*, (12), 42– 49.

Ellwart, T., Russell, Y. & Blanke, K. (2016). Führung als Doppelspitze: Co-Leitung erfolgreich managen. In J. Felfe & R. von Dick (Hrsg.), *Handbuch Mitarbeiterführung: Wirtschaftspsychologisches Praxiswissen für Fach- und Führungskräfte.* (S. 251–262). Berlin, Heidelberg: Springer.

Europäische Kommission (14.12.2016). *Vollzeit- und Teilzeitbeschäftigung nach Geschlecht, Alter, Beruf (1000).* Abgerufen am 15.12.2016, von http://appsso.eurostat.ec.europa.eu/nui/submitViewTableAction.do.

Europäische Kommission (28.09.2017). *Durchschnittliche tatsächlich geleistete Wochenarbeitsstunden in Haupttätigkeit, nach Geschlecht, Stellung im Beruf, Vollzeit- /Teilzeittätigkeit und Beruf (Stunden).* Abgerufen am 30.09.2017, von http://ec.europa.eu/eurostat/web/products-datasets/-/lfsq_ewhais.

Eysenck, H. J. (1970). A dimensional system of psychodiagnostics. In A. R. Mahrer (Hrsg.), *New Approaches to Personality Classification.* (S. 169–208). New York: Columbia University Press.

Eysenck, H. J. (1990). Genetic and environmental contributions to individual differences: The three major dimensions of personality. *Journal of Personality, 58* (1), 245– 261.

Eysenck, H. J. (1992). Four ways five factors are not basic. *Personality and Individual Differences, 13* (6), 667–673.

Felfe, J. (2014). Transformationale Führung: Neue Entwicklungen. In J. Felfe (Hrsg.), *Trends der psychologischen Führungsforschung: Neue Konzepte, Methoden und Erkenntnisse.* (S. 39–54). Göttingen: Hogrefe.

Felfe, J., Elprana, G., Gatzka, M. & Stiehl, S. (2012). *Hamburger Führungsmotivationsinventar (FÜMO)*. Göttingen: Hogrefe.

Field, A. (2013). *Discovering Statistics Using IBM SPSS Statistics.* London: Sage Publications.

Franken, S. (2016). *Führen in der Arbeitswelt der Zukunft: Instrumente, Techniken und Best-Practice-Beispiele.* Wiesbaden: Springer Gabler.

Franz, C. & Voss-Dahm, D. (2011). *Ohne Studium (k)eine Führungsposition: IAQ-Report der Universität Duisburg/Essen: 2011-02.* Abgerufen am 12.01.17, von http://www.iaq.uni-due.de/iaq-report/2011/report2011-02.pdf.

Franzen, A. (2014). Antwortskalen in standardisierten Befragungen. In N. Baur & J. Blasius (Hrsg.), *Handbuch Methoden der empirischen Sozialforschung.* (S. 701–711). Wiesbaden: Springer Fachmedien.

Frei, S., Lipp, D. & Wyss, M. (2013). *Geteilte Führungsverantwortung in Unternehmen: Analyse der Rahmenbedingungen für den Einsatz geteilter Führung am Beispiel des Modells TopSharing.* Masterarbeit. MAS Business Administration. Hochschule Luzern–Wirtschaft. Luzern.

Frey, A. & Balzer, L. (2005). Der Beurteilungsbogen smk: Ein Messverfahren für die Diagnose von sozialen und methodischen Fähigkeitskonzepten. In A. Frey, R. S. Jäger & U. Renold (Hrsg.), *Kompetenzdiagnostik - Theorien und Methoden zur Erfassung und Bewertung von beruflichen Kompetenzen.* (S. 31–56). Landau: Verlag Empirische Pädagogik.

Fritz, K., Leu, U., Nussbaum, S., Rohner, A., Rudin, N. & Trautvetter, F. (2000). *Weniger ist mehr! Teilzeitarbeit im Kader. Ein Leitfaden für die Stadtverwaltung Winterthur.* (Personal und Organisation der Stadt Winterthur). Winterthur.

Funk, D. C., Mahony, D. F., Nakazawa, M. & Hirakawa, S. (2001). Development of the sport interest inventory (SII): Implications for measuring unique consumer motives at team sporting events. *International Journal of Sports Marketing and Sponsorship, 3* (3), 38–63.

Gärtner, M., Garten, T. & Huesmann, M. (2016). Flexible Arbeitsmodelle für Führungskräfte. Zum Stand der Forschung. *Zeitschrift für Arbeitswissenschaft, 70* (4), 220– 230.

Geisel, S. (2014). Arbeitszeiten flexibel gestalten – Herausforderungen und Leitsätze für eine moderne Arbeitszeitkultur. In M. Klaffke (Hrsg.), *Generationen-Management. Konzepte, Instrumente, Good-Practice-Ansätze.* (S. 175–203). Wiesbaden: Springer.

Gerrig, R. (2015). *Psychologie* (20. Aufl.). Hallbergmoos: Pearson.

Goldberg, L. R. (1994). How not to whip a straw dog. *Psychological Inquiry, 5* (2), 128–130.

Gouldner, A. W. (1960). The norm of reciprocity: A preliminary statement. *American Sociological Review,* 161–178.

Grawert, A. & Dellekönig, C. (1995). Der Teilzeit-Manager. Argumente und erprobte Modelle für innovative Arbeitszeitregelungen. *Management Revue, 6* (3), 222–226.

Grotlüschen, A. (2010). *Erneuerung der Interessetheorie: Die Genese von Interesse an Erwachsenen- und Weiterbildung.* Wiesbaden: VS Verlag für Sozialwissenschaften.

Grotlüschen, A. & Krämer, J. E. (2009). Vom Vergessen der Einflüsse: Vermeintliche Selbstbestimmung bei der Interessegenese. *Bildungsforschung, 6* (1), 17–39.

Günther, L., Körner, T. & Marder-Puch, K. (2015). *Qualität der Arbeit: Geld verdienen und was sonst noch zählt - 2015.* (Statistisches Bundesamt, Hrsg.). Wiesbaden.

Häder, M. (2015). *Empirische Sozialforschung: Eine Einführung.* Wiesbaden: Springer.

Häder, M. & Häder, S. (2014). Stichprobenziehung in der quantitativen Sozialforschung. In N. Baur & J. Blasius (Hrsg.), *Handbuch Methoden der empirischen Sozialforschung.* (S. 283–297). Wiesbaden: Springer Fachmedien.

Hair, J. F. & Black, William C., Babin, Barry J., Anderson, Rolph E. (2010). *Multivariate data analysis* (7. Aufl.). Upper Saddle River, NJ: Pearson Prentice Hall.

Hall, D. T., Lee, M. D., Kossek, E. E. & Heras, M. L. (2012). Pursuing career success while sustaining personal and family well-being: A study of reduced-load professionals over time. *Journal of Social Issues, 68* (4), 742–766.

Hammermann, A., Schmidt, J. & Stettes, O. (2015). Beschäftigte zwischen Karriereambitionen und Familienorientierung: Eine empirische Analyse auf Basis der BIBB/BAuA Erwerbstätigenbefragung 2012. *Vierteljahresheft zur empirischen Wirtschaftsforschung, 42* (1), 37–55.

Haslam, S. A., Reicher, S. D. & Platow, M. J. (2011). *The New Psychology of Leadership:*
*Identity, Influence and Power.* New York: Psychology Press.

Heath, S. B. & Roach, A. (1999). Imaginative actuality: Learning in the arts during the nonschool hours. In E. B. Fiske (Hrsg.), *Champions of Change: The Impact of the Arts on Learning.* (S. 19–34). Washington DC: President's Committee on the Arts and the Humanities.

Hidi, S. (2006). Interest: A unique motivational variable. *Educational Research Review, 1* (2), 69–82.

Hidi, S. & Renninger, K. A. (2006). The four-phase model of interest development. *Educational Psychologist, 41* (2), 111–127.

Hipp, L. & Stuth, S. (2013). Being a part-time manager?: An empirical analysis of the use of part-time work among managers in Europe. *KZfSS Kölner Zeitschrift für Soziologie und Sozialpsychologie, 65* (1), 101–128.

Hlawatsch, A. & Krickl, T. (2014). Einstellungen zu Befragungen. In N. Baur & J. Blasius (Hrsg.), *Handbuch Methoden der empirischen Sozialforschung.* (S. 305–322). Wiesbaden: Springer Fachmedien.

Hobmair, H. (2013). *Psychologie*. Köln: Bildungsverlag EINS.

Hoffmeyer-Zlotnik, Jürgen H. P. & Warner, U. (2014). Soziodemographische Standards. In N. Baur & J. Blasius (Hrsg.), *Handbuch Methoden der empirischen Sozialforschung.* (S. 733–744). Wiesbaden: Springer Fachmedien.

Hollenberg, S. (2016). *Fragebögen: Fundierte Konstruktion, sachgerechte Anwendung und aussagekräftige Auswertung*. Wiesbaden: Springer Fachmedien.

Holst, E., Busch-Heizmann, A. & Wieber, A. (2015). *Führungskräfte-Monitor 2015: Update 2001 - 2013*. DIW Berlin: Politikberatung kompakt. Berlin.

Holst, E. & Kirsch, A. (2016). Spitzengremien großer Unternehmen: Mehr Schubkraft für eine ausgewogene Repräsentation von Frauen und Männern nötig. *DIW Wochenberichte, o. Jg.* (2), 31–44.

Homans, G. C. (1958). Social behavior as exchange. *American Journal of Sociology, 63* (6), 597–606.

Hossiep, R., Paschen, M. & Mühlhaus, O. (2000). *Persönlichkeitstests im Personalmanagement: Grundlagen, Instrumente und Anwendungen*. Göttingen: Hogrefe.

Hossiep, R., Krüger, C. & Weiß, S. (2012). *BIP-6F: Bochumer Inventar zur berufsbezogenen Persönlichkeitsbeschreibung-6 Faktoren*. Göttingen: Hogrefe.

Hossiep, R. & Paschen, M. (2003). *Das Bochumer Inventar zur berufsbezogenen Persönlichkeitsbeschreibung: BIP* (2. Aufl.). Göttingen: Hogrefe.

HR Pioneers GmbH (11.05.2017). *Studie zu flexiblem Arbeitszeitmodell in der agilen Arbeitswelt*. Blogartikel vom 11.05.2017. Abgerufen am 11.05.2017, von https://hr-pioneers.com/2017/05/studie-zu-flexiblem-arbeitszeitmodell-in-der-agilen-arbeitswelt/.

Huesmann, M. & Gärtner, M. (2015). Nicht überall wo Teilzeit drin ist, kommt Familienfreundlichkeit oder Work-Life-Balance heraus. Ein Diskussionsbeitrag. In E. Hanappi-Egger & R. Bendl (Hrsg.), *Diversität, Diversifizierung und (Ent)Solidarisierung: Eine Standortbestimmung der Diversitätsforschung im deutschen Sprachraum.* (S. 257–270). Wiesbaden: Springer Fachmedien.

Hummelsheim, D. (2009). *Die Erwerbsbeteiligung von Müttern: Institutionelle Steuerung oder kulturelle Prägung: Eine empirische Untersuchung am Beispiel von Belgien, West- und Ostdeutschland.* Wiesbaden: Verlag für Sozialwissenschaften.

Hyll, M. (2014). *Karriereformen im Wandel: Herausforderungen für Individuen und Organisationen.* München: Rainer Hampp Verlag.

Ibrahimovic, N. & Bulheller, S. (2008). *5DDP. Fünf Dimensionen der Persönlichkeit: Ein Verfahren zur Erfassung relevanter Eigenschaften der berufsbezogenen Persönlichkeit. Manual.* Frankfurt am Main: Pearson PLC.

Irle, M. & Allehoff, W. (1988). *Berufs-Interessen-Test II (B-I-T II).* Handanweisung (2. Aufl.). Göttingen: Hogrefe.

Janssen, J. & Laatz, W. (2017). *Statistische Datenanalyse mit SPSS: Eine anwendungsorientierte Einführung in das Basissystem und das Modul Exakte Tests* (9. Aufl.). Berlin: Springer Gabler.

Judge, T. A., Bono, J. E., Ilies, R. & Gerhardt, M. W. (2002). Personality and leadership: a qualitative and quantitative review. *Journal of Applied Psychology, 87* (4), 765.

Judge, T. A., Piccolo, R. F. & Kosalka, T. (2009). The bright and dark sides of leader traits: A review and theoretical extension of the leader trait paradigm. *The Leadership Quarterly, 20* (6), 855–875.

Jürgens, A. (2014). Studieninteresse – welche Unterschiede bestehen zwischen traditionell und nicht traditionell Studierenden? *Journal of Technical Education (JOTED), 2* (1), 31–53.

Kallus, K. W. (2010). *Erstellung von Fragbogen.* Wien: Facultas.

Kanning, U. P. (2016). *Personalmarketing, Employer Branding und Mitarbeiterbindung: Forschungsbefunde und Praxistipps aus der Personalpsychologie*. Berlin, Heidelberg: Springer.

Kanning, U. P. (2009). *ISK: Inventar sozialer Kompetenzen*. Göttingen: Hogrefe.

Kanning, U. P. (2014). *Inventar zur Messung sozialer Kompetenzen in Selbst- und Fremdbild (ISK-360)*. Göttingen: Hogrefe.

Karlshaus, A. (2016). Führung in Teilzeit: Herausforderung und Chance für eine nachhaltige Personalpolitik. In T. Doyé (Hrsg.), *CSR und Human Resource Management. Die Relevanz von CSR für modernes Personalmanagement.* (S. 69–97). Berlin, Heidelberg: Springer.

Kauffeld, S. (2005). Fachliche und überfachliche Weiterbildung: Welche Investitionen zahlen sich für die berufliche Handlungskompetenz aus. In A. Frey, R. S. Jäger & U. Renold (Hrsg.), *Kompetenzdiagnostik: Theorien und Methoden zur Erfassung und Bewertung von beruflichen Kompetenzen. Berufspädagogik, Band 5.* (S. 57– 75). Landau: Empirische Pädagogik.

Kehr, H. M. (2004). Integrating implicit motives, explicit motives, and perceived abilities: The compensatory model of work motivation and volition. *Academy of Management Review, 29* (3), 479–499.

Keller, D. (2017). *Multiple Lineare Regression mit SPSS/IBM: Schritt-Für-Schritt-Anleitung*. (E-Reader Version). Abgerufen am 01.09.2017, von http://www.statistik-und-beratung.de/e-book-multiple-lineare-regression-mit-spss/.

Kelso, M. (2012). Building bridges survey on gender equality in Switzerland. In M. Kelso, N. Cahn & B. Miller (Hrsg.), *Gender Equality in Employment: Policies and Practices in Switzerland and the U. S.* (S. 30–37). Washington DC.

Kieruj, N. D. & Moors, G. (2010). Variations in response style behavior by response scale format in attitude research. *International Journal of Public Opinion Research, 22* 320–342.

King, E. B. (2008). The effect of bias on the advancement of working mothers: Disentangling legitimate concerns from inaccurate stereotypes as predictors of advancement in academe. *Human Relations, 61* (12), 1677–1711.

Klimesch, S. (2009). *Kompetenz, Persönlichkeit und Berufserfolg in Zeiten organisationalen Wandels.* Dissertation an der Universität Wuppertal. Abgerufen am 20.02.17, von http://elpub.bib.uni-wuppertal.de/edocs/dokumente/fbb/wirtschaftswissenschaft/diss2009/klimesch.

Klöckner, J. & Friedrichs, J. (2014). Gesamtgestaltung des Fragebogens. In N. Baur & J. Blasius (Hrsg.), *Handbuch Methoden der empirischen Sozialforschung.* (S. 675– 685). Wiesbaden: Springer Fachmedien.

Knippenberg, D. van, Dreu, C. K. W. de & Homan, A. C. (2004). Work group diversity and group performance: an integrative model and research agenda. *Journal of Applied Psychology, 89* (6), 1008–1022.

Knogler, M., Harackiewicz, J. M., Gegenfurtner, A. & Lewalter, D. (2015). How situational is situational interest? Investigating the longitudinal structure of situational interest. *Contemporary Educational Psychology, 43,* 39–50.

Kosfeld, R., Eckey, H. F. & Türck, M. (2016). *Deskriptive Statistik: Grundlagen - Methoden - Beispiele - Aufgaben.* Wiesbaden: Springer Fachmedien.

Krapp, A. (1992). Interesse, Lernen, Leistung. *Zeitschrift für Pädagogik, 38,* 747–770.

Krapp, A. (1998). Interesse. In D. H. Rost (Hrsg.), P*sychologie.* (S. 213–218). Weinheim: Beltz.

Krapp, A. (2002). Structural and dynamic aspects of interest development: Theoretical considerations from an ontogenetic perspective. *Learning and Instruction, 12* (4), 383–409.

Krapp, A. & Lewalter, D. (2001). Development of interests and interest-based motivational orientations: A longitudinal study in vocational school and work settings. In S. Jarvela & S. Volet (Hrsg.), *Motivation in Learning Contexts: Theoretical advances and methodological implications.* (S. 201–232). London: Elsevier.

Kratzer, P. & Neidl, D. (2011). Führen in Teilzeit ist möglich: Erfahrungen aus einem Projekt bei der DATEV eG. *Personalführung, 10,* 34–39.

Krebs, D. & Menold, N. (2014). Gütekriterien quantitativer Sozialforschung. In N. Baur & J. Blasius (Hrsg.), *Handbuch Methoden der empirischen Sozialforschung.* (S. 425–438). Wiesbaden: Springer Fachmedien.

Krone-Germann, I. & de Chambrier, A. (2015). *Jobsharing: Zwei Kompetenzen zum Preis von einer.* Praktischer Ratgeber. Abgerufen am 22.02.17, von http://www.go-for-jobsharing.ch/js/kcfinder/upload/files/Ratgeber-Jobsharing.pdf.

Krosnick, J. A. (1999). Survey Research. *Annual Review of Psychology, 50,* 537–567.

Krug, S. & Bannier, P. (2013). Der Thematische Apperzeptionstest (TAT). In H. Möller & S. Kotte (Hrsg.), *Diagnostik im Coaching: Grundlagen, Analyseebenen, Praxisbeispiele.* (S. 115–131). Berlin, Heidelberg: Springer.

Kuark, J. K. (2003). *Das Modell TopSharing: Gemeinsam an der Spitze: Mit rechtlichen Hinweisen von Zollinger, K.,* Broschüre. (Netzwerk Arbeitsgesellschaft, Hrsg.). Lenzburg.

Kuark, J. K. & Wyss, M. (2016). Erfolgsfaktoren für TopSharing. *Zeitschrift Führung und Organisation, 85* (1), 37–43.

Lang, D. (2009). *Soziale Kompetenz und Persönlichkeit: Zusammenhänge zwischen sozialer Kompetenz und den Big Five der Persönlichkeit bei jungen Erwachsenen.* Dissertation. Psychologie: Bd. 61. Landau: Verlag Empirische Pädagogik.

Lang, K. (2013). Projektkarriere auf dem Prüfstand - ein Praxisbericht. In A. Nachbagauer & I. Schirl (Hrsg.), *Human Resource Management in Projektorientierten Unternehmen.* (S. 221–238). Wien: Linde.

Lewin, K. (1936). *Principles of Topological Psychology*. New York: Read Books Ltd.

Ley, K. (1993). Jobsharing. Eine spezielle Form von Teilzeitarbeit. In J. Baillod (Hrsg.). *Handbuch Arbeitszeit: Perspektiven, Probleme, Praxisbeispiele*, Arbeitswelt: Bd. 7. 2. Aufl. (S. 111–123). Zürich: vdf Hochschulverlag an der ETH Zürich.

Lippold, D. (2015). *Theoretische Ansätze der Personalwirtschaft: Ein Überblick*. Wiesbaden: Springer Fachmedien.

Loehlin, J. C., McCrae, R. R., Costa, P. T. & John, O. P. (1998). Heritabilities of common and measure-specific components of the Big Five personality factors. *Journal of Research in Personality, 32* (4), 431–453.

MacDermid, S. M., Dean Lee, M., Buck, M. & Williams, M. L. (2001). Alternative work arrangements among professionals and managers: Rethinking career development and success. *Journal of Management Development, 20* (4), 305–317.

Malamut Team Catalyst GmbH (2012). *Testmanual. MALAMUT Profiler: Testbatterie zur Erfassung des Unternehmerpotentials, sozialer Kompetenzen und des Teamrollenverhaltens.* Abgerufen am 15.01.2017, von http://www.malamut- teamcatalyst.de/wp-content/uploads/2012/09/Manual_Malamut_Profiler.pdf.

March, J. G. & Simon, H. A. (1958). *Organizations*. New York: Wiley.

Maurer, M. & Jandura, O. (2009). Masse statt Klasse? Einige kritische Anmerkungen zu Repräsentativität und Validität von Online-Befragungen. In N. Jackob, H. Schoen & T. Zerback (Hrsg.), *Sozialforschung im Internet: Methodologie und Praxis der Online-Befragung.* (S. 61–73). Wiesbaden: VS Verlag für Sozialwissenschaften.

Mayer, H. O. (2013). *Interview und schriftliche Befragung: Grundlagen und Methoden empirischer Sozialforschung* (6. Aufl.). München: Oldenbourg Wissenschaftsverlag.

Mayer, H. O. (2009). *Interview und schriftliche Befragung: Entwicklung, Durchführung und Auswertung* (5. überarbeitete Aufl.). München: Oldenbourg Wissenschaftsverlag.

Mayr, S., Buchner, A., Erdfelder, E. & Faul, F. (2007). A short tutorial of GPower. *Tutorials in Quantitative Methods for Psychology, 3* (2), 51–59.

Mayring, P. & Fenzl, T. (2014). Qualitative Inhaltsanalyse. In N. Baur & J. Blasius (Hrsg.), *Handbuch Methoden der empirischen Sozialforschung.* (S. 543–558). Wiesbaden: Springer Fachmedien.

McAdams, D. P. (1994). A psychology of the stranger. *Psychological Inquiry, 5* (2), 145– 148.

McClelland, D. C. (1978). *Macht als Motiv.* Originalarbeit erschienen 1975. Stuttgart: Klett-Cotta.

McClelland, D. C. (1985). *Human Motivation.* Glenview, IL: Scott, Foresman and Company.

McClelland, D. C. & Boyatzis, R. E. (1982). Leadership motive pattern and long-term success in management. *Journal of Applied Psychology, 67* (6), 737.

McClelland, D. C., Koestner, R. & Weinberger, J. (1989). How do self-attributed and implicit motives differ? *Psychological Review, 96* (4), 690.

McCrae, R. R. (1994). New goals for trait psychology. *Psychological Inquiry, 5* (2), 148–153.

Meffert, H., Burmann, C. & Kirchgeorg, M. (2014). *Marketing: Grundlagen marktorientierter Unternehmensführung Konzepte - Instrumente - Praxisbeispiele.* Wiesbaden: Springer Fachmedien.

Menne, M. (2000). *Der Einfluss von Organisationsstrukturen auf Investitionsentscheidungen.* Dissertation. Dortmund: Universität Dortmund.

Minbashian, A., Wood, R. E. & Beckmann, N. (2010). Task-contingent conscientiousness as a unit of personality at work. *Journal of Applied Psychology, 95* (5), 793–806.

Mochmann, E. (2014). Quantitative Daten für die Sekundäranalyse. In N. Baur & J. Blasius (Hrsg.), *Handbuch Methoden der empirischen Sozialforschung.* (S. 233–244). Wiesbaden: Springer Fachmedien.

Mogler, B. (2013). Personalpraxis. Unternehmen etablieren flexible Arbeitszeitmodelle auf Leitungsebene: Führen in Teilzeit. *Arbeit und Arbeitsrecht (AuA), 68* (7), 414– 416.

Mount, M. K., Barrick, M. R. & Stewart, G. L. (1998). Five-factor model of personality and performance in jobs involving interpersonal interactions. *Human Performance, 11* (2), 145–165.

Müller, C. (1990). *Organisatorische Gestaltung des Job-Sharing in der Unternehmung: ein Konzept zur Strukturierung von Job-Sharing-Arbeitsplätzen in der Bundesrepublik Deutschland* (2. Aufl.). Personalwesen, Organisation, Unternehmensführung: Bd. 1. Köln: Müller-Botermann.

Murray, H. A. (1938). *Explorations in Personality*. New York: Oxford University Press.

Myers, J. R. (2003). *The Search to Belong: Rethinking Intimacy, Community, and Small Groups*. Grand Rapids: Zondervan.

Nagel-Jachmann, I. (2016). Deomografische Entwicklung und Bedeutung für klein- und mittelständische Unternehmen. In U. Schirmer (Hrsg.), *Demografie Exzellenz. Handlungsmaßnahmen und Best Practices zum demografieorientierten Personalmanagement.* (S. 1–8). Wiesbaden: Springer Fachmedien.

Noland, M., Moran, T., & Kotschwar, B. R. (2016). *Is gender diversity profitable? Evidence from a global survey*. Working Paper 16-3. Peterson Institute for Inter- national Economics. Abgerufen am 15.09.2017, von https://piie.com/publications/working-papers/gender-diversity-profitable- evidence-global-survey.

O'Muircheartaigh, C., Krosnick, J. A. & Helic, A. (2000). *Middle Alternatives, Acquiescence, and the Quality of Questionnaire Data*. Working paper. University of Chicago. Chicago.

Ostendorf, F. & Angleitner, A. (2004). *NEO-Persönlichkeitsinventar nach Costa und McCrae, Revidierte Fassung (NEO-PI-R)*. Göttingen: Hogrefe.

Palmer, V. (2006). Simulation of the categorization-elaboration model of diversity and work-group performance. *Journal of Artificial Societies and Social Simulation, 9* (3), 1–13.

Pervin, L. A., Cervone, D. & John, O. P. (2005). *Persönlichkeitstheorien: mit 33 Tabellen* (5. Aufl.). München: E. Reinhardt.

Petersen, T. (2014). *Der Fragebogen in der Sozialforschung*. Stuttgart: UTB.

Porst, R. (2014a). *Fragebogen: Ein Arbeitsbuch*. Wiesbaden: Springer Fachmedien.

Porst, R. (2014b). Frageformulierung. In N. Baur & J. Blasius (Hrsg.), *Handbuch Methoden der empirischen Sozialforschung.* (S. 687–699). Wiesbaden: Springer Fachmedien.

Portmann, N. & Stofer, C. (2001). Topsharing in Schweizer Institutionen. In E. Ulich (Hrsg.), *Beschäftigungswirksame Arbeitszeitmodelle.* (S. 353–376). Zürich: vdf Hochschulverlag an der ETH Zürich.

Pötschke, M. (2009). Potentiale von Online-Befragungen: Erfahrungen aus der Hochschulforschung. In N. Jackob, H. Schoen & T. Zerback (Hrsg.), *Sozialforschung im Internet: Methodologie und Praxis der Online-Befragung.* (S. 75–90). Wiesbaden: VS Verlag für Sozialwissenschaften.

Prenzel, M. (1988). *Die Wirkungsweise von Interesse. Ein Erklärungsversuch aus pädagogischer Sicht*. Opladen: Westdeutscher Verlag.

Questback GmbH (2017). *FAQ - Datenexport & Datenauswertung: Personen- und umfragebezogene Daten zusammen exportieren. Wie geht das?* Abgerufen am 18.05.2017, von https://my.unipark.com/faq.php?frmnd=faq.

Raab, G., Unger, A. & Unger, F. (2016). *Marktpsychologie: Grundlagen und Anwendung*. Wiesbaden: Springer Fachmedien.

Raab-Steiner, E. & Benesch, M. (2015). *Der Fragebogen: Von der Forschungsidee zur SPSS-Auswertung* (4. Aufl.). UTB: Bd. 8607. Wien: Facultas.

Rammstedt, B. & John, O. P. (2007). Measuring personality in one minute or less: A 10- item short version of the Big Five inventory in English and German. *Journal of Research in Personality, 41* (1), 203–212.

Rathenow, M. (2011). *Theorien der Allianzforschung: Inwiefern die relationale Perspektive und die soziale Austauschtheorie den Transaktionskostenansatz ergänzen.* Hamburg: Diplomica Verlag.

Ratzmann, M. (2015). Zusammenarbeit in altersdiversen Innovationsteams. In M. Bornewasser, C. M. Schlick & R. B. Bouncken (Hrsg.), *Teamkonstellation und betriebliche Innovationsprozesse.* (S. 179–205). Wiesbaden: Springer Fachmedien.

Regnet, E. (2016). Als Mitarbeiterin gesucht, als Kollegin geschätzt - als Führungskraft nicht benötigt? In A. Szebel-Habig & R. U. Kaps (Hrsg.), *Mit Gender Management zum Unternehmenserfolg: Grundlagen, wissenschaftliche Beiträge, Best Practice.* (S. 211–236). Freiburg: Haufe Lexware.

Reinecke, J. (2014). Grundlagen der standardisierten Befragung. In N. Baur & J. Blasius (Hrsg.), *Handbuch Methoden der empirischen Sozialforschung.* (S. 601–617). Wiesbaden: Springer Fachmedien.

Reuband, K.-H. (2014). Schriftlich-postalische Befragung. In N. Baur & J. Blasius (Hrsg.), *Handbuch Methoden der empirischen Sozialforschung.* (S. 643–660). Wiesbaden: Springer Fachmedien.

Robert Bosch GmbH (2017). *Flexibel arbeiten. Persönliche Freiräume schaffen: Arbeiten bei Bosch.* Homepage Artikel. Abgerufen am 26.09.17, von https://www.bosch-career.de/de/arbeiten_bosch/work_life_balance/flexibles_arbeiten/flexibles-arbeiten.

Roever, C. & Phakiti, A. (2017). *Quantitative Methods for Second Language Research: A Problem-Solving Approach.* New York: Taylor & Francis.

Rosenstiel, L. von, Regnet, E. & Domsch, M. E. (2014). *Führung von Mitarbeitern: Handbuch für erfolgreiches Personalmanagement* (7. Aufl.). Stuttgart: Schäffer-Poeschel.

Rost, J. (2004). *Lehrbuch Testtheorie - Testkonstruktion* (2. Aufl.). Bern: Huber.

Ruppert, E. (2016). Empirische Beobachtungen aus dem Projekt "Mit Mixed-Leadership an die Spitze". In A. Szebel-Habig & R. U. Kaps (Hrsg.), *Mit Gender Management zum Unternehmenserfolg: Grundlagen, wissenschaftliche Beiträge, Best Practice.* (S. 135–192). Freiburg: Haufe Lexware.

Sachs, L. (2013). *Statistische Auswertungsmethoden* (3. Aufl.). Berlin, Heidelberg: Springer.

Salgado, J. F. (1997). The five factor model of personality and job performance in the European Community. *Journal of Applied Psychology, 82* (1), 30–43.

Schäfer, A. & Schöttker-Königer, T. (2015). *Statistik und quantitative Methoden für Gesundheitsfachberufe.* Berlin, Heidelberg: Springer.

Scheffer, D. & Kuhl, J. (2010). Volitionale Prozesse der Zielverfolgung. In U. Kleinbeck & K. H. Schmidt (Hrsg.), *Enzyklopädie der Psychologie. Arbeitspsychologie: Wirtschafts-, Organisations- und Arbeitspsychologie.* (S. 89–138). Göttingen: Hogrefe.

Schendera, C. F. G. (2007). *Datenqualität mit SPSS.* München: Oldenbourg Wissenschaftsverlag.

Scherz, E. (2016). Kürzer arbeiten - leichter leben! In N. Bergmann & C. Sorger (Hrsg.). *40 Jahre 40-Stunden-Woche in Österreich. Und jetzt? Impulse für eine geschlechtergerechte Arbeitszeitpolitik*, Sozialpolitik in Diskussion: Bd. 18. (S. 67–70). Wien: Arbeiterkammer.

Schiefele, U. (2009). Situational and individual interest. In K. R. Wentzel & D. B. Miele (Hrsg.), *Handbook of Motivation at School.* (S. 197–222). London: Taylor & Francis.

Schiefele, U., Krapp, A., Wild, K.-P. & Winteler, A. (1993). Der "Fragebogen zum Studieninteresse" (FSI). *Diagnostica, 39* (4), 335–351.

Schiefele, U., Winteler, A. & Krapp, A. (1988). Studieninteresse und fachbezogene Wissensstruktur. *Psychologie in Erziehung und Unterricht, 35* 106–118.

Schiemenz, A. (2015). *Das persönliche Gespräch: Fundraising durch Überzeugung: Großspender und Unternehmer erfolgreich ansprechen*. Wiesbaden: Springer Fachmedien.

Schirmer, U. (2016). Ergebnisse der Demografie Exzellenz-Studie 2015. In U. Schirmer (Hrsg.), *Demografie Exzellenz. Handlungsmaßnahmen und Best Practices zum demografieorientierten Personalmanagement.* (S. 215–255). Wiesbaden: Springer Fachmedien.

Schlabes, N. (2016). *Die Big Five und ihre Auswirkungen auf das Gründungsverhalten. Eine konzeptionelle Studie*. Bachelorarbeit. Hamburg: Bachelor + Master Publishing.

Scholl, A. (2003). *Die Befragung*. Konstanz: UVK.

Schreyögg, A. (2005). Coaching von Doppelspitzen: Wann sind Formen von Mediation zu integrieren? *Organisationsberatung, Supervision, Coaching, 12* (3), 217–230.

Schulz, B. (2015). *30 Minuten Personality*. Offenbach: GABAL Verlag.

Schumacher, S. (2017). *Lehrerprofessionswissen im Kontext beschreibender Statistik: Entwicklung und Aufbau des Testinstruments BeSt Teacher mit ausgewählten Analysen*. Dissertation. Wiesbaden: Springer Fachmedien.

Schüren, P. (1983). *Job Sharing: arbeitsrechtliche Gestaltung unter Berücksichtigung amerikanischer Erfahrungen* (Abhandlungen zum Arbeits- und Wirtschaftsrecht No. 41). Heidelberg.

Sheese, B. E. (2005). *Social relations and personality in young adulthood: stability and change over a 14-week interval*. Dissertation. West Lafayette: Purdue University Press.

Silverthorne, C. (2001). Leadership effectiveness and personality: A cross cultural evaluation. *Personality and Individual Differences, 30* (2), 303–309.

Simon, H. A. (2013). *Administrative Behavior: A Study of Decision-Making Processes in Administrative Organizations* (4. Aufl.). New York: The Free Press.

Stadtmüller, S. (2016). *Demografischer Wandel und unpopuläre Reformen: Der Einfluss von Informationen auf die Bewertung der Rente mit 67*. Wiesbaden: Springer Fachmedien.

Stamatiadis, M. (2002). Einführung von Teilzeitarbeit. In J. Baillod (Hrsg.), *Chance Teilzeitarbeit: Argumente und Materialien für Verantwortliche. Mit Arbeitsmaterialien auf CD-ROM.* (S. 81–104). Zürich: vdf Hochschulverlag an der ETH Zürich.

Steffens, M. C. & Ebert, I. D. (2016). *Frauen – Männer – Karrieren: Eine sozialpsychologische Perspektive auf Frauen in männlich geprägten Arbeitskontexten*. Wiesbaden: Springer Fachmedien.

Stein, P. (2014). Forschungsdesign für die quantitative Sozialforschung. In N. Baur & J. Blasius (Hrsg.), *Handbuch Methoden der empirischen Sozialforschung.* (S. 135–151). Wiesbaden: Springer Fachmedien.

Stiehl, S. & Bergner, S. (2014). Persönlichkeit und Führung. In J. Felfe (Hrsg.), *Trends der psychologischen Führungsforschung: Neue Konzepte, Methoden und Erkenntnisse.* (S. 369–380). Göttingen: Hogrefe.

Stock-Homburg, R. (2010). *Personalmanagement: Theorien - Konzepte - Instrumente* (2. Aufl.). Wiesbaden: Springer Fachmedien.

Stogdill, R. M. (1974). *Handbook of Leadership: A Survey of Theory and Research*. New York: Free Press.

Straumann, L. D., Hirt, M. & Müller, W. R. (1996). *Teilzeitarbeit in der Führung: Perspektiven für Frauen und Männer in qualifizierten Berufen*. Zürich: vdf Hochschulverlag an der ETH Zürich.

Szebel-Habig, A. (2016). Gender Management und Unternehmenserfolg. In A. Szebel-Habig & R. U. Kaps (Hrsg.), *Mit Gender Management zum Unternehmenserfolg: Grundlagen, wissenschaftliche Beiträge, Best Practice.* (S. 19–70). Freiburg: Haufe Lexware.

Tabachnick, B. G. & Fidell, L. S. (2014). *Using Multivariate Statistics* (6. Aufl.). Harlow: Pearson Education.

Tandemploy GmbH (17.05.2017). *#fragebogen*. Facebook-Post. Abgerufen am 17.05.2017, von https://www.facebook.com/tandemploy/posts/1173194656124920?notif_t=mentio n&notif_id=1495037116047303.

Ten Berge, Maaike A. & Raad, B. de (2002). The structure of situations from a personality perspective. *European Journal of Personality, 16* (2), 81–102.

Tepe, J. (2014). Jobsharing: Teamwork at its best! In S. Krügl, D. Murschall & Richter D. M. (Hrsg.), *HR Innovation: Gemeinsam Unternehmenskultur umdenken.* (E-Reader-Version). (S. 186–197). abgerufen am 01.02.2017, von http://www.hr-innovation.org/wp-content/uploads/2015/02.

Tett, R. P., Jackson, D. N. & Rothstein, M. (1991). Personality measures as predictors of job performance: a meta-analytic review. *Personnel Psychology, 44* (4), 703–742.

Thatcher, S. M. B., Jehn, K. A. & Zanutto, E. (2003). Cracks in diversity research: The effects of diversity faultlines on conflict and performance. *Group Decision and Negotiation, 12* (3), 217–241.

Thibaut, J. W. A. & Kelley, H. H. (1967). *The Social Psychology of Groups*. New York: Wiley.

Thielmann-Holzmayer, C. (2002). *Interne Bildung von Personalvermögen durch integratives Personalentwicklungsmarketing*. Wiesbaden: Springe Fachmedien.

Thielsch, M. T. & Weltzin, S. (2012). Online-Umfragen und Online-Mitarbeiterbefragungen. In M. T. Thielsch & T. Brandenburg (Hrsg.), *Praxis der Wirtschaftspsychologie II: Themen und Fallbeispiele für Studium und Anwendung.* (S. 109–128). Münster: MV-Wissenschaft.

Todt, E. (1967). *Differentieller Interessen-Test (DIT): Testmaterial*. Bern: Huber.

Tourangeau, R., Couper, M. P. & Conrad, F. (2007). Color, labels and interpretive heuristics for response scales. *Public Opinion Quarterly, 71* 91–112.

Tuerlinckx, F., Boeck, P. de & Lens, W. (2002). Measuring needs with the Thematic Apperception Test: A psychometric study. *Journal of Personality and Social Psychology, 82* (3), 448.

Turner, J. C. & Reynolds, K. J. (2008). The social identity perspective in intergroup relations: Theories, themes, and controversies. In R. Brown & S. Gaertner (Hrsg.), *Blackwell handbook of social psychology: Intergroup processes.* 3. Aufl. (S. 133–152). Malden, USA: John Wiley & Sons.

Vedder, G. & Vedder, M. (2008). Wenn Managerinnen und Manager ihre Arbeitszeit reduzieren (wollen). In G. Krell (Hrsg.), *Chancengleichheit durch Personalpolitik. Gleichstellung von Frauen und Männern in Unternehmen und Verwaltungen. Rechtliche Regelungen - Problemanalysen - Lösungen.* 5. Aufl. (S. 427–441). Wiesbaden: Gabler.

Vine, B., Holmes, J., Marra, M., Pfeifer, D. & Jackson, B. (2008). Exploring co-leadership talk through interactional sociolinguistics. *Leadership, 4* (3), 339–360.

Wagner, P. & Hering, L. (2014). Online-Befragung. In N. Baur & J. Blasius (Hrsg.), *Handbuch Methoden der empirischen Sozialforschung.* (S. 661–673). Wiesbaden: Springer Fachmedien.

Wanger, S. (2015). *Frauen und Männer am Arbeitsmarkt: Traditionelle Erwerbs- und Arbeitszeitmuster sind nach wie vor verbreitet.* IAB-Kurzbericht, 04/2015. Nürnberg.

Weichbold, M. (2014). Pretest. In N. Baur & J. Blasius (Hrsg.), *Handbuch Methoden der empirischen Sozialforschung.* (S. 299–304). Wiesbaden: Springer Fachmedien.

Werther, S. (2013). *Geteilte Führung: Ein Paradigmenwechsel in der Führungsforschung.* Dissertation an der Ludwig-Maximilians-Universität München. Wiesbaden: Springer Gabler.

Werther, S. (2016). Shared Leadership. In C. von Au (Hrsg.), *Wirksame und nachhaltige Führungsansätze: System, Beziehung, Haltung und Individualität.* (S. 171–188). Wiesbaden: Springer Fachmedien Wiesbaden.

Winkler, B., Dörr, S. & Klebl, U. (2017). Diagnose erfolgsrelevanter Kompetenzen und Motive von Führungskräften. In C. von Au (Hrsg.), *Auswahl und Onboarding von Führungspersönlichkeiten: Diagnose, Assessment und Integration.* (S. 49–90). Wiesbaden: Springer Fachmedien Wiesbaden.

Winter, D. G., John, O. P., Stewart, A. J., Klohnen, E. C. & Duncan, L. E. (1998). Traits and motives: toward an integration of two traditions in personality research. *Psychological Review, 105* (2), 230.

Wirtschafts- und Sozialwissenschaftliches Institut in der Hans-Böckler Stiftung (WSI) (2014). *Tarifliche Wochenarbeitszeit in 25 Wirtschaftszweigen zwischen 34 und 40 Stunden: Service des WSI-Tarifarchivs: Arbeitszeitkalender 2014*. Pressemitteilung. Abgerufen am 06.02.2017, von http://www.boeckler.de/pdf/pm_ta_2014_08_19.pdf.

Wiswede, G. (2012). *Einführung in die Wirtschaftspsychologie* (5. Aufl.). München: Reinhardt.

Yukl, G. (2012). *Leadership in Organizations* (8. Aufl.). Upper Saddle River, NJ: Pearson.

Zerback, T., Schoen, H., Jackob, N. & Schlereth, S. (2009). Zehn Jahre Sozialforschung mit dem Internet - eine Analyse zur Nutzung von Online-Befragungen in den Sozialwissenschaften. In N. Jackob, H. Schoen & T. Zerback (Hrsg.), *Sozialforschung im Internet: Methodologie und Praxis der Online-Befragung.* (S. 15–31). Wiesbaden: VS Verlag für Sozialwissenschaften.

Zerle, C. & Krok, I. (2008). *Null Bock auf Familie?: der schwierige Weg junger Männer in die Vaterschaft.* Gütersloh: Bertelsmann Stiftung.

Zhao, H., Seibert, S. E. & Lumpkin, G. T. (2010). The relationship of personality to entrepreneurial intentions and performance: A meta-analytic review. *Journal of Management, 36* (2), 381–404.

Zölch, M., Beisiegel, S., Bunde, S., Haselwander, A., Müller, E., Mücke, A., Wodtke, S. (2002). *TopS-TopSplitting - Potenziale und Barrieren beim Teilen und Delegieren von Führungsaufgaben: Abschlussbericht des Forschungsprojekts: "(Un-) Teilbarkeit von Führungsaufgaben - Sachzwänge und geschlechtsspezifische Denkzwänge bei Teilzeitarbeit im Führungsbereich".* Arbeitsbericht. (Hochschule für Wirtschaft, Hrsg.). Basel.

Züll, C. & Menold, N. (2014). Offene Fragen. In N. Baur & J. Blasius (Hrsg.), *Handbuch Methoden der empirischen Sozialforschung.* (S. 713–719). Wiesbaden: Springer